日本史研究叢刊 14

近世畿内政治支配の諸相

福島雅藏 著

和泉書院

目次

第二部　幕府撰国絵図・国郷帳の基礎的研究

はじめに（序章）

本書は、著者の前著たる『幕藩制の地域支配と在地構造』（柏書房　一九八七年一〇月）のあとをうけ、前著のなかで第一部地域の政治支配の諸論稿をひきつぎ、関係の小稿をあつめ編集したものである。それは、はじめに（序章）、第一部　諸領主による上方領政治支配、第二部　幕府撰国絵図・国郷帳の基礎的研究、とで構成されている。前著と同様に大阪府下のいくつかの自治体史の編纂・執筆に関係するなかで、全く個別のテーマで叙述したもので、終始、一貫したテーマで記述したのではない。内容的にも相互の関連性の少い論旨の展開となっていて、第一部におさめた小稿には、その感が深い。しかしそれは、近世畿内地域の政治支配のなかに、さまざまの各分野にわたる歴史の展開があり、それらが地域社会の政治支配史を形成してきた一面を示すもので、いくつかの問題点を提起したものと理解されたい。

第一部は、近世後期を中心に、大和国の宇陀地方の幕領預支配下における大庄屋と、その機能、触書の廻達等を叙述したり、御三卿清水徳川家の畿内領地支配を、寛政改革との関連でとりあげ、凶荒対策として社倉（備窮倉）や増稼に注目してきた。関東譜代諸藩による上方飛地領統治は、前著にひきつづき笠間藩牧野氏による天明～寛政期の実際をとりあげた。また、前論稿の牧野氏の場合と違い、上方飛地領支配が長期にわたり継続した譜代藩の事例として、下館藩石川氏の場合を対象とし、とくに幕末期につき言及してみた。ほかに小品として、遠国奉行の一つである堺奉行の、近世後半期の政治活動として、地域巡見や幕府による河川行政への関与等を述べた。

第二部は、江戸幕府撰の国絵図・国郷帳についての、史料学的考察である。必ずしも、幕藩制政治支配との関連を解明するまでに至っていない。その前提としての基礎的研究である。江戸幕府の国絵図・国郷帳の全国的な徴収は、慶長十年慶長国絵図の調進にはじまる。寛永十一年老中の職務規定には、国絵図の取扱いは老中の職務とされ、江戸時代を通じて五回（寛永期も含む）の調進があった。正保国絵図・国郷帳は、幕府担当者による下絵図の点検や、幕府の意向に沿う様式の統一化がはかられた。元禄国絵図・国郷帳は江戸に絵図小屋がつくられ、狩野派の絵師による清書が実施され、国絵図等の様式は全国的に完全にまで統一された。天保の国絵図・国郷帳は諸国より献上方式を中止し、国絵図・国郷帳収納方法の大きな変化があったと言える。各期の国絵図・国郷帳の徴収には、以上のような特色があったが、国絵図はあくまで一国内を郡別に分け、村落を図示するもので、幕府の方針は伝統的な国郡制を基調とするものであった。国絵図・国郷帳の全国的な徴収は、地方から中央政府への絵図や土地台帳の提出が、支配と服従を表すという、東アジア世界の伝統的な政治文化に則ったものとされている。従ってそれらを対象とする研究は、すべて、幕藩政治史の大きな課題の一つと言える。

たとえば、畿内と近国の正保国絵図・国郷帳の調進に当り、横田冬彦氏の提言にあるように、各国の譜代大名が中心で八人衆が加わり、直接担当し、全体を統轄した。元禄国絵図のときには譜代大名が中心であり、八人衆の主導から、外様大名の赤穂・柏原両藩が加えられると言った状況があった。天保の国郷帳・国絵図の場合は、幕府の直臣や譜代大名等を中心として、事業が進行した。

つづいて掲載の各小論の概略とその問題点等を、紹介することで、読者各位が本文を読まれる際の、参考としたい。

第一部　諸領主による上方領政治支配

第一章　近世後期大和芝村藩の大庄屋支配と触書
――宇陀周辺預領を中心に――

花園大学文学部史学科が、専任教員を中心に卒業生と在地研究者も含めて、文献史学のみならず、考古学・歴史地理学・民俗学と広く関連方面を含め、地域社会の共同研究を実施した。その報告書として分担執筆した研究である。一九八〇年代前半期からで、奈良県宇陀郡大宇陀町の地域を対象として調査をすすめ、一九八一年度から三カ年間の継続研究として、文部省科学研究費の助成を受けることができた。『畿内周辺地帯における地域的特性の史的綜合研究――宇陀地方を中心として――』というテーマであった。分担論文の史料として、片岡家・松尾家等の所蔵史料、とくに近世後半期の触書類等を使用した。触書類は領主の政治支配を検討する上で、とくに、重要な史料であることは言うまでもない。

大和の在地小藩芝村藩は、知行地は約一万石余の小藩であるが、近世後期、多くの大和の幕領の預支配地をもち、一時には約九万四〇〇〇石余に及んだと言われる。小論の対象とする宇陀地方も含まれ、藤堂藩の預支配地から引つぎ、明和元年から寛政六年にまで及んだ。織田氏による預地支配の具体相を、大庄屋（年預）の機能と役割を中心に眺めてきた。最近は近世の農村支配研究の問題点の一つが、個々の村落を越えた広域支配機構の解明へと向けられ、村落をつらねる地域連合や、それらを統轄支配する中間的な支配者層、また、地域村落連合の代表者等々のもつ性格や機能を明らかにしようとしている。さらに、中間支配者層を媒介として、幕藩改革政治と地域社会の動向の、統一的な理解が求められる。それへの基礎的となりうるいくつかの史実を、大和芝村藩の預支配地に於て考察・紹介するものである。具体的には大庄屋家等に残る触書を、発行主体、内容、宛先と廻達方法等から分析し、芝村藩による領主支配と、南都奉行所・京都町奉行所による広域支配との重なりを、明瞭に示した。なお、年預の職務を片岡家文書で分析し、個別領主内の広域支配の中心として機能してきたが、各村との対立等から、年預廃止にいたる背景にまで筆をすすめている。

第二章　清水徳川家の農村統治
——寛政期の泉州領を中心として——

著者は泉大津市史の編纂に関係し、史料調査や本文編執筆（近世）にたずさわった。泉大津市域は近世後半から徳川氏の御三卿、すなわち、一橋・清水両徳川家の領地が設定され、近世後期から明治初年まで継続した。市史では、当然両家をとりあげ、その地方統治につき言及したが、概説的にふれたにとどまる。ここでは寛政期の改革政治に限定して、政策史の一端として、村方の動向をも含めて明らかにしたい。清水家の領地は泉大津市域では助松村と宇多大津村（相給領）及び、文政七年清水家の復活に際し大津出作が加えられた。幕府の寛政改革にならい実施された清水家の改革政治は、農本主義に立脚した政治で、江戸から奉行が廻村しその実施を見届けた。その詳細は本論文に譲るが、取締役庄屋制の実施や社倉としての備窮倉の設置、備荒政策の線に沿い増稼の奨励等がある。これは各村の農民の夜間の副業としての取糸稼であり、その稼高を村内で備窮倉に備蓄し凶年にそなえた。助松村を中心とした浜組の事例に止まらず、大鳥郡の赤畑村の実態を、高林家の史料を通じて関連させながら記述をすすめた。増稼の仕法は試行錯誤を重ねながら、寛政七年七月清水領の上知まで続いた。その後、幕領の時代を迎えるが「増稼」の仕法は継続されず、むしろ強化された取締役庄屋が、取締惣代となりそのもとで新しい備荒政策として、社倉穀の積立てとその運用とが、強力に展開してくる。本論稿は清水徳川家の改革政治を寛政期を中心に、泉州領を対象として記述したにとどまるものである。

第三章　近世後期常陸笠間藩牧野氏の上方領統治

関東・東海地方を本拠として立藩した譜代大名は、上方・西国地域に所領を与えられることが多かった。先祖以来の特別の勲功のほか、京都所司代・大坂城代・大坂定番等の役職就任に際し、在坂・在京賄料の形式で所領を与えられ、それが城地を中心とする城付地に対し、いわゆる飛地である。笠間藩八万石牧野氏は譜代大名の名門として、牧野貞長のとき、安永六年大坂城代、つづいて京都所司代、老中と幕府の要職を歴任し、その間、上方、西国方面に所領をもった。寛政二年にすべて上知し常陸・陸奥両国の領地に戻った。まず、上方西国領の所領の分布と変遷とを、詳細に追いかけ、三万石で始まり、一時には四万五〇〇〇石まで及んだ飛地の知行高と、国名・郡名・村名・村高等を明らかにした。進んで上方・西国領の統治に当たる役職と政務の内容、当該者等まで具体的に述べた。飛地の貢租徴収につき、検見・年貢高算定・石代納・年貢米輸送等から、関東農村には少い綿検見のくわしい記述が目にとまる。惣じて実務的な内容である。

一八世紀後半は北関東農村の荒廃が進行し、潰百姓が急激に増大し、加うるに天明年間の連続した凶作・飢饉は、ますます城付地の貢租収入の激減を招くことになった。他面、貞長の役職に伴う上方滞在は、上方領からの年貢収入等を担保とし、豪商・富農等から借財が容易となり、その結果は巨大な借銀高を負担することになる。寛政二年二月、老中職の退任の結果は上方領の上知となり、飛地領に賦課した上納銀の決済や、何よりも豪商・富農たちへの巨額な借銀の返済に対し、藩主たちの困惑が一層のたかまりをみせた。貞長は大坂の豪商たちに重ねて借銀の一時の立替えを願っている。上方飛地領が藩財政に与える問題の重要性が理解できる。

第四章　常陸下館藩石川氏と河州飛地領
――幕末期を中心として――

著者は富田林市史の編纂・執筆に関係し、市域を支配した諸領主につき調査した。領主の一人に、河内源氏の子孫と伝える石川氏がある。名門譜代石川氏の分家である石川総長は、伊勢神戸藩として立藩したが、祖先の発祥地である南河内東部の古市・石川両郡に、万治年間から約一万石の知行地を与えられ、廃藩当時まで領有した。本国が常陸下館に転封になっても歴代藩主は、河州飛地領に格別の信頼と期待とをよせていた。飛地支配の諸政策をながめる。藩が河州飛地を対象とした法令は、他領主の場合と大きく相違する点はない。農村を対象とする倹約の一般法令は、他領と共通する箇条が多い。身分や分限に応ずる点に、幕藩制社会の社会秩序に立脚した点が強くみられる。

つぎに、享和元年九月から翌年五月まで、家老牧　甚五兵衛始め三人の家臣が大坂蔵屋敷へ来着し、藩の借財方への交渉、河州貢租米の売却、江戸・下館双方への送金などに当った。具体的に記した「大坂逗留中日記」の記事が興味深い。関係者に対する藩の褒賞にもふれられている。その間に江戸・下館へも送金する。家老牧は砲術につき新知識を得るため、在坂の砲術家に入門したり、寺社参詣を通じて新しい上方の新文化につき、習得したい方向を示している。

天保期以後、藩財政は一段ときびしい状況に追い込まれ、さまざまの政策が試みられている。京坂の豪商や在地の富農層のみならず、広くは村落全体へ負担させる方向をとり、講の運営と同じ方法で「年賦調達講」が企てられた。また、安政年間のように藩内の特産凍豆腐を対象とし、流通統制を実施し藩営専売による利益追求を試みた。しかし財政の根本的な立直しも不可能であり、最後の藩主総管は大坂加番の任期終了後、自ら、河州領を巡見し多額の借銀を要求すると言った一件もあった。しかし借銀の返済も出来ず、廃藩を迎えている。全藩的な藩政の展開と関連させ、飛地支配の内容や特色につき明確にするまでは至らなかったが、河州飛地領は、藩の財政を負担する重要な役割をになうと同時に、上方の進んだ文化・技術等の摂取にも、大きい役割を果している。

第五章　近世後期畿内遠国奉行の一側面
――堺奉行の事例を中心に――

遠国奉行の一である堺奉行の、近世後半の政治的な活動の一端をのべた。近世の堺は、中世末〜近世初期の華かな栄光と対比して、町全体が衰勢に向い退潮し、紀州街道に沿うた地方的都市になっていたと言う。堺奉行は、一七世紀前半は八人衆の一員として、幕府の畿内支配に重要な役割を担った。寛永の鎖国や寛文期を経て、堺周辺の幕領支配から離れ、堺廻り四カ村の支配に局限された。元禄九年堺奉行の廃止、大坂町奉行の一時兼任、同十五年復活という動きはあったが、完全な町奉行的存在となった。幕末期まで堺の一般的な衰勢は、新大和川開通後の堺の地盤沈下と関連づけ、定着している。

しかし、近世後半享保期以降、直接に行政管轄区域の和泉一六カ社寺を含め、堺から谷川まで海岸が、巡見の対象であった。また、享保期の所謂「国分け」以後、大坂町奉行と連絡を取りながら、和泉一国の公事裁決権を有していた。なお、新任の堺奉行は着任以後上泉地域（和泉国大鳥・泉両郡）の巡見を、二泊三日で実施した。直接に行政支配下でない村落を、単なる物見遊山ではなくて、奉行として熟知する必要性があったと思われる。つぎに、享保三年七月から新大和川・石川を管理支配し、河川流域の巡見を実施するといった役柄をもった。これも、大坂町奉行と協議しながらであったが、近世中期以降の畿内を中心とする幕府の河川行政の多様化・複雑化のなかで、新しく職務分担の一部を担った。堺奉行がその行政区劃たる堺市中や、和泉国と離れ、南河内の村落と接触するに至ったのである。今後はその実際を考察する必要があろう。

第二部　幕府撰国絵図・国郷帳の基礎的研究

第一章　天保国郷帳・国絵図の調進と在地村落
——御三卿上方領を中心として——

天保国郷帳・国絵図は、既述のように諸国よりの献上方式を採用せず、勘定奉行明楽茂村の責任のもとで、幕府の勘定方が諸国よりの資・史料にもとづき、全国の国郷帳・国絵図を改訂し完成させた。拙文は諸先学の研究とは違って、幕府の担当者同志の意向や、国々の担当大名（絵図元）、また一国内の相持大名相互間の対応や交渉を、研究の対象とするのではなく、主として担当領主と現地村落との関係にまでほりさげ、領主側の指令と村落側の対応をながめてみたい。主として村方史料を使い、非領国地域とされる和泉・播磨等で、御三卿の一橋・清水両家の村落を対象とした。

天保の国高調べの指令が、天保二年末〜天保三年清水領の泉・播の村々に触れ出された。各村落では「村高書上帳」で、村高のほか新田畑の村高を年次別に細かく列記し、寺社は除地高を書き上げている。寺社領の取扱方が、天保三年十月に決定されるが、除地に関する諸調査が厳密に、周到に実施され、除地であっても作付等あって、生産力の増大につながる土地を再調査し、現実の村落の生産力の実態を把握しようとした。興味をひく事例として、播州清水家領の村々を対象とした村高調査の実施のとき、天保三年十月「御高調ニ付村々差出書物差戻帳」の史料がある。天保国高調べと関連あり、各村落の提出した村高調査につき、再度調査吟味の上で、根拠となる史料と指摘された誤謬につき、具体的に記述したものである。播州清水領五三カ村のうち二二カ村に誤りを発見し、新田畑高・改出高に石未満でも、綿密周到な調査を実行しようとする、領主側のきびしい態度がみられる。泉州領でも大鳥郡赤畑村で提出洩れがあり、川口役所あて報告している。

さて、天保六年十二月の指令で国絵図の提出が命ぜられ、一橋・清水両家とも、一村限絵図作成のマニュアルを記し、精細な村絵図を絵図元大名の担当者へ差出している。泉州清水領の事例では、他村との領境を明確にし、東西南北の方向を記し、隣村との距離を計測し、村の高札場を起点とする、村高は天保三年の高調べのときの村高を間違わぬこと、相給領の相手側の領主・村高を明記する等々、重ねて村の実高を要求し再確認を強調している。一橋領の場合も具体的な基準の内容は不明だが、提出された村絵図から同一の形式でつくられ、期日におくれぬよう催促をうけている。天保期の事業は、幕領とそれに準ずる村落に対しては、きわめて厳格に実施されたのである。

村高の実高把握という幕府の意図は、天保改革の農村政策にひきつがれる。天保十四年六月からの御料所改革がそれである。そこでは、高反別小前帳と村絵図の提出が強用され、江戸から幕府担当役人が派遣・廻村して実施を督励した。幕領の村々の庄屋たちには、その検査の厳重さで大きな不安を与えたらしい。天保国高調べを基礎として、一村ごとに高反別小前帳を作成させ、本田畑は勿論のこと、起返取下場や流作場など、村高に結ばれぬ耕地を含め一筆ごとに書き上げるものであった。

第二章　河内国天保国郷帳・国絵図の調進
――村方史料を中心として――

畿内非領国の一国たる河内国の天保国郷帳・国絵図調進の経過と、その問題点を在地の史料を使いあとづけた小論である。幕府所在地の武蔵国が、幕府代官四人で各郡を分割担当したのと同様に、谷町・鈴木町両代官が河内国を分割し受持った。まず、天保の国高調べについては、天保二年末〜三年にかけての幕令をうけ、大坂町奉行から、村々の村役人・寺社家あてに回達され、郷村高帳の雛形を付けられ、村高と朱印地・寺社領高は除地を含めて書き上げ、新田も一件ごとに書き上げを命じている。さらに、同三年四月実高にもとづく高帳の提出の促進方がはかられ、のち大坂両町奉行は、あらためて、以前の郷村高帳と相違してもよいからと、実高記載への強い願望を申し述べている。さらに、新田高のみならず、見取場・反高場・流作場・林などを書きあげ、高外地へ注目し、新田可能地域への書き上げが、天保期の国高調べの特色であることは、後述の通りである。全国の諸大名家からの実高記載の「御領分郷村高帳」の提出は、天保期の未曾有の凶作・飢饉等の連続に対し、各領主ともその対策に追われ、他国の様子も窺い国高帳の作成はおくれ勝ちで、天保五年後半から六年にかけ、やっと揃ったのである。在地藩の一たる河内狭山藩では、河・江にわたるその領地が、「河内国錦部郡・丹南郡・丹北郡・古市郡・大県郡・河内郡、近江国滋賀郡・野洲郡・

栗太郡・甲賀郡之内郷村高帳」と記載され、狭山藩から勘定所へ提出した御領分郷村高帳である。その内容は領主の所領の所在国郡、総石高と村数、一村毎の村高、見取場・反高場・流作場・林等の書上である。一村の高は元禄郷帳に記載の村高と、改出高・新田高の合計で、新田高には検地高入れの年代を付記する。その結果、狭山藩の村高の合計は、河内・近江両国を通じ一万一六一六石四斗七合六勺を数えた。その間の幕府の勘定所との交渉の経緯は明らかでない。

天保の河内国絵図は、天保六年十二月、幕府からの二種の法令の下達で始まった。前述した通り、大坂鈴木町代官根本善左衛門と同谷町代官池田岩之丞が、それぞれ、新大和川を境に河内北部と南部とを分割し受持った。河内国の場合、一郡又は数郡がそれぞれ郡絵図を作成し提出した。前者の事例として、錦部・茨田・交野等があり、後者は丹北・丹南・志紀・八上の四郡絵図、石川・古市・安宿部の三郡絵図がつくられ、天保八年三月ごろ以後できあがっている。村絵図の作成は不明であるが、数村あわせて、又、一村だけで作成されたこともあったらしい。郡絵図は関係村落から惣代が出て、相互の協力で作られた。その際、もっとも強く求められたのは個々の村落の実高、新田高の確認であり、見取場・反高場・流作場・林等が郡絵図のなかで、而も個別村落のどこにあるかを示すことである。前者の場合には、河内南部地域では新田等が河泉丘陵の国境に沿い明示し、新田名と開発高入年代・石高等が明記される。流作場も新大和川の河原に符箋をはり位置を記し、村落ごとに図示する。たとえ零細な石高であっても記入させた。また、茨田郡一郡だけの場合も同様な手順で書かれ、新田や流作場も色彩を変更し、すぐわかるよう記入する。淀川や支流の用水路に沿い新田が、淀川筋の京街道に沿う村落の近辺に流作場が描かれ、高外地に対する村落の対応の仕方が理解される。こうした郡絵図の作成に当り、支配領主ごとに組村を編成し、惣代をえらび、現地を廻村しながら事業をすすめた。必要な諸経費は各組村の均等負担と、各村の村高による負担とを併用した。河内国の場合は、すべて幕府の統制によるモデル・ケースの一事例として、きわめて厳格に実施された。

第三章　「和泉一國之圖」についての基礎的考察

江戸幕府は、正保元年十二月、諸国の国絵図・国郷帳及び城絵図等の徴収を命じている。諸先学も明らかにしているように、幕府は諸国からの国絵図・国郷帳を幕府の文庫に収納するとともに、他方、国絵図の作成につき詳細な作成基準を指示して、国絵図様式の全国的統一を図ったとされ、このとき、江戸幕府撰国絵図の縮尺が六寸＝一里に統一されたことは、劃期的な意義をもつとされている。

しかし提出の最初から、幕府の指示する統一基準で出来上ったのでない。絵図元大名と幕府の勘定所の担当役人との、数回にわたる折衝のなかで、国許から下絵図（伺絵図）を作成し担当者へ提出し、その内見を仰いだ上で、最後に国絵図を清書すると言った経過をふんだのである。従って完成した幕府への献上絵図は、正保三年から慶安二年ごろまでに、ほぼ出来上ったとしてよいと言われている。

「和泉一國之圖」（大阪歴史博物館蔵）は、年号の記入はないが本文中に解説するように、和泉国正保国絵図の最初の提出本の下絵図（写）らしいと思われる箇処もある。和泉国正保郷帳の、はじめの献上本の写かと思われる『和泉国正保村高帳』（『岸和田市史史料』第三輯　森　杉夫編）の帳末記載と比較すると、和泉一国の惣高・御蔵入高と、私領・寺社領高、各郡高という国郡高表示の体裁と、その数字とが、この国絵図目録の記載様式・数値と全く一致するからである。恐らく両者とも、余り年月の間隔をおかずに作成されたと考えてよい。しかも、和泉国の正保国絵図として、広く周知の、神戸市立博物館所蔵の「正保和泉国絵図（写）」と、国高・郡高・支配領主等をはじめとして、図像上の表現に於ても相違する点が多く見られる。

本文では「和泉一國之圖」の方位・外題などから始まり、絵図目録、郡高、郡境、村形、色彩に及び、そのほか、自然地形、城郭、寺社、街道、一里山の表示・距離、港湾、国境小書、峠道、難所、渡河点、海岸等々にいたるまで、神戸市立博物館本と比較しながら解説した。そして、「南・日根両郡の村落及び距離」として、両郡地域にのみ記載され、大鳥・泉両郡地域に記入のない具体相につき、述べてみたい。さらに、「国絵図・国郷帳と村落」と題して、和泉の近世村落の成立過程の一端を、この国絵図・国郷帳の内容から明らかにした。

第四章「和泉国正保村高帳」についての若干の史料

「正保国郷帳」の正本はどんな体裁で、どのような内容の郷帳（村高郷村帳）であったかという問いかけに応じて、史料的に考察した小論である。既に明らかにされているように、森　杉夫編『和泉国正保村高帳』は、その記載形式からみて、各方面にわたりくわしい記述があり、しかも幕府が、正保元年十二月十六日、国郷帳の作成、仕様全般にわたる指示七カ条の基準に、かなり忠実に作成されている。いわゆる和泉国国郷帳の最初に提出した献上本ではないか、と推定されている。しかし、国絵図の場合と同様に、担当大名たる岸和田藩主岡部美濃守宣勝と、堺奉行石河土佐守勝政の二人が、幕府の担当者との交渉のなかで、記載内容が確定したと考えられる点が多い。

正保二年七月九日の年記のある「泉州大鳥郡之内上神谷郷帳」と表題ある史料が、小谷家文書（国立史料館所蔵）にみられる。上神谷地域の田中・鉢峯寺・釜室・豊田・栂・畑・逆瀬川・富蔵・片蔵の各村と、下条四カ村たる小代・和田・大平寺・大庭寺の計一三カ村の郷村村高帳で、記載内容が村落の日損・水損等や、山の模様・灌漑水利の具体相、山年貢等にくわしい。この地域の触頭たる小谷家が、日損高等を改めて調査の上、石河土佐守勝政等を経て、再提出したものかも知れない。

また、慶安四年三月の年記のある「和泉国郷村高辻帳」と題する史料がある。堺市史編纂のときの筆写史料であり、残念ながら全文でなく、大鳥郡と末尾の和泉国の全体の集計しか筆写していない。原史料の体裁は、支配領主名、村名、村高、田畑の区分、山年貢等が記されている。「和泉国正保村高帳」のような各村落の土地柄、村柄等を中心とした詳細さはない。なお、末尾の大鳥郡や和泉国全体の数値が、「和泉国正保村高帳」のそれに比較して、僅かに多い。支配代官名も正保二年と比較して変更がある。このような体裁の国郷帳が、全国的にかなりみられ、むしろ、この国郷帳が正保国郷帳の正本に近いと考えられる。ここでは「和泉国郷村高辻帳」の史料的価値を考証した。

第五章　近世「竹内街道」私考

竹内街道はいうまでもなく古代国家の官道として設けられ、難波と国都とを結ぶ道として多くの人々の関心をあつめた。江戸時代には、堺から南河内を横断し、南大和との国境を竹内峠で越えることから、その名称が由来すると言う。河内国国絵図等には、重要な街道として記載がある。処が正保国絵図等には、前述のいわゆる竹内街道コースよりも、より南側の東西横断の道（のちの富田林街道）を「竹内海道、境（堺）江出ル」としている。より北側の東西横断の道は穴虫街道と記され、「穴虫海道、境へ出ル」とある。さらに別に東西横断の道があり、「亀瀬海道、境江出ル」とあるように亀瀬街道である。その後の河内一国の国絵図類、寛文十二年「河内大絵図」、一七世紀中頃の「摂河両国大絵図」等には、いずれも、竹内越、穴虫越、竜田越の三街道がそのまま記入され、正保国絵図の示す道路交通体系が、そのままで変更のないことがわかる。一八世紀中頃から変化が現われ、地誌『河内志』には竹内街道は「竹内嶺《とうげ》から、山田・古市両村を通り住吉（ママ）郡黒土まで」と書かれ、宝暦四年の森　謹斉の手になる「河内国大絵図」には、「竹内ニ至ル大官道竹ノ内越」とし、現在の竹内街道を官道らしく太い線で記し、かつての竹内街道の本線であった富田林街道には、平尾村から喜志越えの道筋は、細く支線として描いている。「天保八年丹北丹南志紀八上四郡絵図」には、竹内街道はより北の長尾街道とともに幹線道路として、双方とも現在の道筋を描いている。

以上のような変化が出現した背景の一つに、古市村の経済的発展が然らしめたと考える。喜志村の川面よりも在郷町として賑わい、旅館や金融業者のほかに、対岸の川向の地の繁栄があり、遊廓も存在した。古市村を通る街道筋が竹内峠への本道として、大坂・堺からの旅行者により利用され、竹内街道として定着したと考えたい。近世の諸街道についての諸問題を考察するとき、国絵図が諸種のさまざまの情報を提供し、有用であろう。

第一部　諸領主による上方領政治支配

第一章　近世後期大和芝村藩の大庄屋支配と触書

――宇陀周辺預領を中心に――

第一節　はじめに

大和国は言うまでもなく畿内の一国である。近世を通じての領主支配の特色を概観するならば、幕府の直轄領が多いこと、小大名や旗本等に細かく分割支配されていること、寺社領・公家領なども多く存在すること等があげられる。こうしたなかで、一八世紀後半を中心として、大和国幕領支配のあり方の一特色として、大和や近在の大名による幕領の預地支配と言った形態が、その中心となっていた事実に注目したい。

近世中期以降の大和国の幕領預支配については、在地の市町村史類の記述以外に、谷山正道氏によるいくつかの研究がある。(1) 氏は芝村藩織田氏が、近世中期以降、一時的に多くの預地を支配したが、農民にはいかなる時にも減税せず、預地農民に重税を賦課し、彼等から借銀をし、町人にも及んだとされその実際を詳述された。かくて減免を求める農民闘争が、延享二年をはじめ、つぎつぎに続発し、宝暦三年には「芝村騒動」として広く展開し、同十年ごろにも宇陀・吉野両郡一帯で藩への強訴となり現われ、領主側として支配政策の転換を余儀なくされたと結論される。同氏には、別に高取藩植村氏の預地を対象とした論稿があり、(2) 添上郡の預領で展開し江戸にまで出訴に及んだ農民の動きを分析し、高取藩の預支配の在り方に注目された。谷山氏の論稿は、主として、年貢収取をめぐる預藩当局と、在地の農民との対抗という視点にたち、元文・延享期から宝暦期、時には寛政期と言った時期を中心に、支配のあり方や在地の状況、農民闘争の展開等諸分野にわたる現象を総合的に考察されている。

この小稿では芝村藩預地支配の後半期、具体的には、明和期以降、安永・天明・寛政期を対象とし、吉野郡北部の預領地域を中心に、藩の支配政策のなかで、主として触書類を中心として、年預（大庄屋）のもった機能の一側面を明確にすることを目的とする。史料としては、在地の大宇陀町田原の片岡彦左衛門家と、同町東平尾の松尾文隆家の所蔵文書類、ことに片岡家の安永期・天明期後半・寛政期の「御触書写」等を中心に使用する。なお最近に於ては、幕藩体制下の農村支配に関する研究の問題点が、個々の村落を越えた広域支配機構の解明へと向けられている(3)。そして広域地域支配における村落をつらねる地域連合、及びそれらを統轄支配する中間的な支配者層や、地域村落連合の代表者、例えば大庄屋・組惣代・郡中惣代などのもつ性格や機能を明らかにしようとしている。この小稿は、こうした問題に対して全面的に解明するため、取りくんだのではない。芝村藩の預地支配の時期に於て、年預（大庄屋）の性格や機能につき、触書の廻達やその内容、発給元の相違等による諸問題につき、いくつかの基礎的となりうる史実を対象として、考察紹介をすすめようとするものである。

第二節　芝村藩と年預

分析の対象とする芝村藩につきその概略をふれておきたい。芝村藩は大和国芝村（現桜井市）周辺に立藩した小藩で、芝村に本拠をうつす以前は、戒重藩とよばれた。元和元年に織田長益が子の長政に、その領地のうち、大和国式上・山辺の両郡、摂津国嶋下郡の合計三郡のうちで約一万石を与え、ここに藩の成立をみた。元和八年に戒重をその本拠とし、その後、芝村に本拠を移し、明治の廃藩を迎えた(4)。藩領の村落とその村高は表1の通りである。大和国式上郡一二カ村は四一九七・四石余、同山辺郡九カ村三六五四・四石余、摂津国嶋下郡五カ村二一四八石余から成り立っていて、大和に領地の約八〇%が集中、而も隣接する二郡にまたがっており、摂津の飛地領も嶋下郡で相互に隣接する村落である。元和元年八月十二日の織田長政にあてられた知行目録と比較すると、殆ど、知行地の村名も村高も変りはなく、一万石の知行地に対し一九石余の欠高があるのみである。[5] これは、のち、老中井上正就の取りもちで、山辺郡の薗原村で拝領することになった。表1の藩領の実年代は不明であるが、「摂津守」とある処から、嘉永五年に家督を相続した最後の藩主たる織田長易《ながやす》と考えられる。芝村藩織田氏の藩領は、藩政の全期間を通じて、殆ど変更はなかったと思われる。

近世後期の一八世紀には、大和の幕領支配として、預地支配と言った形態が広くとられるようになった。津藩藤堂

表1　芝村藩領分布表

	村　名	村　高	山年貢
大和式上郡	芝　　村	石 984.57	
	戒　重〃	282.782	
	大　西〃	196.49	
	江　包〃	498.242	
	箸　中〃	626.82	石 3.4
	穴　師〃	320.9	
	備　後〃	200.0	
	角　柄〃	82.3	1.1
	柳　　〃	100.21	0.7
	中　谷〃	78.12	0.7
	和　田〃	150.19	0.4
	小　夫〃	676.829	9.0
	小　計	4197.453	15.3
大和山辺郡	勾　田〃	石 428.48	石 0.27
	山　口〃	738.95	4.25
	内馬場〃	136.26	15.00
	薗　原〃	19.59	
	兵　庫〃	364.53	0.5
	新　泉〃	269.91	0.5
	岸　田〃	735.33	2.0
	乙　木〃	734.84	4.157
	藤　井〃	226.6	2.5
	小　計	3654.49	29.177
摂津嶋下郡	上　　〃	石 509.767	
	坪　井〃	409.385	
	庄　屋〃	220.297	
	下　　〃	957.638	
	正音寺〃	50.97	
	小　計	2148.057	
	総　計	石 10000.000	石 44.477
	摂津4ヵ村新田高	6.092 4.8 0.263	石 21.959
	大和12ヵ村新田高	1.443	
	大和9ヵ村新田高	9.361	

(『桜井市史』史料編上巻479～81ページ、「大和国・摂津国之内領知郷村高辻帳」による)

氏や高取藩植村氏、芝村藩織田氏等を中心に、幕領の支配が預けられた。芝村藩は、前述した如く、僅か一万石余の極小藩であったが、藩主輔宜《すけよし》のとき、元文二年に大和・摂津で約一万三〇〇〇石余の預地の支配をうけ、次第に増加し、延享三年には八万九〇六石余、つぎの藩主長教のとき九万三四三〇石余の幕領を預るようになった。(6)しかし、その具体的な変遷は、現在明らかになし得ない。まさに、その最盛時には、藩の総石高の約一〇倍の預地を支配したわけである。なお、輔宜のとき、寛保元年七月、家臣の杉浦弥左衛門と吉田千左衛門らが「将軍預り所の御用勉強致し」たと言うので、幕府から弥左衛門には銀三〇枚・時服三枚を、千左衛門には銀二〇枚・時服二枚をそれぞれ賜わったと言う。(7)なお、幕領の預地を支配するため、芝村藩の場合には、預所方役人として郡奉行・郡奉行添役・郡奉行手伝役・郷目付などの役人があったとされ、(8)輔宜のとき、御預所郡奉行として河原善太夫が任命されたという。預所内の御仕置筋などは、高取藩のときと同様に、死罪などの重罪の場合には幕府の勘定奉行月番の指揮に従い、取扱ったと思われるが、現在の処、くわしいことはわからない。かくして芝村藩は、芝村の新陣屋を完成し、藩陣屋の移転という大事業を実行し得た。しかしその後、宝暦十三年清水徳川家の所領として、芝村藩預領から割かれ、さらに安永七年に幕府代官の角倉与市・木村宗右衛門に一部を引渡し、五万五一五九石と減少、寛政六年には、藩の預地支配人の不正が発覚し、残る預地も収公され、芝村藩預地の支配はその終焉を迎えたのであった。(9)

吉野郡の田原組をはじめ、郡の北部の村落が藤堂藩の預地支配から芝村藩の預地支配となるのは、明和元年十月からである。この地域の村落には村落連合の横の地域的な結合があり、何々組とよばれていた。その実態は明確ではないが、近隣の宇陀郡の村落は、大和松山藩時代に、藩領を一組五カ村乃至は二三カ村と村数の相違はあるが、地域的に近隣の村落が九組に分けられていた。何々組と称し、地域の名望家・富農が大庄屋として統治に当った。苗字帯刀を許され、五人扶持の給与を与えられ、藩では郷役とも称したと言う。(10)幕領となっても多くはそのまま大庄屋を許可され、給米を支給された。のち、触頭や年預とも呼んだ。吉野郡の村落も、恐らく同様であったと考えてよいであろう。芝村藩預地支配の時代には、天明七年の「触書写」によると、田原組九カ村、木津組《こつぐみ》一八カ村、下市組一三カ村、檜垣本組一二カ村、飯貝組四一カ村、広橋組八四カ村、阿知賀組八カ村とあるが、組名と村数について時期により、若干の異動があったと思われる。田原組と木津組についてはその構成する村落名と村高は、表2・3の如くである。

もっとも、芝村藩は自領の内で大庄屋制を実施しており、化政期には、新泉村の美並武右衛門、山口村の岡本和右衛門、戒重村の上谷八郎右衛門、芝村の滝見四郎右衛門などが大庄屋であり[11]、それぞれ二・三カ村から、五・六カ村の村落を支配していた。これら組村の編成原理や構成については、全く不明である。なお、組村の地域的な編成には郡界や郷、時としては支配領主の相違等によって変更されることもあった。木津組に所属の二カ村たる大熊・平尾両村と、田原組のうち上片岡・下片岡の両村の計四カ村は、組村の編成は別個であったが四郷と言って、もともと一つの地域的な連合を形成しており、郡も吉野郡ではなく、宇陀郡に所属していた。安永二年の平尾村庄屋藤兵衛が芝村役所に提出した「四郷訳ケ書上帳」の語る処は、以下の如くである[12]。百年以前はともに宇陀郡に属し、寛文七年末、四月に御上使たる川口源兵衛・堀　八郎右衛門・藤堂庄兵衛の通行のときの留〆帳には「御領分田原組之内宇陀郡上・下片岡村、小川組之内平尾村・大熊村」との記載がある。また、「三尊の弥陀来迎仏掛地の裏に四郷大念仏講と書付」があり、「宇陀郡四郷」といっ

表2　田原組村高

村　　名	村　　高
田 原 村	石 497.651
栗　野〃	332.501
牧　　〃	95.875
大　野〃	275.400
色　生〃	408.713
入　野〃	261.254
津風呂〃	385.525
上片岡〃	387.909
下片岡〃	327.902
	2972.730

（天明4年5月「吉野郡田原組高附帳扣」による）

表3　木津組村高

村　　名	村　　高
木 津 村	石 287.501
杉　谷〃	118.627
平　野〃	350.499
滝　　〃	12.334
谷　尻〃	300.806
伊豆尾〃	105.374
日　裏〃	35.624
荻　原〃	42.096
鷲家口〃	177.801
小栗栖〃	185.854
中　黒〃	222.769
木津川〃	59.186
三　尾〃	208.536
狭　戸〃	106.084
大豆尾〃	83.439
麦　谷〃	46.097
大　熊〃	470.448
平　尾〃	209.368
	3022.477 (3022.443)

（『江戸時代の小川郷』（稿本）による）

たという。則ち、これら四ヵ村は吉野郡でなく宇陀郡であり、両組に分れるがもとは同じ地域的連合を形成していたことを物語るものである。木津組一八ヵ村は、べつに鷲家村と小村《おむら》とを加え木津組一八ヵ村とともに、小川郷二〇ヵ村とも言われたが、鷲家村は紀州藩の支配に属し、小川村は別れて飯貝組に入ったのである。[13] 以上の諸事実が物語るように、各組内の村落は若干の移動があり、組の所属が変更すると言ったことがあったらしい。

田原組の彦左衛門は、芝村藩織田氏の預地支配の始まった明和元年十月十三日、藩役所に出頭し、前代にひきつづき年預役を仰せ付けられたと言う。[14] 木津組の方は、安永年間木津村六兵衛が就任、天明の末年ごろからは鷲家口村忠兵衛が年預役をつとめたらしい。[15] 別に組惣代があったらしいことは、前述した「明和元年十月御触廻り状之帳」の十月二十五日には「吉野郡年預中并組惣代庄屋壱人、下市村江立会被為　仰渡有之ニ付、広橋安右衛門殿申渡御座候ニ付」とあることからも明らかであるが、田原組の組惣代庄屋が存在したかは明確ではなく、また、年預と組惣代庄屋との関係等も不明である。

さて、田原組年預彦左衛門は、寛政六年九月、芝村藩織田氏に代わった新しい領主たる代官内藤重三郎に提出した文書には、つぎのようにのべている。[16]

私先祖代々往古元和五年ゟ郡山ニ而、松平下総守様御代より当村庄屋相勤罷在候、其後寛永十六夘年ゟ本多内記様御領分ニ相成候処、私先祖江田原組大庄屋役奉蒙　仰、則大庄屋給米として、組合九ヵ村高壱石弐厘宛給米田原組九ヵ年ゟ請取之大庄屋相勤、依之苗字帯刀奉蒙　御免、尚又私居宅并別屋敷、則本多内記様年々初為　御成遊候御殿与申伝、夫ゟ只今ニ至迄修覆仕抔伝有之候ニ付、先祖ゟ右大庄屋役寛永十六年ゟ本多内記様本多中務様御二方様之間、四拾ヶ年大庄屋相勤罷在候処、延宝七未年ゟ御蔵入ニ相成候ニ付、則南都中屋舗ニおゐて鈴木三郎九郎様御代官所ニ相成、直ニ大庄屋被為　仰付、夫より正徳三巳五月迄三拾五年之間ニ六代官御代り被為　遊候間、右大庄屋無滞相勤罷在処、御江戸表より一統ニ大庄屋相止メと御触書相廻り、……（中略）……大庄屋名

前幷給米等迄急度相止申候……（中略）……元文三午年藤堂和泉守様御預所ニ相成、則元文五申十月ニ藤堂和泉守御役所ニおゐて、年預役と被為　仰付、則給米四石宛年々奉頂載仕、御用向弐拾七年之間相勤罷在候処、明和元年申九月織田丹後守様御預所ニ相成、其節茂直ニ年預役被為　仰付、寛政元酉年迄弐拾六ケ年之間無滞御用相勤罷在候処、父彦左衛門ニ離私義病身ニ候故、毎度休役御願奉申上候処、御聞届被為　成下難有休役仕候……（下略）

……

少々、長文であり、「由緒書」という史料の性格上、誇張や修飾辞的な点を免れ得ないが彦左衛門家の来歴を明らかにした文章と云えよう。要約するならば、彦左衛門家は、元和五年に、大和郡山藩松平忠明のときから庄屋役をつとめ、寛永十六年本多内記のときに田原組大庄屋役に就任、庄屋給米を九ケ村より受取っていた。延宝七年、鈴木三郎九郎代官のとき、ひきつづき大庄屋として、正徳三年五月、大庄屋制の廃止まで継続したという。元文三年から藤堂藩預領となり、同五年十月、年預役に就任し給米四石を下給され、ひきつづき明和元年に芝村藩織田氏の預領として支配が継続したときも、年預役として寛政元年まで二六カ年相勤めたとあり、その後、父彦左衛門に離れ病身の故に、体役を願出でしばらく休んでいると申述べている。また、翌寛政七年、五条代官所への彦左衛門の口上書には、再度にわたり同様の来歴書をくりかえし、「百五拾カ年余も奉蒙　上訴、滞剣御免居」ったのに、「今更消失仕候段何カ斗歎ケ敷奉存候」と自己の心情を申述べている。そして、自分は休役を願っているので、「決而惣代役抔御願奉申上候儀ニ而者毛頭無御座候」と、重ねて惣代庄屋への就任を願うのではないことを披瀝し、「先格御赦免被　成下」、則ち、帯刀御免の特権を認めてほしいと願上げている。

第三節　触書廻達と年預

触書の内容に立入って検討をはじめる前に、触書や布達等が発給者によりその宛名が相違することや、宛先への伝達の方法などにつき具体的に考察し[17]、年預が一つの接点となっていたことを明確にしたい。芝村藩織田氏が預地支配の時期には、その該当の村落に対しては、三つのそれぞれ相違する領主役所から、すなわち、藩の芝村役所、奈良の南都奉行所、大和の裁判権・行政権を管轄していた京都町奉行所の三者から、それぞれの触書を発給しており、廻達されていた。触書の宛先は、芝村藩役所が発給人のときには、各組村年預あてであり、年預＝大庄屋のそれぞれの支配区ごとに触書を廻達し、年預から村々の庄屋・年寄にあてて触書の趣旨をよく周知せしめたものであることは、言うまでもない。各村庄屋から年預あてに請書連印の提出があった。その一事例を挙げるならば、つぎの如くである。

差上申御請書

一当申ノ御年貢御上納之義、夫々江御日限ヲ以追々被為　仰付候義ハ、私組合村々一統ニ承知仕、右御日限ニ無遅滞御上納被為致候様ニ被為　仰渡委細奉畏候、尚亦組合村々江念入急度申渡、一札等も取置無滞御上納為仕可申候、依之乍恐右之通芝村御役所様江各々方ゟ御差上ケ置キ被　下、下々ニも被　仰渡候、此義委細承知奉畏候、依而組合庄屋年寄連印ニ而請書指上ケ申候、以上

明和元年申十月十五日

田原村庄屋　治郎兵衛㊞
上片岡村庄屋　弥　介㊞
下片岡村庄屋　清兵衛㊞

栗野村庄屋
長　　介㊞
牧村庄屋
弥　兵　衛㊞
大野村庄屋
喜　兵　衛㊞
色生村庄屋
斉　四　郎㊞
入野村庄屋
藤右衛門㊞
津風呂村庄屋
利右衛門㊞

右名前之下ニ印形被成ニ而御行違無之様ニ可被成候、以上

田原村年預
彦左衛門殿
木津村年預
六　兵　衛殿

以上の史料は芝村藩の預地支配となった最初の年たる明和元年十月に、藩への年貢納入期日の厳守を誓約したものであり、田原組の村々の庄屋の連印をそえ、田原組の村々が田原組の年預だけでなく、木津組の年預に対してもならべて請書を提出しているのは、廻状・触書の順達のとき「御廻状順達の義は先代官所の通り田原組木津組一組にて御順達有之候」(18)と述べられているように、両組を一セットとして、同一の触書で廻達する慣行があったからであろう。

南都奉行所が発給人であるときの触書類は、あて名は吉野郡村々庄屋・年寄幷寺社となっており、郡ごとにあてられ、必ずしも支配領主別ではなかった。『稿本江戸時代之小川郷』には、時期的にはやや下るが、「御触書巡達之事」として、つぎのように述べられている。すなわち、

南都奉行所御触書の義郡中一通に出候、其御蔵入は七組、私領は二十一カ村村別に懸ケ申候、御蔵入は七組七カ村の惣代にして、請書印形仕り写を以組合村々へ相廻、別に請書取置申候、然して御蔵入七組私領二十一カ村順

達候得ば、留村より十津川村へ持参可致筈ニ候、七組之内十津川へ持参致候人足賃は、吉野郡中割に入れ算用可申候、御触書寂寄七ケ村の内へ到来致候へハ、少々人足の勝手悪敷共、七カ組の内へ持参可致候、七組廻り仕舞候上にて私領へ進候様、何れの惣代も予て相心得可申候事、若し御触書急触に候得ハ各組へ一通宛来る事も有之候、是れは本紙随分大切に致し、別紙にて村々御請書印形廻り仕舞候得は、惣代之者持参可仕候

と述べられている。文章の内容は、南都奉行所からの触書は、郡中に一通書き出され、幕領の田原組・木津組を始めとした七組と私領二一カ村の村別に廻達される。その際、御蔵入の七組では七カ村の惣代で請書をつくり印形をつらね、各組内の村々へは写しを廻覧せしめて、別に請書を取りおく。七組と私領二一カ村に触書が順達し終ると、終りの村から十津川村へ持参する。その際の人足賃は郡中割の経費で負担する。触書の廻覧の順番は、七組への廻達が終了した後、私領へと進める慣例である。もし、触書が急触のときは、各組へ一通ずつ来ることもあると言うのである。

南都奉行所のときはかなり具体的に判明するが、京都町奉行所のばあいはどうであろうか。この場合、あて先は吉野郡各組年預となっている。京都町奉行所の裁判権・行政権の管轄下たる大和国等では(19)、郡ごとに、支配領主ごとに触出されていたのであろう。支配領主の村落が組単位に地域的な連合を形成するときは、各組の年預から各組村々の庄屋・年寄にあてられていた。

以下、領主役所の相違ごとに発給された触書につき、芝村藩役所からの触書を始めとして、史料の上から具体的に眺めてみよう。芝村藩役所から、明和元年申十一月八日の当申年の上納銀之内十分之一小玉銀を取交えて、上納することを内容とする触書がある(20)。これはその宛先が、吉野郡の下市・阿知賀・飯貝・田原・木津の各組の年預にあてられている。「右之趣村々江無間違申達、組切ニ其村方共ゟ惣代請書来ル十一日迄ニ役所ニ可差出候、以上」とあるように、組合村々の間に申達して組合の惣代（年預）ごとに請書をかき、十一日まで藩役所へ提出することが取極められていた。また、「木津村江十一月十日卯ノ刻ニ遣し申而、組合江も同刻ニ上片岡村始メニ遣申候」との添書があるように、

藩役所からの触書はつぎの木津組年預の方へ廻達し、田原組の村々へは触書の写を、上片岡村より漸次に組内に触れ廻し始めたのである。この触書のあて名は「田原組年預・木津組年預」と記されている。つぎに、安永三年五月二十三日に芝村役所からの触書は、免状下付のために来る二十六日四ツ時、芝村藩役所への出頭を命じたものである。藩は田原組・木津組の年預と各村の村役人に参会を命じ、免状を直接に村役人層に手渡すことを実現したものである。藩役所から芝村飛脚を使い田原村へ伝達し、すぐにその飛脚に木津村へ持参させ、迅速に周知徹底させることをねらったものであろう。このように、芝村藩役所から各村落に年貢免状・皆済目録等の下付に当っては、触書廻達の形式をとらず、各年預と村役人等を適宜に藩役所に召集して、これに書状等を手渡すことがあった。つぎに、同年二月十日づけの、藩役所発給の触書は貸付威鉄砲・猟鉄砲の改・吟味と、これ以外の鉄砲類所持有無の調査の触書である。これは田原組年預の彦左衛門を経て、田原、木津両組以外に檜垣本組の村落にまでも廻達されるようなケースである。[21]そして、「此廻状二月十一日夕方、芝村役所ゟ持帰り申付直ニ写添状付候、添状書ニ而箱へ入相廻申候、刻付ニ成候との義書載相廻申候」と書かれている。村方への廻達は刻付廻状にした由、刻付廻状とは村請印の下に何日の何時にその廻状を見たか、各庄屋が記入していくもので、刻付とは昼夜を分たず継ぎ立てられるという、最も緊急を要する時に用いられる方法であった。

南都奉行所からの発給した触書の伝達の方法については、既述の通りであるが、具体的な史料の上から検討してみよう。安永三年二月三日づけの「近年村々虚無僧修業廻村の節、不法之義取締」についての、南都奉行所からの触書がある。虚無僧が修業廻村に際し、村々からねだり、旅宿等を要求し、止宿が出来ぬときは尺八等で打擲する等の不法行為があり、それを禁止した内容のものである。これは「従　江戸」とあるように幕府法令であり、南都奉行を通じて大和国一円に発布されたものである。あて名は吉野郡村々庄屋・年寄とある。そして、添書に「二月十日木津村々請取、同月十一日楢井村江遣申候」とあるように、木津組年預から受取り、楢井村年預へと廻達している。而も、田原組の村々九カ村の村役人連印の請書がつけられている。それは、芝村藩の藩触書と同様な方法で、組合内の村々に触書写を廻覧し庄屋の請印をとり、周知徹底をはかったものであった。また、安永六年三月三日づけの触書は、南都奉行所が独自で発給した触書である。(22)その内容は、奈良町や在方の者が奉行所への訴状に差出人の名を記入せず、奉行所近辺に捨置いたり、町家の表に張置く等があり、「名印無之対訴状御制禁」であるので、焼捨てるからその旨を周知徹底せしめてほしい。必ず「願儀ハ表立可申出」きであると言うのである。これも吉野郡村々庄屋年寄をその宛名としているが、三月十二日に取置き、同日に飯貝村へと廻達し、田原組村々の庄屋・年寄の請書がつけられている。また、天明八年二月十一日に、南都奉行所から吉野郡の田原組・木津組・飯貝組・岨組・楢井組・下市組・広橋組の七組の年預にあてられた触書がある。それは、広東人参のこと・甲州御嶽山勧化のこと・米穀の買〆酒造隠造等による米穀高値のため、不穏徒党のこと等を内容とする触書である。このときは「七カ村触書写取、本紙は順達之上、留村ゟ十津川郷へ相廻すこと」と記されており、触書の本紙は七カ村年預で写取り、十津川郷へ廻達されたことがわかる。

では、京都町奉行所から発給された触書はどうであろうか。天明元年八月二十二日の日付のある触書は、武州・上州の村々で織り出した反物等につき、是迄の端数・貫目改等を中止し、自由に売買を許すという内容で、江戸からの幕府法令である。(23)あて先は、吉野郡檜垣本・阿知賀・田原・木津の各組の村々及び寺社、庄屋・年寄にあてられている。広く郡全体の村落にあてたものではなく、芝村藩預領の村々を対象としたと思われ、七組全体の村々ではなく、そのうちの四組にあてられている。もう一つ事例を示しておくと、天明六年七月、京都町奉行の記名のある触書写しがあり、江戸から廻達された幕府法令である。内容は、諸国の宗門改帳は、年々作製され、最終には寺社奉行にて取集める筈であるが、近年は等閑になり守られていない。幕領は代官で、江戸町方は町奉行所で、遠国奉行ある町方はその奉行所で、万石以上の藩領はその銘々の担当者で、寺社領はその寺社で取集め、その所々の代官・領主へ差出すように命じたもので、安永五年にふれたものを、再度ふれ流したと言う。それは、宛名は前者と同様に、吉野郡檜垣本・志賀・田原・木津の四組各村落の庄屋・年寄・社寺等にあてられ、「郡切ニ相触候間、村次不洩様順々相廻其村々庄屋年寄印形ニ而承知仕候段致請書、京都御役所江可致持参候」と結んでいる。

以上の叙述で明確なように、年預＝大庄屋が、芝村藩織田氏の預地支配の時期に於ても、芝村藩の触書のみならず、南都奉行・京都町奉行からの各種の触書・法令類の伝達に於て、大きな役割を果してきたのを検証してきた。芝村藩役所よりの触書の伝達は、年預という支配機構を通じ、年預を一つの接点として組単位に廻達されることは勿論であろう。しかし、南都奉行所や京都町奉行所からの幕令や触書類も、あて名は吉野郡村々庄屋、年寄、寺社等とある場合でも、やはり藩の年預を通じ、組という地域的な連合体を利用して伝達されたことを知りうるのである。

第四節　触書の内容と発給元

すでにふれたように、触書が芝村藩役所・南都奉行・京都町奉行と三カ所から発給され、年預（大庄屋）を通じ村むらに布達されたが、さらに進んで、それぞれの触書の内容につき考察し、発給先の相違による触書類の内容を具体的に明確にしてみたい。芝村藩預地支配時代のすべての年代にわたり、触書類が完全に残っているのではなく、年代的に、また月日にわたり欠落がみられ、触書類の記載内容にも精粗がみられる。ここでは、一応、安永七年、天明八年、寛政五年と三つの時期をえらび、天明六年の分を参考として付加しながら、考察をすすめてみよう。

藩役所から発給される触書のうちで、最も大きな役割をもつのは、藩の貢租関係の触書である。貢租の賦課と納入につき、安永七年の事例では、同年一月十九日に定免の願書の提出につき用意をさせ、二月七日には、村々に対し、定免のことで申達書を触れ出している。五月には免札を各組村の村方へ廻達させるため、年預等を出頭させている。

そして十一月と十二月にかけての年貢初納銀と二納との納入につき、その実現方をはかっている（表4）。

つぎに大和国全体に賦課された負担銀の一つとして、大川筋御普請御入用国役高掛銀の徴収がある。これは、享保五年に国役普請に関する法令が出され、同七年、畿内国役普請体制が成立し[24]、城州・河州・摂州・和州の大川筋、即ち、畿内の国役指定河川の普請総費用の額に応じ、普請の実施された翌年に村高一〇〇石当りの国役徴収銀を基準として支配領主ごとに村別に、賦課徴収されるものであった。芝村藩預領のうち、吉野郡について言えば、檜垣本・広橋の各組と、阿知賀組の九カ村及び宇陀郡の石田・藤井・春日の各組は、すべて京都新町通六角下ル町の三井三郎助あてに納入し、吉野郡田原・木津・下市・飯貝の各組と北山郷、及び宇陀郡の若干の村落は、京都押小路通柳馬場東入ル町の嶋本三郎九郎あてに納入し、その請取書を芝村藩役所へ差出すことになっていた[25]。安永七年の事例では、同年七月に「国役高掛銀」割賦の村々への通達が年預あてに出され、天明八年には八月二十五日まで京都請取所へ納入すべき触が、また寛政五年には十月十八日までに、組惣代まで持参せよとの通達が出されている（表6・7）。南都春日社祭礼への割賦銀や、現地へ出張する役者の割当て等も、藩役所を通じて通達された。安永七・天明八の各年は、いずれも、同年十一月ごろに下達されている。また、宗門帳類の提出も、三月まで差出すべき触書が、安永七年では同年一月十日に、天明六年では一月十六日に、田原・木津・檜井各組を通じ、組村の庄屋あてに下達されている（表4・5）。なお、寛政三年五月には、藩役所から荒地起返しで新開の場所は、たとい壱畝・壱歩でも隠さず廻村の役人たちの改めをうけ、新開を開き「地味立直り」の場所は免直し等があるので心得ておくようにと下達している。同五年三月には、葛根が副産物として有効であることを強調し、組々の村々が諸国へ売出し、薬種商人へも売出すべきことをのべ、一種の余業奨励により、農民の窮乏と脱農化を防止しようとしている[26]。そのほかに、将軍やその周辺の重臣たち、また、藩主の家族やその側近たちの死去等に関して、その都度ごとに、普請・鳴物音曲停止などのことが要請せられ、藩役所からの触書として下達された。天明六年九月、将軍家治の死去、寛政五年七月、徳川刑部卿の死去、同年八月、老中松平和泉守の逝去等について、その都度ごとに藩当局から触書が下され、廻達されている。ほかに、藩領内での秤改め、村々での鉄砲所持者の調査などが、触書として下達された。天明八年二月の事例のように、藩領農村の社会生活の秩序維持のため、「博奕賭之諸勝負」を厳禁するといった一般的な治安の対策のための、触書が廻達されたこともあった。

以上で芝村藩の藩当局からの触書は、藩の預地支配に直接必要な貢租の賦課と徴収の厳守、その他藩領単位の割当の掛り銀等のための布達類、藩内の戸口の調査とその把握、藩内の治安維持や社会生活上での一般的な禁令や廻達類、幕府・藩主の関係者たちの動静等と言った、いわば、藩政の遂行上、より直接的な藩領統治の事柄にむけられていたものが、非常に多いと言える。

つぎに南都奉行所から発給される触書の内容はどうか。芝村藩役所からの諸触書と比較して、大和国一国全体をその対象としたものが多いと言える。また、大和一国を対象とするよりも、近隣諸国をも含んだより広範囲を対象とするものもみられる。そして、政治支配地域を対象とする貢租や、諸懸り物の徴集などに関する触書は、いう迄もなく、全くみうけられない。後述するように、同一内容の触書が芝村藩役所や京都町奉行所等からも、重複してふれられていることに、注目しておきたいと思う。具体的に眺めてみたい。

安永七年の事例から検証すると、同年三月に南都奉行一行が大和国内に巡見するの触書が、吉野郡楢井・木津・田原の各組の年預にあてられ、一行の休泊の日時・場所の予定が示されている。同年七月には、朝鮮人参の値段のことで吉野郡村々庄屋年寄に対し達書があり、同年八月大和国生布の尺幅の統一・規格につき、吉野郡村々庄屋・年寄等にあてて、触出されている。天明年間に入り、大和国全体を対象とする商品流通や、価格等についての触書は、極めて多くみられる。天明八年二月、米価高騰の原因として、米穀の〆買や酒類の密造があるので留意すべきであり、米価暴騰のため徒党の取扱いにつき通達しているが、同年四月には、諸国酒造米高や株高の調査の触書、同年六月十一日には酒造者のうち、当時、休株の者の株高を書き上げさせ、八月二十二日に諸国酒造のことで改方を令している等、酒造に関する現状調査、造酒高の抑制等を内容とする触書類が頗る多い。また、同年三月の京都市街大火ののち、五畿内及び近国で雑木類の伐出勝手次第と触出すが、檜材木の高値売買を厳禁している。これは、同年三月、京都町奉行所から発給された京の大火後の物資の払底につけこみ、諸色高値を吟味取調べる触書と相呼応したものであること は、言うまでもない（表6）。なお、五月四日づけでは弐朱判の永代通用を許可するとの貨幣流通に関する触書がある。恐らく、江戸からの幕令をそのまま流したものであろう。そのほか、大和と近国に所在する寺社修覆のための勧化・合力の触書も、南都奉行所から触れ出されている。天明六年一月二十八日、摂州四天王寺法憧院大破につき勧化の触書、同年七月唐招提寺や京大仏自坊の修復のための富くじ興業の許可、天明八年正月、甲州巨摩郡御獄山修復のため、大和近国の三ケ国を巡在勧化の許可、同年十一月、再度にわたり、四天王寺法憧院大破修復の勧化の触書など、多くを数える。そのほか、同じ内容の触書の事例として、年号改元のときの法令がある。安永十年四月二日に天明と改元があった。芝村藩役所からの触書は四月二十五日づけで、吉野郡田原組・木津組の村々あて触れ出されている。而も「江戸ゟ被仰出」とある。これは、同じ内容の法令が幕府から、一方では芝村藩を通してふれられた場合と、他方では、南都奉行所を通して、同一の地域に流された二つの事例があったことを物語るものである。南都奉行所を通じる方が四日もはやい。処で、その法令文はつぎのようになっている。前者では

天明元年

右之通今度年号改之被　仰出候間、村々小百姓末々迄可奉承知候、尤、廻状ニ庄屋致承知印形無滞早々順達、留り村より役所江可持参候、以上

巳四月廿五日　芝村御役所御印

後者の方は、

吉野郡田原組村々

木津組村々

田原村迄相廻り申候、木津村触留り相成申候

去十三日年号天明与改之候間、於江戸被仰出候間、可得其意候者也

巳四月廿一日　相模御印

吉野郡村々　庄屋

年寄

此廻状木津村ゟ五月朔日取、則二日楢井村へ□□□持セ遣候

文面では芝村藩触書の方が「村々小百姓末々迄可奉承知候」と周知徹底せしめる方向が強く、南都奉行書の触書は「可得其意候者也」と、一般的な表現に従っている。

最後に京都町奉行所からの、触書の内容につき述べておきたい。南都奉行所からの触書が大和国一円を対象としたものが多いのに比して、もっと広範囲で、全国的な共通の性格をもった内容が多いと言える。南都奉行所から触出しの法令等と、内容的に同一のものが見うけられることも、既述した処である。

具体的に述べてみよう。安永七年のばあいをあげておくと、同年三月の日付があり、京都町奉行所から、吉野郡檜垣本・志賀・田原・木津の各組村々庄屋・年寄・寺社にあてられ、現地の村々には同年四月二十一日に到着している法令がある。内容は長崎貿易で、見返り品として、唐船にわたす煎海鼠・干鮑・ふかひれ等について、その増産をはかる様に精励されることを目的としている（表4）。以前には、宝暦十四年・明和二年と二回にわたり触れ渡したものであった。大和国は直接に海岸に面する国ではなく、以上の物産の産出もないので、全く無関係の内容をもつ法令

表4　安永7年触書内容

触出者	芝　村　藩	南　都　奉　行	京都町奉行	備　考
触書の内容	（1・10） 宗門改五人組帳差出のこと。	（酉12・11） 金座にて金売買のこと。		
	（2・7） 村々定免之義に付申達触	（12・25） 差出にて召出者、盗賊入込盗物届出の件		
	（2・7） 公儀ゟ諸秤改に付達	（1・19） 宗旨改帳名前入レ不申者迄付覚		
	（4・1） 丹後守隠居、栄三郎家督相続達書	（3・10） 南都奉行巡見に付触及び口上書	（4・） 長崎貿易俵物につき増産触書	「京都町触集成」第5巻「1595」号
	（5・18） 去酉年免札下付に付、年預庄屋年寄百姓代出頭のこと。	（5・13） 三商売人（質・古手・古道具）名前、村限り名前帳に記入差出の件		
	（6・18） 組合村に皆済目録引替に付出頭のこと。			
	（壬7・7） 来春御普請所願有村普請帳差出のこと。	（壬7・21） 法隆寺伽藍修復諸国勧化のこと。		
	（壬7・） 去酉年大川筋普請入用国役高割賦銀差出	（壬7・） 朝鮮人参買請売捌に付触		
	（8・27） 為検見飛田市左衛門ら廻村、休泊食事等達書	（8・6） 大和国織出生布尺幅改之儀につき触		
	（9・13） 淀姫御社大破修覆寄附願のこと。			
	（9・18） 村々酒造株所持者、稼方、休株之者取調		（10・29） 穢多非人之風俗取締に付触書	「京都町触集成」第5巻「1701」号
	（11・2） 春日祭礼、掛物に付達書			

表5　天明6年（1月～9月）触書内容

触出者	芝村藩	南都奉行	京都町奉行	備考
触書の内容	(正・16) 宗旨改帳面差出触書に付役所へ出勤	(正・17) 灰吹銀等打立心得違候者吟味咎申付のこと。	(2・) 遠国勤之武家、支配所の百姓町人より借銀禁止	「京都町触集成」第6巻「1245」号
		(正・28) 四天王寺法憧院大破勧化のこと。		
	(6・27) 御預所年預、御用之絵符・提灯等焼印に付差出のこと。		(5・) 大和、大江等御嶽山両大権現大破に付勧化のこと。	
	(7・20) 組合村に、来春普請所差出のこと。 (7・晦) 甲州御嶽山勧化人巡在不心得聞合せのこと。	(7・21) 唐招提寺、京大仏自坊復興、富くじ興業のこと。	(7・) 諸国寺社・山伏本山等重立社家1ケ所金15両出金のこと。諸国御料私領百姓・町人等も同様のこと。	「京都町触集成」第6巻「1290」号
			(7・) 諸国御料私領宗門帳寺社奉行で取集のこと。	「京都町触集成」第6巻「1286」号
			(8・) 関連筋水難に付米・麦等廻送適切の値段で商人売買のこと。	「京都町触集成」第6巻「1308」号
		(8・13) 関東筋水難に付米・麦等廻送適切の値段で商人売買のこと。	(8・) 摂州平野大念仏寺兼帯安養院僧正・勧化巡行のこと。	
			(8・) 諸国金銀融通のため百姓町人寺社等出銀のこと。	「京都町触集成」第6巻「1300」号

	（9・13） 公方様逝去に付諸事相慎のこと。 （9・15） 当午年貢初納割符のこと。	（9・5） 関東筋出水難儀に付、出金銀の儀中止のこと。		

であると言える。また、同年十月二十九日づけで「穢多非人之風俗取締ニ付触」がある。すでにその内容については著名な法令であり、被差別部落民に対し、「風俗取締令」と称されるが、単なる風俗の取締ではなく、農民・町民の差別に抵抗し、差別的風俗の強制を拒否する平等への志向や行動を、すべて悪として取締り、それらを盗賊・悪党にくみするものとして捕えさせようとするものである。この法令は「別紙御書付壱通従　江戸到来候間、御書面之趣ハ承知可仕候、郡切ニ相触候間、村次不洩様順々相廻し、其村々庄屋年寄印形ニ而承知仕候段……（下略）……」とあって、江戸からの幕令で、京都町奉行所から直接に廻送されたことを示している。また、追書には「右之通南都従　御番所様茂相廻り申候」とあって、同じ法令が南都奉行所からも触下されたことがわかる。そして「右之御触　京都御触書ハ大の村庄屋彦兵衛殿へ戌十一月十五日ニ持セ遣し候」とあり、一方には「南都御触書ハ飯貝村太兵衛殿へ同日持セ遣候」とあって、同じ趣意の法令を、発給元の相違で、別々のルートで、すなわち、京都御触書は同一の田原組内の他村へ、南都御触書は吉野郡内の他の年預の所在の村落へと、廻達させたことが理解されるのである。

　さらに、天明八年正月には「朝鮮人参之儀ニ付極印無人参封印の件及び、人参製法所ニ而代料相極の件」なる触書が、吉野郡檜垣本・田原・志賀・木津の各組の村々庄屋・年寄及び寺社中となり宛てられている。朝鮮人参の品質を統一し、極印のない人参はすべて伊奈摂津守役所へ差出すこと、及び人参製法所での代金料を取極めたものである。日付は天明七未十一月で京都町奉行所から発給されているが、「南都御触書写」と加筆されているように、南都奉行所からも同じ法令が出ている（表6）。

表6　天明8年触書内容

触出者	芝　村　藩	南　都　奉　行	京都町奉行	備　考
触書の内容	(正・5) 御預所村々年預ら年頭御礼のため、出頭のこと。 (2・3) 博奕賭之諸勝負禁止、密告者奨励のこと。	(正・17) 甲州巨摩郡御嶽山修復に付大和等三ケ国巡行御免のこと。 (2・11) 米穀の〆買・酒隠造り不埒及び米価高値のため、徒党取締のこと。 広東人参売買・甲州御嶽山勧化等に付触	(正・) 朝鮮人参に付極印無き人参に封印、及び人参製法代料決定のこと。	「京都町触集成」第6巻「1486、1487、1488」号
	(3・7) 津風呂・入野・上片岡・下片岡各村年貢銀未納、急々納入のこと。 (3・23) 免札交付のため組合惣代、庄屋・年寄・百姓代出頭のこと。	(3・3) 京都大火のため、畿内近国の雑木伐出し勝手次第のこと。 (3・3) 同上に付、檜材木之義高値売買一切禁止のこと。	(3・) 京大火後、諸色払底高値のため取調のこと。	「京都町触集成」第6巻「1572」号
		(4・26) 諸国酒造米高・株高書付取調 (5・4) 弐朱判永代通用差支えなきこと。 (5・14) 諸国出銅不振銅方不取締に付触	(4・18) 通用金に付両替屋共江申渡	「京都町触集成」第6巻「1578」号
		(6・11) 酒造の者の内、当時休株の者株高書上	(7・) 御役所金銀拝借人共ゟ諸向江貸附金銀之儀に付申付書	「京都町触集成」第6巻「1665」号
	(8・) 国役高掛銀割賦高来月25日納入のこと。	(8・22) 諸国酒造之義、改方のこと。 (9・8) 去辰年関東八ケ国作出候菜種に付口上		

	(10・19) 当春普請所の儀に付、藩役所へ出頭のこと。			
	(11・17) 国割勘定、来月２日藩役所へ出頭のこと。	(11・12) 摂州四天王寺法憧院修復ニ付、勧化		
	(12・４) 申年年貢二納銀割賦のこと。			

表７　寛政５年触書内容

触出者	芝　村　藩	南　都　奉　行	京都町奉行
触書の内容	(２・10) 荒所御検分廻村に付組合村々荒所分取調		
	(４・15) 徳川刑部卿死去・鳴物等停止のこと。		
	(７・３) 若君御不例・鳴物等停止		
	(８・) 村々倹約諸事取締に付請書差出のこと。		
	(８・26) 博奕其外諸勝負致間敷旨、沙汰のこと。		
	(８・晦) 老中松平和泉守死去、鳴物等停止		
	(９・３) 丑年年貢初納割賦のこと。		
	(９・14) 尾張宰相逝去、鳴物等停止		

	（9・28）京都□安産疱瘡之守伝引弘のため、和州巡回のこと。		
	（10・18）国役高掛割賦銀例年之通惣代方へ持参	（10・18）宇陀松山町宗七、酒代滞訴状に付達書	
		（10・29）諸国酒造株譲渡に付触書	
		（11・21）若君様御弘之御祝儀に付、大赦のこと。	
	（12・）当丑年、御年貢銀二納割賦納入のこと。		
	（12・）村々鉄砲所持之者差出のこと。		
	（12・）年貢不納之村方、23日役所へ出頭のこと。		

つぎに、同年三月、京都町奉行所からの廻達として、「京都大火後諸色払底之上高値ニ付、高値売買禁止、囲置不売出者吟味取調の件」を内容とした触達がある。申三月の日付となっている。京都大火後の経済的復興に関係する触書として、払底の諸物資を囲込み、高値で売却する行為を禁止している。南都奉行所から出た建築用材木の伐採の許可、檜材木等の高値売却の禁止と相関連するが、同じ内容の触書ではない。しかし、天明六年八月、京都町奉行所の触書では、関東筋の国々が水害等で毎日の夫食にも困難をきたしているので、各地域の国から、商人が米・麦・雑穀等その他の、夫食となる品々を有無流通させ、適切な値段で売却するようにしてほしいという内容である。八月の日付があるが、現地では九月八日に廻達されたという（表5）。その法令は同年八月十三日の日付のある吉野郡

村々庄屋・年寄にあてられた触書と全く同様で、南都奉行所の触書にも見られ、江戸から幕令である。京都町奉行所のものよりも、一カ月程早く廻達されている。

また、寺社修復のため勧化廻在については、天明六年六月、甲州御嶽山両大権現の社頭大破のため、信濃・美濃・近江・大和・播磨の五ケ国の在町巡行の触書や、同年八月、摂州平野融通念仏惣本山の大念仏寺兼帯の、勝安養院の僧正が、大和・河内・摂津の三国を巡行し、社堂大破修復の勧化を行う触書がある。いずれも、京都町奉行所から廻達されている。この寺社修復の勧化の廻在については、京都町奉行所と、南都奉行所との発給元の相違の理由については、くわしくはわからない。

第五節　年預の職務

芝村藩の預地時代に於て、各地域の年預＝大庄屋は、藩の支配の下でどんな職務を遂行していたか。藩役所からの廻達や触書類を中心として、その内容からみて、大庄屋の機能と役割につき具体的に眺めてみよう。

預領時代の大庄屋の勤方につき、具体的にふれた史料は、現在までの処、明らかでない。『今井町近世文書』に収録されている史料に、「天保八丁酉年八月下旬写　御預所年預役勤方定式書」がある。(27) この史料の後書に「此定式之儀者、醍醐村年預庄左衛門殿、在役中書記ニ候所、当町年預与右衛門殿江借用ニ而書写被致置候、然ニ今般拙者方江恩借いたし写置候也」と書かれているように、今井町年預与右衛門が、醍醐村年預庄左衛門の在職中の職務遂行のためのメモとして、書写しておいた覚書を写取り、さらに、それを年預の八兵衛が借用し、写したものである。年代的に天保期のもので若干のへだたりがみられる上に、内容について書式の事例として、植村氏高取藩にあてたものがあり、この点で問題は残るが、近隣藩のものであるので、一つの事例として取上げておきたい。なお、今井町は、寛保元年

から織田氏芝村藩の預領となり、寛政六年代官内藤重三郎氏の預支配に転じ、まもなく高取藩植村氏の預支配となった。(28)

「御預所年預役勤方定式書」には、一ヵ年間の年預の関与する主要な行政事務につき、解説とその書式が示されている。最初に年始御礼・初寄会などの会合のほか、宗旨帳面・小入用帳・鉄砲拝借証文等の提出が、「二月廿日」と定められている。つぎに、年貢関係の書類、貢租の上納のことが記されている。免定の下付、皆済目録の交付や、組合村々免割算用のこと、貢租は初納（十月）、二納（十一月）、三納（十二月）と記されている。関係する立毛、植付の済届書、木綿作・早稲大通り等の見分、早稲苅取願等に言及している。年貢割賦以外の諸掛り物の割賦については、以下の如くである。南都春日社祭礼の掛り銀や、祭礼のための出張、禁裡御所の修復、大阪城内鉄炮合薬、朝鮮通信使来朝にともなう経費や畿内大川筋普請入用国役高掛銀などが主要なもので、それぞれの基準の割賦高が、若干、相違する。以上のほか、年預がとくに留意せねばならないいくつかの条項を示している。

すなわち、(イ)検見のとき組合の村々から、年貢率やその他の問題を申し立てても、決して勝手に承諾しない。(ロ)組合の村から、平素、送り物などを受取らない。(ハ)村々の間の争論に於ても、特定の村方にひいきをしない。(ニ)預所一同のことで申談ずることがあっても、自分も勝手な事を申立て、処置しない。(ホ)国割銀の割賦のとき、年番の年預が馴れ合い、日役を増すことは不可。(ヘ)組合の村々庄屋・年寄に対し、不公平なく取扱うこと等にわたり述べており、年預の勤方が区々であったので、自分が勤務するにつきその趣意とする処を記しておきたいと書いている。やや繁雑にわたったが、以上の記述を念頭におき、芝村藩預地のばあいを具体的にながめてみよう。

貢租の納入は藩の農政上もっとも重要な課題であったが、年預は藩からの毎年の貢租徴収にあたり、その免状下付書で出頭を命ぜられ、組々の村役人一同と藩役所に赴いた。その時期は毎年五月を中心とした時期である。天明八年は定免年季切替えの年であったためか、三月二十三日に藩役所から、吉野郡の田原・木津・楢井・飯貝・上市の各組の年預あてに、去年の免札交付のため、村役人とともに年預の出頭を命じている。同年六月には、組合村々定免年季切替のことで申渡すことがあるというので、[29]六日四ッ時、上市・飯貝・田原・木津の各組の年預に召集を命じ、不参者は越度に申付けると触出している。また、年貢の割賦納入のとき、年預を通じ、各村の銀納年貢高とその納入期限を明らかにし、組合各村々庄屋・年寄に触れ流しているが、煩雑のため一々につき説明を省略したい。

また、年貢以外に領主側からの各種の賦課にあたり、年預を中心とする組村が、徴収の一単位となったことが挙げられる。その一つに大川筋御普請御入用国役高掛銀の徴集があり、また、南都春日社の祭礼役銀等がある。既述した通りであるので、ここでは、繰返さない。

なお、領主側から、村方における各種の普請等に対する手当補助等の下付に際し、年預が伝達・周知等にその役割をはたすことがあった。安永三年九月十日づけの触書では、宇陀郡・吉野郡の村々に昨巳年夏の普請工事の手当銀を渡すので、来る十六日四ッ時に藩役所まで村役人が印判を持参、出頭することを布達しているが、「此段年預共より」申達してほしいと触流している。宇陀郡春日村・藤井村・石田村・自明村と吉野郡田原村の各年預にあてられ、藤井村からは十二日四ッ時請取ったと添書している。

つぎに年預は、藩役所からの各種の取調・調査に際し、組を単位として報告している。毎年報告が行われたが、稲作植付終了のことである。例えば、安永五年五月十七日づけで、田原組年預の彦左衛門は、田原組九ケ村の当年の田方植付が、当月五日から十一日まで滞りなく終了したことを申述べている。[30]しかし翌年六月二日の芝村役所からの布達では、吉野郡田原組・木津組及び宇陀郡石田組・自明組の年預あてに、稲作植付の届が未済であり調査するように命じ、来る八日まで藩役所に出頭するように達している。また、宗門改五人組帳の提出も、預地一般行政の大法として、最も重要な問題であり、毎年、三月中に必ず提出のことが取極められていた。各村落における田畑等耕地の内訳や荒地の把握も緊急な問題であったことは言うまでもない。安永二年二月十日の触書で、藩役所は宇陀郡石田・自明・藤井・春日及び吉野郡田原・木津の各組の年預あてに、別紙の雛形の通りに、各村の田・畑の石高・高反別とその内訳、荒所高の反別とを来る十五日までに年預で取揃え、役所に報告させている(31)。天明期を経て寛政期に入り、荒所起返しの問題が重要な関心事となり、寛政の改革に於ては幕領農村の荒廃地の状況を検分のため、役人が現地に派遣されることになった。荒所検分の役人衆は、南都から葛上・山辺・宇陀・吉野郡と順次に巡回する予定であるので、宇陀・吉野両郡の年預を通じ村々の庄屋・年寄に申渡す心得の数々を申触れている。寛政三年五月のことである。

年貢の延納・減免と言った領主への陳情の一般的な請願や、時として夫食米の拝借と言った事も、一村単位でなく、村の所属する組の年預から、或いは場合により郡の年預の全体で藩役所へと願い出た。それは年預を中心とする動きであったのである。明和二年正月の願上書では、同元申年の年貢の約半分は、村役人がいろいろと苦心して漸く上納させたが、残余の半分は納入期限の二月五日を二月晦日として猶予してほしい。どうか「御慈悲を以て御聞届ケ被為成下」るようにと、村単位でなく、吉野郡の広橋・下市・阿知賀・飯貝・楢井・木津・田原の各年預一同が連印して、藩役所に歎願している。明和九年には田原組に属する九ケ村たる上片岡・下片岡・田原・牧・大野・色生・入野・津風呂の村役人一同が、近年の打続く不作に対して、年貢納入後、農民の夫食米として壱ケ村米一五石ずつ夫食米を拝借したい。返納は来る六月晦日限り急度厳守するからと訴え出ている。田原組一同の訴願であった。なお、吉野郡の下市・阿知賀・檜垣木・飯貝・木津・田原の各組が、ともに天明六年十月二十一日に願い出た訴状には、各組の村々の年貢は、十月二十五日に納入期限の分については半分だけ日限通り納付するが、残る半分については、来る十一月十日まで猶予してほしいと言う内容のものである。田原組の年預彦左衛門が訴願の六組の惣代として出願している。

以上で略述したように年預は、藩に対して自己の組に所属する村落を、貢租の賦課の単位として、また、それ以外の諸種の負担・諸掛物等の納入の単位として、組内の各村の庄屋を通じ農民たちを統括・取締する役割を果してきた。さらに、藩からの諸手当等の給付や各種の実態・現状の調査の単位として、時には、藩役所に対する各所の訴願等に於て、その地域の中心となり機能した。

なお、年預は芝村藩からの各種の触書・法令・達等の下達に際しては、これを組下の村落に周知させる役割をもっていた。それらの多くは、村内の倹約の奨励・奢侈の禁止等にはじまる風俗の匡正・富くじ同様の行為の禁止・それらを通じての封建農村としての社会秩序の維持・惑乱騒擾等の行為の禁止を目的とするものであった。なお、既述した高取藩植村氏の「年預役中相慎ミ可申条々」などにみられる条項の内容については、厳守履行を要求されたものであることは言うまでもない。吉野郡の地域が藤堂藩の預領から、芝村藩の預領に移った明和元年九月、藩は定書を発布し農民に厳守を迫っている。それは「被仰渡御趣村々末々小百姓迄読聞セ不残承知奉畏」を要求したのであった。具体的には、例えば「一諸事徒党之儀者重御沙汰ニ候間可相慎事、一親孝行之儀者不及申侯得共、格別孝向之者有之候ハヽ、可申出事、一於村方人之為妨かさつ法外成者有之候ハヽ、早速可申出事、一小百姓農業之儀無懈怠様常々可申付候事(32)」などをその内容とするものであった。博奕等諸行為はもとより厳重に制禁であり、藩役所等から再三にわたり、例えば、天明五年十一月二十六日、同八年二月三日、さらに寛政五年八月二十六日等と、廻達され、密告者を奨励する条項が加えられた。

天明期の全国的な飢饉と米価の高騰とは社会不安を招き、農民一揆や都市騒擾の増大となったことは、周知の事実である。すでに天明元年九月、京都町奉行所からの触書で諸国百姓徒党強訴についての取締が、吉野郡檜垣本・阿賀・田原・木津の各年預を通じ、廻達されているが、同様な禁令がすでにそれ以前から、たびたび出されている。同七年五月十八日、藩は村々で徒党がましい儀をかさねて厳禁する旨、田原・木津両組の各年預あてに触れている。前述した如く、明和元年九月の藩法令にも、諸事につき徒党のことを重ねて取締っていたのである。天明七年五月二十八日には預地村々おける囲米・余米を調査し、村落の有無を相通じて相互流通させ、以て米価高騰による社会的混乱の続発を防止せんとしており、田原・木津両組の年預におくられている(33)。これらの藩法令と相前後して、同年六月、京都町奉行所から米価高値・旅籠本陣等で賄方が困難であるので、各地域で米穀類を所相場で、相応の値段で払下げるようにしたいと触れ流している。吉野郡檜垣本・阿知賀・田原・木津の各組の年預を通じ、組の村々庄屋年寄にあてられ、村々が請印してその厳守がもとめられた(34)。また、同年六月にも京都町奉行から、最近、大和各地の村々で徒党して人家をこぼち、家財道具を破壊する一件があり、徒党のことは厳禁であるので、不法の者を処罰するという触書が、かさねて、吉野郡檜垣本・阿知賀・田原・木津の各組の村々に出されており、天明期の社会世相を特色づけるものでもあった。

第六節　年預制の終焉——むすびとして——

年預の制度は、田原組に於ては、寛政元年六月、当時の彦左衛門が病身を理由として芝村藩に休役を願上げ、一時、廃止となった。以後、田原組では年預の名称がなくなり、組惣代がこれに代り年預の職務を代行していたようである。寛政三年の事例では、上片岡村庄屋市郎兵衛がこれに当り、例えば、大川掛国役銀の負担割当、宗門帳の訂正と再提出、年貢銀割賦納入等につき、その職務を担当していた。翌四年には栗野村庄屋新十郎が、翌々年には牧村庄屋弥助が相ついでその職にあったことは、各年の「御触書写」等に於て、領主からの廻達の触書のあて先や、藩役所等への願書等に見える処である。尤も、幕府は彦左衛門の年預休職の半年以前に、天明九年正月、諸国の代官に対し「所ニより拾ケ村亦は弐拾ケ村」単位で惣代が設けられてきたが、農民の訴願を煽動したり、逆におさえたりして、「品之姦計」の噂があるが、これは「畢竟年久敷惣代相勤、事馴候ニより、右体不宣事共も有之」のであるとして、以後は「惣代制」を公認するが、惣代の選任については「誰を惣代ニいたし度との儀、其村々惣連印を以願之上」、代官が任命することとし、任期も一〜二年で交代させるという通達を出しているのである(35)。しかし、この幕令と彦左衛門の年預休役との関係は明らかではない。田原組における年預制の一時廃止の背後には、つぎのような一件がその楔機となったと考えられる。以下、その内容につき略述したいと思う。

天明八年、田原組の色生村の庄屋儀右衛門、年寄九郎兵衛、組頭佐右衛門・宗八らは、大和幕領の吉野・宇陀郡村々を巡見に来た一行に、つぎのように申出た。(36)その内容は、①田原組の諸入用が一〇ヶ年以前と違い多く懸り、農民たちが難儀をしている。②田原組九ヶ村の寄合の時、藤堂氏津藩の預領時代とは違い、そのたびごとに、年預から一日三匁の日雇賃をとられ、其他の雑費を負担する。③郷割勘定立会のとき、多分に雑費が多くかかり迷惑している。④年預の芝村役所へ出頭のとき、一日に六匁五分の経費の割当てを負担している。⑤国割銀も藤堂氏津藩の預領時代とは違い、多くの銀高を賦課している、大略、以上の内容で、このような願出は、村内の小農民からの強い願望があり、やむを得ず巡見使一行に願書を提出したものであるという。そこで、田原組の庄屋一同が残らず立会い、この申出を一々、調査したことであった。その結果、年預からはつぎのように返答した。それは①藤堂藩預領のときは藩役所から給米として、年に四石あったが、芝村役所になり無給で、その上、訴訟関係取調の事務費が必要であるので、やむなく一日三匁の経費をとったが、組合村々から筆工料・茶代・世話料等は少しも取立てていない。②組合の寄合のときの会合費等は、今迄からも年預からは差図して取立てたことはない。むしろ、手弁当持参で立会って申談じてきた。しかし最近では米価も高価であり、食事代等の補助とするため、村方から銀一匁の経費を取立ててほしいと、佐右衛門が庄屋役中に申出ていた。③郷割勘定のとき、会合費用として、年に六〇匁ずつにしてほしいという願出は、これまでで年一〇〇匁でも相勤めかねているのに、此上節減されては、相当の村が大変難渋する。④年預が芝村役所へ出頭のとき、一日に六匁五分の日雇が高く、百姓困窮の原因と言うが、これもよく調査して答書を出したい。⑤国割銀も以前とは格別で高いとの事であるが、年預は農村統治の上では、あくまで領主と庄屋との中間的な役職で、国割銀の問題は年預の全く関与しがたい問題である。大略、以上の如き内容を申答え、結局、幕府の巡見使一行に直接に願出たことは、庄屋儀右衛門に対しても村役を相つとめながら、その行動には不可解だと申述べ、結果は、色生村庄屋から詫状一札を提出することになった。同年十一月十七日に年預あてに差出した詫状には、巡見使一行に提出した箇条書に、とくに調査の上、返答書を出すとの事であるので、その旨を村民たちにも申伝え、村民は委細承知して引上げたという旨の主張を申添えている。

他方、同年十二月になり年預はあらためて自己の主張を明らかにし、藩役所に一札を差出している。それによると、組合村の大野村からも、巡見使一行の通行のとき願書を提出した一件があったが、その詳細はわからない。年預の家は九月に母の死去にあい、農事の稲作刈上や麦蒔の作業が一時中断したが、組合の八ケ村の合力で済まし有難く思っている。その時、大野村からは何らの合力もなかったのである。芝村藩役所へ提出せず、駕籠訴するのは余りの仕方で不心得であると申述べているのである。

以上の一件の詳細な経過は不明で、その全貌が明らかでないが、年預に対しては、一石を投じた一件でもあった。翌寛政元年六月、彦左衛門は父親とも離れその上病身であったので、年預役を退いた。前述したように、年預彦左衛門はその休役をゆるされ、格式のことは年預同様と申渡された。寛政五年九月芝村役所から、年頭・惣代に関する諸経費の節減方につき下問されたとき、組惣代牧村庄屋弥助は、以下の如く返答している(37)。当田原組の年預の夫代を一日に七匁から五匁に相減ずること、組合村々での会合のときの諸経費を二〇匁から一八匁、出来うれば一六匁に減小させること。組合村々での郷割勘定の会合の諸経費を一二〇匁から八〇匁、出来うれば七〇匁に相減ずることを申合せていると述べている。また、諸祝儀、祭礼、仏事などの諸経費の節減を申出ていることに注目したい。これらの村入用の節減をめぐる問題は、寛政改革政治の大きな争点であったのである。

このような動きのなかで、寛政六年、芝村藩織田氏の預地支配が終止符をうち、吉野郡の村々は内藤重三郎代官の預地にうつり、翌七年、大和五条代官所の設置とともに、河尻甚五郎代官の支配下におかれた。すでに内藤重三郎代官の支配のときになると、「近年困窮打統、村々百姓相弱り候ニ付、組中相談の上、以来は諸事倹約に致し、殊に年預役も不用ニ相成り候ニ付、今後、順番ニ惣代役相勤、御回状次並御用向可成は惣代方より触れ廻し、集物等は隋分正路に相勤可申筈[38]」と記されているように、年預役は不用と言うので廃止され、この地域の農村支配機構は、新しい時代に入ることになったのである。

注

（1）谷山正道氏は近著『近世民衆運動の展開』（高科書房　一九九四年）に於て、「一八世紀大和における幕領支配の特質と農村」（『史学研究』一三三号）以来の諸研究や、『桜井市史』（本文編・史料編）及び『田原本の歴史』第二号等に見える芝村藩預地支配の諸稿をまとめられている。近著の第一部第一章「享保改革の年貢増徴政策と大和国幕領農村」として、総括的にとりあげられた。芝村藩預地における農民闘争の展開を分析されている。

（2）谷山氏は、前述の『近著』の第一部第五章『寛政改革と農民闘争（序説）――大和高取藩の預り所支配と「白川訴願」――』として、高取藩預り所添上郡組合九ケ村の農民訴願運動＝「白川訴願」に注目されている。享保改革末期に展開した露骨な年貢増徴政策を批判しながら、政治をおしすすめた寛政改革推進者松平定信の政策をとりあげられている。

（3）この問題は一九八〇年代の後半ごろから研究者の関心をあつめ、多くの論著が発表された。関東や畿内の地域社会を中心として、広域支配と地域秩序の視点から、また、広域闘争としての国訴と惣代制の視角から論ぜられており、藪田　貫氏は精力的にこの方面の諸問題に取り組み、国訴惣代制や頼み証文の分析を通じ、郡中議定をめぐる問題にもふれておられ国訴を中心とする多くの論稿がある。それらは『国訴と百姓一揆の研究』（校倉書房　一九九二年）として、集大成された。また、谷山氏もさきにふれた『近著』に於て、大坂周辺の摂河泉のみならず、化政期の大和の菜種国訴をとりあげ、天保期大和川剣先船をめぐる国訴を対象とし、国訴の組織構造を明らかにした。天保期～安政期の東播五郡庄屋集会を分析検証されるなど、大和・東播という広がりのなかで、地域社会の運営体制との関連を求められている。また、村田路人氏は、『近世広域支配の研究』（大阪大学出版会　一九九五年）に於て、諸研究をまとめられた。畿内地域の幕府の広域支配の実態と特質を考察され、畿内の大河川を中心とする国役普請制度と、幕府の河川支配行政を深められた。「用聞」（用達）の分析や、「触」の伝達、その内容につき言及されている。また、これにつき岩城卓二氏の諸研究がある。最近では関東領国論と畿内支配国論との、双方の研究者のシンポジウムが開催され、『近世の地域編成と国家――関東と畿内の比較から――』（関東近世史研究会編　岩田書院　一九九七年）として、中堅・新進研究者のいくつかの論稿を掲載した著作が出版された。この方面に対する研究者の関心が、きわめて高いとも言える。

（4）『桜井市史』本文編（上巻）歴史編二三六ページ。第二章芝村藩の変遷を参照。

（5）・（6）『桜井市史』本文編　同上。

（7）「芝村藩主織田家記録摘要」（稿本）には輔宜公の箇処に見え、将軍家に於て、松平左近将監乗邑から賞与されたという。

（8）谷山「前掲論文」

（9）『桜井市史』本文編（上巻）二六五ページ。

（10）『菟田野町史』（近世の部）九六～八ページ。

（11）『桜井市史』本文編（上巻）二六四ページ。

（12）大宇陀町東平尾　松尾文隆家文書。

（13）松尾秀峰編『江戸時代之小川郷』（稿本）（松尾文隆家文書）

（14）「明和元年申十月十五日、御触廻り状之帳」（片岡彦左衛門家文書）には、「此度芝村　御役所様ゟ御差紙ニ当月十三日五ツ時ニ御召出し被為　遊候而、是迄之通年預役被為　仰付ニ付、昨十三日ニ罷帰申候」とある。

（15）『江戸時代之小川郷』（稿本）

（16）「寛政六年寅九月廿八日、彦左衛門以書付御窺奉申上書」（片岡家文書）

（17）奈良奉行の触伝達については、大宮守友氏の「奈良奉行の触伝達について」（『奈良県高等学校教科等研究歴史部会平成二年度紀要』）で詳細にのべられている。

（18）『江戸時代之小川郷』に御触書順達の事として、御触書は田原組・木津組一通にて順達し、津風呂村より田原組九ケ村に相廻して木津組に入り、中黒村は留り村であるから触書を返上するが、入用経費は木津組一八ケ村で用達すると記されている。

(19) 享保七年六月、従来、京都町奉行所の管轄区域が、山城、近江、丹波、大和のほか、摂津、河内、和泉、播磨の上方八ヶ国であったのが、前者四ヶ国に限定され、後者の四ヶ国は大坂町奉行所の管轄とされた。

(20) 「明和元年申九月朔日　芝村御用触并訴訟扣」には、つぎのように記している。

当申年上納銀之内十分一小玉銀を相交致上納候様、江戸表ゟ被仰出候間、御預所村々ゟ上納銀之内、小玉銀相交可致上納候、尤掛屋方江相納、切手役所江差出候節、上納銀高書付いか程小玉銀致上納候と申趣、其度々書付切手ニ相添可差出候、右之趣村々江無間違申達、組切ニ其村方共ゟ惣代請書来ル十一日迄ニ役所江可差出候、以上

申十一月八日　芝村役所印

吉野郡下市村年預
新四郎
阿知賀村年預
善　六
飯貝村年預
藤右衛門
田原村年預
彦左衛門
木津村年預
六兵衛

右廻状触留村ゟ役所江可差戻候、以上

(21) 「安永三年午正月　日、御触書写帳」には、つぎのように記されている。

其村ニ先前ゟ御貸付之威鉄砲并猟師鉄砲近年も相改、吟味之上、右者猪鹿御田地を荒候ニ付、御貸付之義各□方不□様いたし、外事ニ相用間敷旨申付置候、近年猪鹿防方不行届村方有、外村迄も及難儀候段相聞候、右猪鹿□□のため御貸付之義一村限り無油断相防、御田地不荒様可心掛候、自今防方相□不行届村々有之候ハヽ、吟味之上急度咎可申付候、右御貸付筒之外、鉄砲所持之者有之候ハヽ、早々可申出候、以上

午二月十日　芝村役所御判

田原村
　彦左衛門
檜垣本村
（以下村名略）
右村々
　庄　屋
　年　寄
　組　頭

（22）「安永六年酉正月　日　御触書写帳」にはつぎのように記されている。

奈良町并在方之者共名印も無之対訴状、御役所近辺町方に捨置、亦者町方之表に張置候族度々有之候、名印無之対訴状御制禁之処、不相用不埒ニ候、依之右対訴状、於門前焼捨候間、以来右之趣末々之者共ニ至迄、不洩様所役人共より申聞、可願儀ハ表立可申出事ニ候条、心得違無之様可致者也

　酉三月三日　和泉御印

吉野郡村々
　庄　屋
　年　寄

　酉三月十二日ニ取置同十三日ニ飯貝村夫夘吉遣候
右南都御番所様御触書之御趣奉承知候、以上

上片岡村庄屋
　藤　重　郎㊞
下片岡村庄屋
　清　兵　衛㊞

田原村庄屋
善右衛門㊞
西木野村庄屋
長　助㊞
牧村庄屋
与四郎㊞
大野村庄屋
彦兵衛㊞
色生村庄屋
磯右衛門㊞
入野村庄屋
三郎助㊞
津風呂村庄屋
利右衛門㊞

(23)「安永十年丑正月　日御触書写帳」によると、

京都御触書写

先達而武州・上州村々ゟ織出し候諸端物幷糸真綿端数貫目改所、三ケ年之間、差免候付、諸国買人共改料可差出旨相触候処、品々差隙之儀有之ニ付相改所相止候、織元村々幷諸国買人共、是迄之通無滞売買可致候

八　月

右之通江戸町々国々御料私領寺社領村町共不洩様、早々可触知者也

出□□□御用ニ付

丑八月廿二日　伊予

越前御印

大和吉野郡檜垣本組
村々　阿知賀組
田原組
木津組
寺　社
庄　屋
年　寄

（24）村田路人「摂河における国役普請体制の展開」（『近世大阪地域の史的分析』脇田修編著）のち同氏著『近世広域支配の研究』（大阪大学出版会　一九九五年）に収録。

（25）天明八年ごろからは、すべて賦課金は京都の三井三郎へ納付するよう、変更になった。また、預領支配となる前の幕領時代のものであるが、つぎの史料により、この大川筋御普請御入用高掛銀が、組村の年預単位にその徴収が実施されたことが考えられる。片岡彦左衛門家文書につぎのような久下藤十郎代官所からの触書がある。

大川掛国役銀高百石ニ付三拾七匁弐分三厘之積、来月十日迄ニ田原組田原村彦左衛門方江急度可相納候、此廻状村下ニ令印形無遅滞相廻リ留リ村ゟ右彦左衛門方江可相返候、以上

巳九月八日　　久下藤十郎㊞

（26）天明期に入り全国的な凶作や飢饉の続発にともなう農村の困窮は、農民への救恤や夫食拝借の許可・支給と言った農民撫育の政策が、藩当局により実施される方向となった。しかし、在地の年預や惣代側からは、農村側が自力で夫食を貯え整備したいので、村方の「稼増」を認めてほしいと申出ている。それによると、農民が村方で夜分に手仕事に従事し、各自の手馴れた仕事に精励すれば、一人で、一ケ年分銀一八匁ぐらいに相当する仕事が可能であると言う。具体的な仕事として「縄俵賃稼」「苧賃稼」と言ったもので、いずれにせよ、その賃銀を積立て夫食となる品物を買調え、村方で貯蔵しようとするものであった。一種の余業奨励であろう。寛政五年三月の葛根の栽培の強調も、この線に沿うたものであろう。

（27）森本育寛・堀内啓男編『今井町近世文書』三四九〜五三ページ。

(28)『前掲書』一四七ページ。「代官内藤三郎江窮候書付写」には、
「右之通寛保元酉年織田幸次郎様御預所ニ罷成候節、奉伺候書附相違無御座候、猶又此度（注―寛政六年）当御預所ニ罷成候ニ付、乍恐以書付奉伺候、以上」とある。

(29) 津藩藤堂氏預地支配のときは、定免制で、芝村藩預支配になっても、明和五年より安永六年まで一〇ケ年間、安永七年より天明七年までの一〇ケ年間、同八年より寛政九年まで一〇ケ年間と、ひきつづき定免制であった。しかし、田原村は、明和七〜八年ごろ検見取法が実施されたと言う。花園大学文学部史学科編『畿内周辺の地域史像――大和宇陀地方――』第四章村田幸治論文参照。

(30)「安永五年申正月　日　御触書写帳」には、

乍恐以書付を御断奉申上候

一私組合九ケ村当申年田方植付之義、吟味仕候処、当月五日ゟ同十一日迄無滞植付相済申候ニ付、村々ゟ植付相済候御届書差出候ニ付、取揃奉差上候、此段御聞届被為　成下候ハヽ、千万難有奉存候、以上

申五月十七日　田原村年頭

彦左衛門㊞

芝村

御役所様

(31)「安永二年巳正月　日　御触書写帳」には

何郡

何　村

村高何程

上田高何程

此反別　何あれ

中田高何程

此反別

……

小以高何程
上畑高何程　　何　荒
此反別
中畑高何程
下畑高何程
小以高何程
荒高合高何程
此反別

其郡村々荒所仕訳別紙案文之通村々へ申達、来ル十五日書付取揃、役所へ可持出候、以上
二月十日　芝村役所御印

宇陀郡
石田村年頭
茂左衛門
自明村同断
平　内
藤井村同断
佐右衛門
春日村同断
武兵衛
吉野郡
田原村同断
彦左衛門
木津村同断
六兵衛

(32) 本文中に記したものを含め、その内容は、幕府からの法令の厳守、百姓徒党強訴の厳禁、幕領村落たるの威光で他村への威圧の禁止、年貢納入期日の厳守、親孝行者への表彰、村々の不良者・不届者の掌握と申出、農民の農事奨励と生活上の奢侈の禁止、村勘定の適正化、村方検地帳の差出閲覧、綿作の作付報告、役人への音物の禁絶や接待の禁止などを具体的内容とする。幕領農村たる威光で他村への威圧行為の禁止や、綿作の作付制限と届け出などが目新しい。

(33) 「天明七年正月　日　御触書写帳」にはつぎの通りである。

米穀高値ニ付出訴之人寄有之、騒敷候哉、右売買差支末々之者共、難儀迷惑之旨追々訴出候、御預領村々囲米余米相改無滞致流用、一統不及難渋様可致候、尤国中米屋共騒動を恐、売買見合候趣相聞候間、他領江引見合当御預所中□用不差滞様可致候、右附運ひ方差支筋茂候ハヽ、役所ゟ手当可致遣候、若心得違之者有之者早々可申出、糺之上急度可申付候也

未五月廿八日　芝村役所御印

田原村
年預
小左衛門

木津村
年預
六兵衛

此廻状早々令順達留村ゟ役所江可差戻候、以上

(34) 同じ史料につぎのように記されている。

京都御触書写

近年宿々困窮之上、此節米穀別而高値故本陣旅籠屋等賄之方ニ差支及混雑候処、諸家其他往来之内ニ而、前々之振合ニ而旅籠銭等相払、旅行之輩茂有之趣ニ相聞、左候而ハ、自然と往来之差支ニ茂可相成事ニ候、米穀諸色高値之内者、其勘弁少々之所相場相応之直段を以、旅籠銭相払旅行可致候、右之通可被相触候

五月

右御書附従　江戸出来候間、御書面之趣承知可仕候、尤郡切ニ相触候間村次不洩様順相廻、其村々庄屋年寄印形ニ而承知仕候段、致請書京都役所江可致持参候、以上

未六月　大隅㊞

和泉㊞

檜垣本

大和国吉野郡阿知賀組　村々

寺社

田　原　庄屋

木　津　年寄

右御触書、六月廿日当村庄屋善吉請取、廿一日朝栗野村へ相渡申候

(35)『御触書天保集成』下巻　一四二ページ。

(36)この一件については「天明八年申十二月　芝村御役所様奉差上扣帳」(片岡彦左衛門家文書)による所が多い。

(37)「寛政五年三月　御触書写帳」(片岡彦左衛門家文書)

(38)『江戸時代之小川郷』(稿本)

第二章　清水徳川家の農村統治

――寛政期の泉州領を中心として――

第一節　清水徳川家の領地

清水徳川家は言うまでもなく、江戸幕府の御三卿を構成する徳川氏の一族である。御三卿と言う名称は、田安・一橋・清水の三家が、その官位が三位に叙任されることを通例としたので、三卿と称したとされる。ここでは、まず、清水徳川家の創始やその歴代、および所領の変遷などを述べてみよう。

清水徳川家は九代将軍家重の次男重好に始まる。重好は宝暦三年に賄料として三万俵を賜わり、同九年元服、同年九月に従三位近衛権中将に任ぜられた。同年十二月江戸城の清水の邸に移り住み、同十二年五月領地十万石を下賜され、その所領は武蔵・上総・下総・甲斐・大和・和泉・播磨の国々に及んでいた(1)（表1・2）。和泉の領地は二五カ村で、大鳥郡八カ村、泉郡一七カ村から成り立ち、後述する如く、大鳥組・浜組・山方組の三組に編成された。重好は寛政七年七月に死去し嗣子がなかったので、領地は収公された。その後、文化二年家斉の子斉順《なりゆき》が入嗣相続したが、斉順の紀州徳川家相続にともない、家斉の子斉明《なりあき》が当主となった。彼は文政六年十月、武蔵・上総・上野・大和・和泉・播磨で再度一〇万石の領地が与えられて(2)、清水徳川家は復活した。和泉の領地も、以前の二五カ村に比して、泉郡では大津出作・肥子出作の二カ村が加えられ、さらに南郡で摩湯村のほか五カ村が清水家領となり、合計三三カ村を数えた（表3）。斉明のあとは三度目の明御屋形《あきおんやかた》となり、文政十年、弟の斉彊《なりかつ》がついたが、弘化三年閏五月、その

表1　清水領知（宝暦年間）

国名	石高
武蔵	10,902石余
上総	12,821 〃
下総	16,533 〃
甲斐	20,545 〃
大和	14,875 〃
播磨	13,571 〃
和泉	10,917 〃
合計	100,213 〃 (100,164)

（『高石市史』第1巻より引用）

表2　清水領知（文政年間）

国名	石高
武蔵 上総 上野	59,426石余
大和	18,695 〃
播磨	18,180 〃
和泉	14,020 〃
合計	116,580 〃 (110,322)

（高林家文書「覚書」による）

表3　泉州清水領知の村名・村高（天保4年）

組	村名	村高	組	村名	村高
		石			石
上	下石津村	1074.68800	山方	南面利村	128.68800
上	上石津村	1213.74700	山方	福瀬村	311.70200
上	赤畑村	351.73500	山方	岡村	88.52100
上	夕雲開	289.90700	山方	北田中村	205.03800
上	大鳥村	717.22875	山方	仏並村	413.27800
上	野代村	190.87000	山方	坪井村	236.17600
上	新村	217.16900	山方	大野村	205.03600
上	市場村	342.44780	山方	父鬼村	135.97800
上	一条院村	231.07800	山方	若樫村	322.87000
上	小計	4628.87055	山方	大沢村	411.69800
浜	高石北村	573.49360	山方	小計	2812.15170 (2773.15170)
浜	高石南村	1354.64200			
浜	助松村	815.50910	南郡	積川村△	314.00640
浜	蓮正寺分	70.19710	南郡	中村△	460.60810
浜	大津出作△	49.27440	南郡	稲葉村△	670.82560
浜	宇多大津村	688.07160	南郡	包近村△	226.36090
浜	肥子出作△	59.57320	南郡	三田村△	898.14820
浜	小計	3610.76100	南郡	摩湯村△	399.10700
	三林村	177.12170	南郡	小計	2969.05620
	善正村	137.04500			

（『高石市史』第1巻より引用　△印は文政再興後新付村落）

斉彊も将軍家慶の命により紀州家を相続したため、四度目の明御屋形となったが領地はそのままとされた。八カ年半も明御屋形のままであったが、安政元年十二月にいたり、最近の度重なる外国船の渡来に対する海防費や、内裏炎上にともなう臨時再建費などで、財政の支出が多く、やりくりが困難であるとの理由で、上知が言い渡され、安政二年三月、和泉の村々は大坂鈴木町の増田作右衛門代官の別廉当分預地となり、安政二年五月、幕府への引渡しが行われ、清水徳川家の所領はなくなったのである。(3)つぎに清水徳川家が、寛政期に泉州領を統治する上に於て、その模範となった幕府の寛政改革の特色につき、先学の研究等から、概観しておこう。

第二節　幕府の寛政改革

幕府が寛政改革に際し直面した大きな問題は、もはや領主が貢租の増徴を、勝手に農民に強要することができない状況に、追い込まれていた事情があった。(4)天明期の連年の大飢饉の結果として、農村復興策をもっと強力に推進する必要に迫られた。そこで、まず、江戸市中に対して旧里帰農奨励令を出し、過剰労働人口を江戸から農村に移して、強制的に帰納させている。それにより農村の本百姓経営人口の増大と、それの維持を図ろうとした努力した現れでもあった。同時に、農民に対しての、他国出稼制限令が必須であった。農村内に一定数の農業労働力を確保しようとする配慮が、働いていた。また、農村の人口の増加をはかるため、間引慣行等の禁止の措置がとられている。

つぎには農民負担の軽減をはかることが必要であった。そのため、幕府の倹約令では村小入用の軽減を図ることを目的とし、それにより、貢租の確保が容易となることを重視している。また、年貢米納入に際し納宿が介在し、彼らは納米の事務的手続を通じ手数料稼ぎのほか、さまざまの仲買的な仕事に従事し、農民の負担増大を招いた。このような中間的搾取機関の排除で、村方と米蔵とを直結させたのである。

さらに、天明期の天災や飢饉の結果、農村内の諸矛盾が深刻化した。それは百姓家の農業経営の再生産構造を破壊するものであった。それに対する政策として村ごとに囲穀積金の制度があり、後述するように、寛政二年十月には郷蔵をたて囲米を奨励している。同時に発せられた倹約令は単に個人的な消費を抑えるだけではなく、その根底には倹約によって得た金額を村落全体で貯え、災害にそなえるという意味があったのである。

なお、寛政改革にあたっては、幕府の農村支配機構の整備をあげるべきである。幕府は農村支配の方式を変化させ、大庄屋制度の惣代を任命させる方式を採用した。そのことにより、農民闘争の地域的拡大を抑止させ、村落農民の動静を監視する必要から設置した。さらに、庄屋取締役や村目付等の役職をおき、これらを農民支配のなかに組み込んだのである。また、統治政策としては貢租の取り立てに対して、懲罰主義による取立強行をさけ、教誡的な訓話を中心とする表彰・褒賞を与えながら、農民を統治すると言った方式に転換している点も、あわせて注目すべきである。こうした諸先学がすでに明らかにした幕府の方針や諸政策が、清水徳川家の農村統治にいかに現われているかを、泉州の在地史料を使い、具体的に検証してみたい。

第三節　清水家の改革政治

天明期に続発した天災や飢饉は、幕府財政に大きな影響を与えた。田沼政権の時代にとられた重商主義政治が、必ずしも幕府財政を豊かにするものではなかった。幕府の分身の一つである御三卿の清水徳川家に於ても、同様であったと言ってよい。天明八年二月に、江戸表役所からは、年貢収入が減少し毎年の不足金のため、幕府への預ケ金町方への貸付金その他を取り戻しても、本年夏支払うべき家臣団への借銀さえ、差支える状況である。そこで、上方領中の富豪層に、五月中に合計六〜七〇〇両ほどをあわせて借銀し、江戸へ送金してほしい。返済は明年中に出来る予定

表4　天明8年清水領御用金

村落名	庄屋名	金額
坪井村	新十郎	300両
	沢三右衛門	
宇多大津村	次兵衛	500両
助松村	次郎右衛門	
	覚右衛門	
高石南村	五郎兵衛	500両
市場村	弥三郎	300両
下石津村	太兵衛	300両
上石津村	次右衛門	500両
	孫右衛門	
赤畑村	清左衛門	500両
	安左衛門	

(『高石市史』第三巻「天明8年2月清水領知御用金申渡」(445～6ページ))

なので、二カ年の期間で利息は五分ぐらいということで、御用金を仰せつけたいと申し述べている。表4は、和泉の内、村落における御用金の対象となった家々と、その金額とを示すものである。

なお、市場村の弥三郎は領主よりの三〇〇両の御用金賦課に対し、現在の村内諸情勢では調達に困難であり、一〇〇両を五月十五日まで上納すると申し述べている。村方では早くも御用金上納を拒否する動きがでている。(5)

清水徳川家では翌寛政元年六月、江戸表より農民統治の触書を申渡した。その二通の廻達に対し、和泉国泉郡助松村では、庄屋覚右衛門、治郎右衛門、年寄二人、百姓代二人のほかに重郎兵衛を始め七六人の連印で申請けている。(6)江戸表からの廻達を一村全体に読み開かせ、その主旨の徹底をはかり、農事に精励させたいと申し述べ、遵守せぬ村には強い罰則を課すとつけ加えている。前者の内容は①孝子や奇特な行為の善行者、精農などの表彰、②田や溝に生育する田螺を小児らに採集させ、備荒用に供し、採集者に手当を支払い奨励、③長雨後暑気の強い時、害虫の発生が多いので、鯨油を散布。以上の諸内容は農業生産と関連して、農事奨励の実際にふれ、それらが主要な内容となっている。天明の飢饉の災害に鑑み、農民に農事への精励を説いている実際的な内容をもつ廻状である。

もう一つの廻達は、幕藩体制下の農村社会における、一般農民としての心掛けと、飢饉や凶年にそなえての、備蓄の準備や奨励を強調している内容である。(7)箇条書すると以下の通りである。①忠孝の奨励、②夫婦円満、③農民は農事に精励し商業上の利潤を望まぬ、④地域社会の旧い慣行を守る、⑤他人の富貴を羨望せず、自己の農事に精励、⑥

郷中の不和・公事出入の多い村は衰亡の基である。⑦環境の清掃に留意せよ。⑧日待神事等の寄合のとき、法度や掟書を読み聞かせる。⑨村役人や一家の主人等は、早朝から万事の手始めに着手せよ。⑩高持農民は農事を怠らず、不相応の遊芸を身につけず、贅沢を禁止。⑪小百姓は十四～五歳ごろまで手習や算術の修学に励み、長じて農事に精励のこと。⑫凶作事の手当として、稗・粟・麦・大豆・小豆など、相応の品物を囲い置く、⑬農閑期の時節を有意義に過ごすこと、⑭火の用心を厳守、⑮博奕を厳禁、⑯公事出入訴訟では村々の混乱を防止。以上で、煩をいとわずその内容を列記した。③や⑤を始めとする一般的な勧農策のほかに、⑫のような備荒貯穀、⑥や⑯で強調している公事訴訟の禁止、⑪のような封建社会の農民としての、一定度の文教の奨励などの目新しい条項等があり、注目をひく点もある。しかし、一般的には道徳的な訓戒乃至は教諭と言った内容が色濃くみられる民衆支配の法令である。(8)

さて、幕領農村の備荒貯穀は松平定信政権により、天明八年に着手されている。翌寛政元年にかけいくつかの法令が出されたが、天明八年二月の「囲穀」と呼ばれている内容をまとめると、つぎのようになる。高一〇〇石に米一斗、または黍・稗・粟のときは二斗の割合で、百姓の作徳から毎年貯穀させる。長期保存に耐える稗を第一に貯え、その他土地相応に、切干大根・木の根葉・たにし・海草類などを貯蔵しておく。近隣村で構成する最寄組合ごとに「郷蔵」を建て、幕府から「下ケ穀」として年貢のうちから籾を三年間、下付する。こうした囲穀を夫食として貸付け、その利益を詰め替えの際の減穀や郷蔵修復代に充当する。(9)村側に運営を全くまかせきりにするのではなく、幕府側の代官や勘定方による監督を怠らないとするものであった。こうした幕領農村を対象とする備荒貯穀政策が、当然、清水家にも一つのモデルとして、大きな指針を与えたことは当然であったと考えてよい。

寛政三年十二月、清水領では奉公人と職方手間奉公人などの、他所奉公を禁止している。(10)

これは、天明～寛政年間農村人口の急激な減少に対して、農村労働力の一定の確保のためであったと思われる。すでに幕府も、前年の寛政二年十一月の帰農令に際して、そのなかに「尤他国之者荒地多之場所は、成たけ他国へ不出

様、手当可被致事ニ候」と述べ、他国奉公を禁じているのと同じ趣意であった。(11)

寛政五年三月、郡奉行の泉本正助、御勘定組頭の山本代助、代官松岡佐惣次、御地方役益戸七郎右衛門と御書役三谷彦之丞らが用人二人をも含めて、計一一人で泉州清水領村々の巡回に来た。泉本正助らは大鳥郡五カ村たる赤畑・大鳥・上石津・下石津・夕雲開の村々を、一つの組合村として統轄させ、赤畑村庄屋清左衛門と大鳥村庄屋重郎兵衛を、組合村取締役庄屋に任じている。さらに、泉本正助らは同じく、泉郡助松村・同蓮正寺分・宇多大津村・一条院村と、大鳥郡高石南・同北・市場・新・野代の八カ村を一つの組合村とし、助松村庄屋治郎右衛門、同庄屋角右衛門の二人に取締役庄屋を任じ、八ケ村を統轄させた。(12)清水領の取締役庄屋の任命は、村方庄屋層の観察機関として、組合村々の統括者の役職に在地の有力な庄屋層を組合村々からの選出ではなく、役所から任命することにより、地方支配の上に、彼等を政治権力の末端に吸収して、支配をさらに徹底させようとしたものであった。(13)

泉本正助ら一行は、寛政五年三月五日の早朝七ツ半時（午前五時）に大坂川口役所を出発し、以下の予定で泉州領村々を廻村した。三月五日に下石津村から始まり、上石津村で二泊し、その間に赤畑・夕雲開・大鳥と廻村し、六日夜に上石津村で五ケ村に対し下達があった。八日には野代・新・高石北・市場の各村を廻り同夜は助松村に宿泊、九日から助松・大津・高石南・一条院と巡回し、十日夜には助松村で以上の六カ村にも下達を実施している。

清水家役人の松岡佐惣次は村々の取締役たる助松村の治郎右衛門と角右衛門との両人に対し、農民教諭書にある四つの申渡書をふれ流している。(14)それは領内の「人民御安養・風俗厚き趣永続遂げる」ようにとの趣意で、下達されたと言う。はじめに、村内の貧困者の内とくに老年者で身寄りのない者、幼少者ばかりの家族、身体不自由で農業困難の者、長患い等の困窮者などに対し、救済の手当を支給するので申し出よ。つぎに難病者に対し看護を尽すべきで、庄屋層はよく留意せよ。病人に親切に看病した者を知らせ。さらに「困窮民御救幷水旱等非常之備」や「川除堤・樋などの御普請手当」のため、領主から支給の米穀等を郡中に「備窮倉」をたて保管のこと。郡中の村々からも米穀類を貯穀し、凶荒の備えとせよ。最後に村役人らは自己の行動を慎み、村中の範となるよう心がけよと述べられている。

第二には、既述した通り泉州領内村々で新規に組合村が結成され、取締役庄屋が任命されたが、彼等の留意すべき条項として村民の撫育教導につき、一三カ条にわたり心得が示されている。[15] その内容は、①百姓生活の永続のための指針に留意する。②儒教の五倫の道を遵守させる。③礼譲を守り組合村中よく和合する。④領主からの諸法令を遵守、⑤貧窮者の救助、⑥悪徳者博奕常習者への相互監視、⑦男女とも村民は農事精励、⑧村役人は村中の取締りに専念し、万事の取計らいに留意、⑨一般農民の心掛けや身持ちの善悪、農事の精・不精等で、善行は表彰せよ。⑩他所奉公、とくに在町への出稼奉公は厳禁。他所奉公人はすべて呼び戻せ。⑪村方諸経費の節減、⑫組合村の規定や取極めの作成、⑬六諭衍義之大意を村民たちに、一ヵ月一回は読み聞かせる。去る酉年（寛政元年）の五人組帳も同様に取り扱い、子弟たちの手習い手本とせよと言うのである。儒教の教学理念に立ち、五倫の道の道徳にもとづき、家族・村民相互間の倫理をとき、他面、農事精励・他所奉公の禁止・農本主義社会の堅持等を強調していると言える。こうした申渡書を中心として取締役は、領主側の教法をよく心得えて村民たちを教諭せよと言うのであった。

第三には、五人組は町場・農村を問わず、享保年間の仰せにより最寄りの家々で編成し、掟書の条々をよく守り、農業に励み身持ちのよい者を表彰し、悪者には意見を加えることが必要であると述べている。また五人組の組頭はよく人物を吟味し、組合中の世話をよくする者をあて、五人組前書の趣意だけではなく、その条項の内容もよく心得えよとしている。

第四には夫銭・村小入用など、村財政経費をできるだけ節減することである。村々に応じて「庄屋方諸雑費定式」をきめておき、別段に村小入用費を過分に取り立てぬようにする。具体的に記述すると、つぎの通りである。①祭礼入用を始め寺社関係祈禱などは、格別に節減する。諸国廻在の僧侶の宿は断り諸国の神社勧化も、すべて川口役所で取り扱う。②廻米の諸入用や溜池関係・道路・橋梁など自普請諸入用や、③農作物への鹿・猪など追い払いのための猟師らの諸入用、④一村一体の諸届書等諸入用、⑤他領の村々との諸経費分担の割合など、以上の②〜⑤の諸経費は三〜五年間の平均を、一応の目安として軽減する。そして、なお、(a)夫銭帳に記入しない村小入用があれば、必要なものを取り調べよ。(b)高掛り三役を始め小物成などは、すべて年貢皆済目録に書きあげ、村の夫銭帳に記入せぬこと、(c)訴訟事件の諸入用はすべて別帳に、詳細に書き出すこと。(d)川口役所の郡中割は、今後三カ年間平均で、銀三貫四一四匁余減少すべきである。そのほか、役所建物の雨漏り箇処や根太等の補修は別として、建物の全体の大改修は中止し、諸道具の修繕なども、出来うる限り中止し、経費が余っても備蓄しておくことなど、申し述べている。

以上の申渡書を総括すると、清水家の寛政期の地方政治は酒井一氏も述べられるように、次の諸点に要約されよう。①新規組合村の結成と取締役の任命、②御下穀と備窮倉の設置及び、村中の貯穀の奨励、③周急銀と言う備窮倉の現米に対し積立てられた増稼銀を、さらに、村々に貸付けた分や年貢掛入用減銀等を基金とし、村囲米を実現すること。④村方諸経費の節減を実施する。⑤増稼の奨励などの諸点であった。⑤については、次節で詳述したい。それぞれは、幕府の寛政改革の諸政策と類似の諸点が多いことはすでに言及した。②と③とは寛政期の特色ともいうべき備荒貯穀政策の現われであり、④は村方騒動の争点にもなる村小入用問題への提言であったと言える。

第四節　清水領の増稼

清水領の改革政治の実施に対して、寛政五年三月、浜組の大鳥・泉両郡組合村八ケ村では、取締役庄屋二郎右衛門、同角右衛門の下で、助松村村役人一同と村民たちの連印状から始まり、同蓮正寺分、高石南、北両村、新村、野代村、市場村の組合では相談の上で各村村役人・農民一同の連印状を添えた組合の「規定書」を作り、仕法実施に答えた。(16)次に煩をいとわず、遂一にその内容を紹介したい。なお、清水家播州領でも、加東郡六ケ村組合村では組合中取締役が中心となり「組合一同寄合」が開かれ、組合議定書がつくられた。寛政五年四月で泉州領の場合より約一カ月おそい。内容は泉州領と若干相違する条項もあるが、殆ど同じ内容である[17]。

泉州領の規定書の内容は播州領と同様に多方面にわたり、全体で三三カ条からなり、各分野につき詳細に記されている[18]。主要な条項を拾ってみよう。まず、領主からの触書・教法の厳守に始まり、年貢の期限内上納とその期日の取り極め、孝子や行為奇特者の届出、家族・親族間の五倫の道の実行、組合村々の諸入用の節減などのほかに、田畑作柄・用水井路の見廻りなどの項目がある。そのほか各方面にわたる倹約・節減の方法をとき、それらを実行させる。さらに、寛政五年から向こう七ケ年間を倹約の年限と定める。一般的な氏神祭祀・月日待講などの諸経費の節減のほか、伊勢参宮を始め神仏詣を七カ年間、禁止しているのが目につく。そのほかに、年始・中元・五節句・婚礼・年忌仏事・葬儀などの各方面にわたり、禁酒を中心に厳しい倹約の履行がのべられ、正月十五日の村々の爆竹を鳴らす行為も厳禁し、たき火等の行事で代行することを命じている。かくして農業一途に村落全体の専念を命ずる。しかし「農業の透間ニ小商ヒ等仕候分も、向後、農事ニ助益有之分者仕来通」とあるように、百姓の余業や小商いも、農業生活全体に有益なものに限り、今迄通り認めるとある。他面、村中の申し合わせの休日についても、これまでの一日は半日、半日は夕方にと、休息する時日を短縮するまで履行させる点がみられ、厳しい姿勢を物語っている。そしてこのような取極めの違反者には過料をとり、備窮倉に積みおき精励者に与えよと結んでいるのである。

しかし、これらの仕法を実行するとき、いくつかの困難は予想されていた。

寛政五年四月、取締役の助松村治郎右衛門と角右衛門らと、大鳥・泉両郡の浜組の村々の村役人一同は、増稼の問題で村方の意見を廻村の奉行ら一行に上申している[19]。増稼は夜半の稼仕事として、清水領では男子に作間縄・草履・草鞋作り・木綿糸取を、女子には木綿糸取・織立・綛などに従事することを指している。具体的には、農民が各村でそれぞれに「取糸」を行い、平均二五匁の稼高の内、毎日二文ずつだけを増稼として取り集め、宇多大津村で織物に仕立て売払代金から綿代を支払い、残額を備窮倉に納め貯えるよう仰せられた。しかし村役人で相談の結果は、取糸を各家で個別に売却するとき、品質の相違や値段の高さで利潤も少なくなる。そこで取り賃として二文ほど集金することにした。村百姓はその趣旨を理解しかねているようである。村役人が村小入用を取り集めるとき、各人の稼高に応じて還元し、無高・借家人らの家賃や年貢の不足を充当すると考えていたので、現時点では、全額をすべて備窮倉へ納めることは、不可能である。増稼の期間も五ケ月間と言うが、十一月と三月とは年貢納入の準備や綿蒔きなどへの取掛りがあるため、実際は四カ月ぐらいで、男子は一五歳、女子は一三歳以上の者でしか稼業はできない。しかも備窮倉へ全部納入できず、半分は毎年末に人別で各家へ渡し、残る半分は備窮倉へ納入することでよいのではないか。備窮倉への納入の分も村々で、その稼高を記録しておけばよい。また、小百姓ら田地購入のときその不足分の補いにするように貸与したら、農民の励みになるだろうというのであった。仕事は夜半九ッ時（十二時）まで実施し、冬春の時期は一日一厘ずつ余分に増稼をして、三〇日間で銀三匁を村役人で集めその指示をうけよ。五人組相互ではげまし、村役人・取締役で巡回したいと述べている。而も困窮の農民で出精し田畑を求めたい者に給付すべきで、病人やその介抱人も増稼の対象から除外すると記されている。

さらに同年五月二日に赤畑村取締役庄屋清左衛門のほか、大鳥郡五カ村組、大鳥・泉両郡八カ村組、泉郡一二カ村組の村役人一同は、増稼についてはすべて「農間之節無益之出会、無用之雑談ニ而空敷時日を送り」、時間の浪費を戒めるために、増稼のことを領主側から仰せられたと述べている。増稼の仕事が進展すると、無高・地借・店借などにも「生業《なりわい》」を教えることになり、遊惰に日を過すことがなくなるとつけ加える。これは領主が封建的道徳の強要のため、増稼を利用しようとしたと思われる。別に山方組の坪井村を中心とする村々からは、このような増稼を出精させ、村方で五人組内に月番をたてて組合単位に取り集め売り払い、元銀は当人に渡し、拠出した銀を一人一カ月銀三匁ずつ村役人で集金し、例年の冬春の日数一二〇日分として増稼仕法をたてたらどうか、とむしろ積極的に支持する

表5　大鳥郡5ケ村組増稼取斗方覚人数

	人数(A)	僧尼 他領ゟ入作	60才以上 男　女	14才以下 男	12才以下 女	小計(B)	残〔(A)−(B) 増稼人数〕
赤　畑	279人	12人	16人	31人	23人	82	197(13〜59才)
大　鳥	494	41	40	62	58	201	293
上石津	996	68	173	167		408	588
下石津	960	26	62	133	111	332	628
夕雲開	48	29	1	5		35	13

（寛政5年丑4月「大鳥郡五ケ村組増稼人数仕訳書上帳」より作成）

意見もみられた。結局、増稼で村民の内、老・幼・医・儒家等のほか病人を除き、約六割ぐらいが終始かかわらず増稼ができたら、村全体の相続が可能で郡全体の備荒貯穀として有用であろうと結んでいる。

増稼については、寛政五年四月、大鳥郡五ケ村組の計画がある。(20) それによると赤畑組では同年十一月十五日から翌年三月十五日まで、約一二〇日間村民たちが一日一人銀一厘ずつ増稼をなし、全期間合計で二貫〇六二匁二分の稼出し銀が稔出できる予定であった。実際は、赤畑組の赤畑村寛政五年十一月から約一ケ月間の事例では五七軒が増稼で縄三一五把を生産し、代銀は四一匁一分一厘であった。仮りに向う五ケ月間でも約二〇五匁五分五厘にすぎない。高持の分は村小入用の支払いに充当し、無高の分は全額を割戻した。(21) 翌六年から七年にかけては、同じ赤畑村では、村内総人口二七九人中、僧尼等一二人、老幼男女病人死亡等八二人を引去り、残り一九八(七)人が稼人であった(表5)。銀高二三七匁六分の稼高があり、その内約四四%の一〇四匁四分は積銀として村方取締役庄屋へ差出し、残り約五六%の一三三匁二分は無高へ割戻したのであった。(22) また、大鳥・泉両郡浜組全体の村々で、その稼高を集計した史料がある。寛政五年四月のもので、僧尼と六〇歳以上の男女、一四歳以下の男女、一二歳以下の女、他領からの入作者を除き、二二八四人が一二〇日間増稼を実施し二貫七四〇・九匁の稼高があり、取締役庄屋への上納分は一〇〇三人で一貫二〇三・六匁、村方へ渡す分は一二八一人で、一貫五三七・三匁であった(表6)。浜組の一村限りのものとしては、寛政七年三月「市場村寛政六年十一月十五日から夘三月迄増稼人別帳」があ

表6　浜組村々増稼（寛政5年）

村落名	村方直渡分		取締役へ上納分	
助松	人 138	匁分 165.7	人 109	匁分 130.8
助松蓮正寺分	77	92.4	60	72.0
宇多大津	229	274.8	179	214.8
一条院	27	32.4	21	25.2
高石南	419	502.8	330	396.0
高石北	233	279.6	183	219.6
市場	71	85.2	56	67.2
新	52	62.4	39	46.8
野代	35	42.0	26	31.2
総計	人 1281	貫匁分 1 537.3	人 1003	貫匁分 1 203.6

（『泉大津市史』第3巻　469ページより作成）

る。(23)寛政六年閏十一月から翌七年三月までの一二〇日間の、増稼人一二七人の各人別の状況が記されている。増稼の仕事の内容は、明らかではない。各稼人とも一人で一匁二分の割合で六七匁二分を取締役庄屋へ差出し、残額は八五匁二分を村方当人へ渡したことが記され、組頭が取集めた。以上の事例から増稼銀は村方の備荒貯穀にそなえても、全体の稼高の約四五％ぐらいしか拠出できなかったことが理解できる。とりわけ、赤畑村の場合は縄稼であり、農民にとり大きな利益ではなく、綿業関係の余業に従事する時間や利益を奪う一面があった。(24)

また、既述した通りであるが、寛政期清水領の改革政治の一つの柱となった村小入用の節減の問題があった。同じ頃以下のように申し合せている。村役人の大坂川口役所への出張は、不急の用向はなるべく一緒にまとめ、村役人の出張の順番を立てておく。用件の終了後すぐに帰村し、往復二日間以内ですませ、大坂逗留期間を短かくし、取締役にも出発と帰着とを報告すべきであるとする。村小入用削減については、村小入用帳につき「定式惣入用」と「臨時正入用」とを区分して明記すること、及び会計勘定を厳正にし必ず「請払手形」を副えることが要求された。それ以外の会計支出については「何々ニ付御掛札外入用」と書き、二冊作成の上、役所へ一冊、村方へ一冊とし、一〇日間は村庄屋の門前に掲示することを命じている。(25)

なお、備窮倉に凶荒の手当として領主側から「下ケ穀」があり、呼応して大和・和泉等の領地村落の取締役、庄屋、年寄、有力百姓たちが別段に穀類をつみたて、郡中の非常の備えとしたい。このような貯穀を郡中周急銀ととなえ、

表7　助松村備窮倉入用（寛政5年）

事　　項	入用額	領主補助額
大工佐助へ支払	貫　匁分 994.4	
瓦代増銀	100.0	
石代増銀	40.0	
孫疵板打	20.0	
四方取あげ塗	10.0	
平均1尺5寸地築	12.0	
戸前錠代	25.0	
総　計　(A)	貫　匁分 1 201.4	匁 600.0(B)
差引負担額(A)—(B)	匁分 601.4	

（田中愛昭家文書「寛政五年丑五月備窮倉倉入用書上帳」より作成）

表8　赤畑村備窮倉積穀

	米 石 斗 升 合
安左衛門	2－1－4－3
磯之丞	3－5－7
甚左衛門	2－5
利兵衛	2
吉兵衛	1
善右衛門	2－5
	3－3－0－0

表9　赤畑組周急銀積銀

		銀貫　匁
赤　畑	清左衛門	6.000
上石津	八郎左衛門	2.000
	次右衛門	2.500
	三郎兵衛	2.500
下石津	太兵衛	3.300
	仙　蔵	3.300
		19.600

備蓄し村中一同に趣旨を申し聞かせたいと結んでいる(26)。

備窮倉は浜組の場合、助松村庄屋覚右衛門の邸地に建てられた。梁間弐間、桁行三間の土蔵であった。寛政五年五月、助松村で浜組八カ村の備窮倉の普請を実施した。領主から金一〇両の下付金があった。関係村々で相談した結果、わら屋根では破損が大きいので瓦葺にし、外壁もあげ塗りとし敷石や錠前等の諸入用があり、総計で銀一貫二〇一匁四分が計上された。領主からの手当金一〇両＝銀六〇〇匁としても、差引負担銀六〇一匁余が必要であった。之を組合八カ村に割当てると、高一〇〇石につき銀一匁三分四厘余になる。助松村取締役庄屋治郎右衛門、同角右衛門、取締役差添市場村庄屋弥三郎、高石南村庄屋弥左衛門の連名で、清水役所に報告している。備窮倉の建物が、関係深い村々の尽力でより完備したたてものとして、建てられたことが伺える（表7）。

備窮倉の取り立てが示されると、寛政五年三月、赤畑村では安左衛門ほか五人の百姓が、米二石一斗四升三合の安左衛門をはじめ、同村磯之丞、甚左衛門、利

表10　泉州赤畑・浜組両村落積穀

村名	積　穀（石-斗-升）
赤畑村	米 23-1-0
大　鳥〃	麦 41-5-0
下石津〃	米 3-0-0
上石津〃	米　？
夕雲開	麦 5-0-0
助松村	〃 45-5
大　津〃	〃 35-0
一条院〃	〃 9-1
市　場〃	〃 14-0
高石北〃	〃 35-0
高石南〃	〃 35-0
新　〃	〃 7-7
野　代〃	〃 9-1
蓮正寺分	〃 9-1

表11　浜組村落周急銀積銀

村　名	金　額（貫-匁）
高石辻 五郎兵衛	4-500
市場 長左衛門	2-250
〃〃 平兵衛	1-125
高石北 彦右衛門	2-250
〃〃 九右衛門	1-125
高石南 次郎兵衛	845
〃〃 武左衛門	843
〃〃 利兵衛	1-690
大津 半蔵	843
〃〃 二郎兵衛	843
〃〃 治右衛門	843
〃〃 八兵衛	843

兵衛、吉兵衛、善右衛門らが合計で三石三斗の米を、本年から向う五カ年間納入することを、廻村先役所まで申し出ている（表8）。また、同じ時には泉州取締役清左衛門・十郎兵衛と赤畑組五カ村村役人一同は、納入予定の籾一八石五斗五升を備窮倉が建設されるまで、赤畑組取締役二人が預りおくことを承知したとあり、籾の出入は必ず組合村々の村役人の立会で実施し、貧窮者や夫食等で当分貸渡しのとき、組合中の申合議定書に書き加えるので、請証文を役所あて提出すると述べている。そのほか、周急銀として、赤畑村清左衛門が銀六貫匁のほか上石津村八郎左衛門・次右衛門・三郎兵衛及び、下石津村太兵衛・仙蔵らは、銀二貫匁から三貫三〇〇匁ずつ、計一九貫六〇〇匁を寄付するので、貧民救済等に役立ててほしいと申し出ている（表9）。

赤畑村だけでなく、周急銀への寄銀と備窮倉への積穀が、大鳥・泉両郡の清水領村々からも納入された。表11は、浜組一二カ村の周急銀への寄銀で、辻村五郎兵衛が四貫五〇〇匁を始めとし、市場村からは長左衛門ほか一名、高石北村からも彦右衛門ほか一名、高石南村からは利兵衛のほか二名、大津村から四名とそれ以外に恐らく備窮倉への積穀と思われる貯蔵がある[27]（表10）。

第五節　改革政治の終止

寛政七年七月、清水重好が死亡し後継者がないため、清水領は収公され、小堀縫殿代官領に編入された。大坂川口の清水領役所は取り壊されることになり、建物だけではなく付属諸施設の払下げが行われた(28)。当然、大坂三郷市中の者が入札に参加し、八人の内、北久太郎町三丁目油屋吉右衛門と、南谷町井筒屋佐助の両人が落札した。「御座敷建家幷諸色品々売払代」という名目で銀五貫三七〇匁が支払われた。売払代銀は清水家領知の大和・和泉・播磨三カ国で領知高の合計三万九三六六石余であり、村高に割付けると高一〇〇石で銀一三匁六四一の割合となる。従って赤畑組五カ村の村高に対し、割付けた金額は表12の通りであった。つぎに、増稼は廃止されたが、備窮倉や周急銀制度は、社倉穀として幕領になっても引つがれた。周急銀は既述したように、寛政五年五月から具体的に積銀した。大鳥郡赤畑組については領主側からの当組へ御下げ銀と、村積銀・利息ともで計二八貫九五九匁四六四を数えた。清水領上知に際しその処置が問題となった。その結果は赤畑組の五ケ村、上石津・下石津・赤畑・大鳥・夕雲開の五カ村に割分け、預ることにした(表13)。周急銀は村々の「非常用の手当」であり、将来もし入用のときは、組合村々がよく申談じ支配領主にも相談して処置すること、及び「一村限リ之了簡」で、軽率な判断だけで処置をやらぬと、五カ村村役人が連印して申し合わせている。また、備窮倉詰の米穀類の処置であったが、赤畑村では米が四石一斗二升五合、籾が三石九斗であった。夕雲開では籾一石七斗四升六合、大鳥・上石津

表12　御蔵屋敷等諸品売払代銀割渡

村　　名	代　　銀
赤畑村（高 315.73石）	匁分厘毛 47.750
大鳥村（高 717.228石）	97.836
夕雲開（高 289.907石）	39.546
上石津村（高1213.747石）	165.566
下石津村（高1074.688石）	146.597

表13　周急銀赤畑組５ケ村預り分

村　名	数　量
	貫　匁
上石津村預り銀	10-220
下石津村　〃　〃	9-650
赤 畑 村　〃　〃	7-890
夕 雲 開　〃　〃	240
大 鳥 村　〃　〃	959
	28-959

表14　備窮倉詰穀類中村々出穀中預り高分

村　名	数　量
	石 斗 升 合
赤 畑 村	米　4-1-2-5 籾　3-9
夕 雲 開	籾　1-7-4-6
大 鳥 村 上石津村	籾　37-9-3-3

村では籾三七石九斗三升三合であり、それぞれ備窮倉の詰米として出穀した石数であった（表14）。もしこれらも前項に準じ同様の取斗らいとする。飢饉等で入用のときは必ず「一同熟談之上当支配江も相伺」った上で、一村だけの勝手な軽率な取扱いをしないことは、周急銀の場合と同様であった。赤畑組の両取締役たる清左衛門と十郎兵衛とに差出している。

しかし、小堀縫殿代官所支配となり、文化六年四月、泉州及び和州の旧清水領の農民が語り合い、周急銀を積み止め、元銀御下げの願書を代官所に提出したらしい。それは、元銀の管理・運営が幕府代官の手に握られ、その枠内で何よりも領主的要請で実施される囲米政策に対し、農民は元銀の払戻し、ひいては周急銀制度の廃止を強く求めたとされている。(29) 従ってこのような情勢のもとで備窮倉の廃止や取りこわしが、旧清水領の領知農村から起ってきた。すでに、文化六年正月、大鳥郡・泉郡浜組八カ村元清水領の村々から願書があり、助松村覚右衛門屋敷内の備窮倉が、上知より不要となり、現状は老朽化して大破しており庄屋覚右衛門から取払い地所明渡しの要求がでており、是非取り片づけたい。助松村の蔵屋敷地が明地であるから、その地面に取り建ててもよいと言うのであった。(30) その願は聞届けられたらしく、取払ってよい。期限の明示はないが、引渡しの事もあるやも知れず、よろしく善処するようにとの事であった。同年十二月の「一札之事」によると、助松村の備窮倉を売却した金額の配分のことが書かれている。売却代銀二〇〇匁を八カ村村高四四八二・二三二三石余りに割当てると、高一石に二厘八毛ずっとなる。八カ村の割当額は、助松村三六・三八二匁を始め、宇多大津村三〇・六九八匁、高石南村六〇・三七三匁、高石北村二五・五八八夂、市場村一五・八二夂などであった。そして旧備窮倉の用木が、思いのほか虫付等で破損し、不用でもあるので古木類を始め一切を売却したが、将来、再建の必要あるときは、助松村の郷蔵敷地に元通り建設したいと付言している。[31]この一件は前述した事情を物語るものである。

清水徳川家の備窮倉は、言うまでもなく、一種の社倉であると考えてよい。備荒貯穀を目的とした社倉というのは、元来、村落等の民間の自治的な運営組織により担われたものである。近世後期以降は農民の拠出等による共同体的な貯穀に立脚しながらも、領主からの「下ケ穀」、即ち、備蓄用の一部を提供することで領主側の権力が介入してくる半官半民的な組織をとることが、一つの特色であった。その場合領主側の権力の介入は、一様でなく、さまざまの形態でなされたが、ときには領主規制の極めて強い年貢収納同様の管理形態をとり、実施されることも多かった。村落の農民側が、これに応じたのは、村落側の備えだけでは限界があり、小農民経営の維持のためには、領主権力による保証が、与えられる必要性を認めたからでもあろう。幕領代官が引きついだ旧清水徳川家の備窮倉や周急銀制度は、文化六年四月の一件の具体的な様相が不明とは言え、領主側の管理・運営の側面が強かったことが、前述したように、農民側から制度の存続化を望まず、廃止の方向を歩んだ一因と考えられる。

文政七年、清水斉明により清水領が復活すると、周急銀制度に代わる新しい備荒対策が必要となった。新規社倉積増し別段用水溜池浚積銀等の諸問題で、新しい社倉が文政九年に設けられ、社倉穀の積立ても開始された。取締役の兼任の形で社倉見廻役がおかれ、帯剣を許され領地内の有力な大庄屋クラスが就任することになった。事態は、寛政期と違って、新局面を迎えることになったのである。

注

(1)・(2)　続群書類従完成会『徳川諸家系譜　第三』清水篤守家家譜より引用。

(3)『堺市史続編』第一巻　一一五一〜七ページ、『高石市史』第一巻　五九六〜八ページ。

(4) 幕府の寛政改革の農村行政については、主として、津田秀夫「寛政改革」(旧版岩波講座『日本歴史』12)による処が多かった。寛政改革については、最近の新しい研究では、この改革における領主階級の再強化、民衆支配政策、天皇、朝廷問題への取組み、対外的危機への法的・軍事的対応などを権力集中と国民統合にむけた模索の始まりとして把え、近代の国民国家形成の起点として、位置づけようとしている(藤田　覚「一九世紀前半の日本」『岩波講座日本通史』15巻)。

(5)『高石市史』第三巻　四四五〜六ページ。

(6) 田中愛昭家文書「寛政元年六月　被　仰出候御書付申渡請書」(『泉大津市史』第二巻　五三四〜六ページ)

(7)「同上史料」

(8) たとえば、「一忠孝に志厚きものハ天の福を得、一生安楽成り、是に背きたるものハ万の望不叶事」とあり、忠孝の志厚い者は天の幸いを得、そうでない者は天から見捨てられ、その人生は不幸であると教える。また、「夫婦家内之者と中悪敷ハ其家を潰し、先祖へ不幸之第一と成候事」とあり、夫婦間の仲違え・対立は先祖に対し不孝だとする。なお、毎朝早く起床し、先祖への礼拝をすませ父母へ礼を述べてから、農作業を開始せよ等と教える条項等もみられる。

(9) 荒井顕道編・滝川政次郎校訂『牧民金鑑』下巻　凶年手当　天明八年二月　御囲穀。

(10) 田中愛昭家文書「奉公人幷職方手間日雇等他所御差留ニ付請印扣」(『泉大津市史』第二巻　五四〇〜一ページ)

(11) 児玉幸多等編『近世農村史料集』二　一二二ページ。

(12) 高林永統家文書「寛政五年三月　御巡見一式之留」

(13) 御三卿の田安家に於ても、寛政三年、村目付制を実施し、泉州領三三カ村を深井中村の外山安右衛門廻村方一四カ村、草部村の大塚吉右衛門廻村方一〇カ村、八田寺村楠栄助廻村方九ヶ村とそれぞれ区分した。在地の有力庄屋・地主層であった三人を、村目付に任じ、泉州領農村を支配させた(『堺市史続編』第一巻　九三六ページ)。

(14) 田中愛昭家文書「丑五月　松岡佐惣次農民教諭書」(『泉大津市史』第二巻　五七〇〜八ページ)。なお、同文の史料が大和国山辺郡の清水徳川家の領地にもみられるので(『桜井市史』史料編上巻　三三四〜五ページ)、江戸表役所から上方領地村落に、役人が廻村し申渡したのであろう。

(15) 播州領知の村々にも同様の申渡しがあった。条項の内容を整理して記述すると、つぎの通りである。①②③…は、本文中の条項の番号をさす。

村永続撫育　①⑤⑧⑨
風俗生活　②③
法度教諭等　④⑫⑬
悪党者・博奕　⑥
労働　⑦⑩
村入用倹約　⑪

（山崎善弘「近世後期における領主支配の転換と取締役制」関東近世史研究会編『近世の地域編成と国家』）

(16) 田中愛昭家文書「寛政五年三月　規定書」（『泉大津市史』第二巻　五四一～八ページ）
(17) 山崎善弘「前掲論文」。播州では、本文中にもふれた通り、寛政五年四月「村々永続のため組合中議定之書」が極められ、組合村々で寄合の上、「議定書」がつくられ、清水役所に差し出した。播州加東郡六カ村の場合には、たとえば、社村は在町的な村落で大村であるため、取締りの条項に違反する者は、取締役と村役人との双方で立会いの上吟味し、清水役所へ申し出よ。場合により過料を申し付けると言った条項もみられる。
(18) 田中愛昭家文書「寛政五年三月　御奉行泉本正助様御廻村につき願扣」（『泉大津市史』第三巻　四六七～七二ページ）
(19) 同上史料の内で「差上申一札之事」（『泉大津市史』第三巻　四七一～二ページ）
(20) 「寛政五年丑四月　大鳥郡五ケ村組増稼人数仕訳書上帳」（高林永続家文書）
(21) 「寛政五年丑十一月　増稼代銀取集帳」（高林永続家文書）
(22) 「寛政七年卯三月　増稼積銀幷割戻し帳」（高林永続家文書）
(23) 『高石市史』第三巻　四五一ページ。
(24) 酒井　一「泉州清水領における社倉制度」（『堺研究』四号　六～七ページ）
(25) 「寛政五年丑四月　大鳥郡五ケ村組増稼人数仕訳書上帳」（高林永続家文書）

そこでは本文の続きとして、具体的な事例をあげている。村入用帳類は横帳の形式で、用紙は何でもよく、定式惣入用の場合は個々の明細は不用であるが、臨時の場合は詳細に記すことを要求している。即ち、

一米何程　　定式惣入用
　銀何程　　　惣辻
　高壱石ニ付 米何程 銀何程
　　　臨時正入用
一米何程
　銀何程　　何入用
一米何程
　銀何程　　何入用
　小以 米何程 銀何程
　高何程ヘ割
　　壱石ニ付 米何程 銀何程
一米何程　何入用
一米何程　何入用
　小以米何ほと
　何軒ニ割
　壱軒ニ付米何程
一銀何程　何入用
　小以銀何程
　反歩何反歩ニ割　銀何程
　　壱反歩ニ付
　惣辻　米何程 銀何程
　凡積 米何程 銀何程 と差引
　米何程 銀何程　増減

右ハ何年定式臨時正入用書面之通御座候、若不正有之候ハヽ、御咎可相蒙候、依之向々　請払手形相添一同連印差上申候、

以上

何年何月　　　何村惣百姓
　　　　　　　　村役人連印
　御役所

定式惣入用と臨時入用との書式を示したが、臨時正入用はくわしく明細をあげ、会計勘定を明らかにするよう記されている。ほかに「何々ニ付御掛札外入用」など、廻米検見・何々之出入等、それぞれ出入勘定を明らかにすることを要求している。

(26)「寛政五年丑三月ヨリ　御巡見一式之留」（高林永統家文書）
(27)「寛政八年辰正月七日　清水中納言様ゟ御下ヶ穀帳・村積穀銀増稼除銀掛入用減帳・御蔵屋敷御払代銀・右郡中江御下ヶ被成候節御請連判証文写」（高林永統家文書）
(28)前掲史料（27）から引用
(29)酒井（「前掲論文」一〇ページ）
(30)田中愛昭家文書「文化六年一月　泉州大鳥郡・泉郡八カ村備窮倉取払願書」
(31)田中愛昭家文書「一札之事」

第三章　近世後期常陸笠間藩牧野氏の上方領統治

第一節　はじめに

関東地域に本拠をおいた譜代諸藩は、いずれも将軍を補佐し直接幕政を執行すべき立場にあった大名が多かった。彼等は、大老・老中・若年寄や寺社奉行・奏者番、また、畿内の京都所司代・大坂城代などの諸役職に就任し、それぞれの立場で幕政の運用に当った。その場合、京都所司代や大坂城代・大坂定番などに就任すると、その在職期間中、役知、すなわち役職に伴う知行地が畿内西国の国々で、加給された。京都所司代・大坂城代の場合は、「御役知一萬石、引越拝借金壱萬両」、大坂定番のときは「御役料三千俵……引越拝借金三千両」等と記されている通りである(1)。こうして畿内・西国に給付された知行地は、本国の城付地に対して飛地領であったが、それぞれの藩政の展開の上で、きわめて、重要な役割を担った。ここで常陸の笠間藩八万石の藩主であった牧野氏をとりあげ、牧野貞長が安永六年から寛政二年まで、一二カ年間の短期間であったが、上方飛地領の給付から、その領地の変遷及び上方飛地領の統治の実際とその方向性との分析することで、関東譜代諸藩の飛地統治の姿勢を明確にしたい。

第二節　笠間藩上方領の変遷

笠間藩牧野氏の来歴につき略述したい。笠間藩牧野氏は、その祖先たる牧野儀成《のりなり》が、将軍綱吉の館林城主の時代に、五〇〇〇石の家老であった。その二男成貞《なりさだ》は父の遺領二〇〇〇石の分知をうけ、綱吉の家老となり、綱吉将軍のとき一万石の加増をうけ、計一万三〇〇〇石の大名となった。綱吉に重視され側用人となり、二回の加増があり、関東の関宿城主として、都合五万三〇〇〇石を領有した。つぎの成春のとき七〇〇〇石の加増をうけ、宝永二年、三河の吉田城主に転封となった。藩領は八万石に加増され、三河国吉田周辺の三郡（宝飯《ほい》・八名《やな》・渥美）のほか、三河と遠江両国に所領があり、近江国高嶋・浅井・伊香の三郡も領有することになった。成春の子成央《なか》は幼少のため、東海道の要衝の警備は無理として転封を命ぜられ、日向国臼杵・宮崎・児湯《こゆ》の各郡、豊後国大分・国東《くにさき》・速見の諸郡にうつされ、延岡城で合計八万石の城主となった(2)。

成央のあとは牧野貞通がついだ。享保十七年の畿内西国の蝗害により、領内に多数の餓死者が出たが、貞通は幕府より七〇〇〇両を借り、家中と領民に与え諸事の倹約を厳しくし、救済につとめた。しかし、新領知の日向・豊後は風水害の多発する地域でもあったため、毎年のように、二万石から四万石の損毛が記されており、所領替えが藩側から強く望まれていたのである(3)。貞通は、享保十九年九月奏者番、同二十年五月寺社奉行を兼ね、寛保二年六月京都所司代に就任した。そのために所領八万石のうち三万石は、河内・近江・丹波・美濃四カ国の上方領に移され、所司代就任を機として、かねて待望の上方の沃野に所領を得たのであった。のち、延享四年三月、日向国延岡から常陸国笠間に国替えとなり、日向・豊後の両国の五万石が、常陸国茨城・真壁両郡のうちへ移封されたが、上方領はそのままであった。寛延二年九月、貞通は死没して、貞長が父の遺領を襲封した。同年十二月、上方三万石は、陸奥国磐前《いわさき》・田村・磐城《いわき》三郡のうちに移され、東国地域に所領を集中し、常陸笠間八万石の基礎がほぼ出来上ったとみてよい。

牧野貞長は関東譜代大名として、藩主在任四三年のうち、三三年間は幕政に関与したのであった。その間、幕府における役職の方は、宝暦九年六月に奏者番、明和六年八月から寺社奉行に就任し、安永六年九月には大坂城代となり従四位下に昇った。さらに、天明元年閏五月には、京都所司代となり侍従となった。同四年五月には幕府老中に任ぜ

表1　笠間藩上方領分布表（安永6年）　（単位　石）

国名	郡名	村名	村高	旧領主
河内	丹南 6ヶ村	野中	1138.148	角倉与市
		野中新田	1.848	同
		伊賀	487.855	同
		多治井	695.190	同
		小平尾	516.568	同
		阿弥	388.015	同
		阿弥新田	0.438	同
		岡	739.046	石原清左衛門
		小計	3,967.107 (3,967.108)	
	丹北 7ヶ村	若林	213.741	角倉与市
		太田	155.305	同
		川辺	626.130	同
		長原	1,338.026	同
		木本※	82.6737	同
		更池※	24.898	石原清左衛門
		田井城	472.673	同
		小計	2,913.4467	
	石川 6ヶ村	富田林	98.939	角倉与市
		寛弘寺※	347.922	同
		神山	456.114	同
		森屋	737.034	同
		大ヵ塚	77.090	同
		一須賀※	197.4376	同
		小計	1,914.5366	
	渋川 3ヶ村	久宝寺	1985.470	角倉与市
		衣摺※	145.8283	同
		亀井※	505.265	同
		小計	2,636.5633	
	茨田 11ヶ村	走谷	205.678	小堀数馬
		池田川	555.017	同
		池田中	404.443	同
		池田下	451.511	同

国名	郡名	村名	村高	旧領主
河内		田井	369.256	小堀数馬
		対馬江※	251.446	同
		下番	1488.288	同
		安田	270.513	辻　六郎左衛門
		平池	299.839	同
		氷野	513.038	同
		赤井	327.712	同
		小計	5,131.743 (5,136.741)	
	合計		16,563.3976 (16,568.3956)	
和泉	日根 5ケ村	樫井	570.476	小堀数馬
		北野	371.6446	同
		桑畑	185.367	同
		西吉見	407.6037	青木楠五郎
		兎田	568.9355	小堀数馬
		小計	2,104.0268	
	南 7ケ村	吉井	489.782	青木楠五郎
		中井	564.984	同
		箕土路	484.0026	同
		西大路	215.522	同
		新在家※	491.0765	同
		池尻※	320.3951	同
		大町	400.4196	同
		小計	2,966.1818	
	合計		5,070.2086	
播磨	神東 2ケ村	北山田※	87.949	辻　六郎左衛門
		南山田	639.472	同
		小計	727.421	
	加東 3ケ村	東古瀬※	390.8198	辻　六郎左衛門
		上鴨川	300.501	同
		太郎太夫※	316.396	同
		小計	1,007.7168	

国名	郡名	村名	村高	旧領主
播磨	加西 17ケ村	殿原	486.054	辻　六郎左衛門
		大内	320.749	同
		鴨谷※	168.732	同
		佐谷	319.055	同
		三国	485.127	同
		田原※	825.140	同
		尾崎	85.742	同
		東剣坂	742.948	同
		戸田井	192.391	同
		西長	249.370	同
		同新田	0.212	同
		中山	93.908	同
		大柳	91.660	同
		段下※	160.013	同
		中西	389.890	同
		東横田	388.874	同
		同新田	0.112	同
		東南	169.144	同
		南殿原	255.509	同
		小計	5,191.630 (5,424.630)	
	多可 5ケ村	大伏	186.053	辻　六郎左衛門
		羽山	165.044	同
		西安田※	362.408	同
		東安田	434.440	同
		奥畑	291.678	同
		小計	1,439.626 (1,439.623)	
	合計		8,366.3938 (8,599.3908)	
総計			30,000.000 (30,237.995)	

（1　※印は相給付　　2　（　）内は、計算し直した数値
3　安永8年「河内和泉播磨国御領地反別帳」より作成）

られ、同七年四月、備後守となり、寛政二年二月老中職を辞任するまで、田沼政権の末期政治と松平定信の改革政治とにわたり、長らく老中職をつとめ、寛政改革では定信とともに勝手掛となり、財政担当の重責を担うなど、幕政上に大きく活躍する処があった。この間、役職就任に伴う上方関係の所領は、どのように変化したか。以下、具体的にあとづけてみたい(4)。

安永六年九月の大坂城代就任にともなって、同年十一月、陸奥国磐前・田村・磐城三郡の所領が、河内国丹南・丹北・石川・渋川・茨田、和泉国日根・南、播磨国神東・加東・加西・多可の諸郡に所替えとなった。河内・和泉という畿内の経済的最先進地域と、東播地区の加古川・市川の流域の沃野を含んでいる。飛地領の旧領主は、京都・大津・大坂に所在した幕領代官所の角倉与一・小堀数馬・石原清左衛門・青木楠五郎・辻六郎左衛門と言った幕府代官である。牧野氏の上方領は、幕府直属代官の支配地を割き、構成されている（表1）。さらに、大坂城代就任のとき、「於大坂高四万石之役高人数之積を以相勤候様被　仰出之(5)」とあるように、役知高として、三万石よりも四万石が込められていた。そこで、翌安永七年十一月には、さらに笠間城の城付領のうち、一万五〇〇〇石の所領を、大坂最寄《もより》で引換えすることになった。その結果、河内石川郡で喜志村など、古市郡で誉田・古市両村とをあわせ五七四二石、播磨の赤穂郡で一〇カ村三九四九石余、加古郡で二カ村一八八〇石、美作国大庭郡で八カ村三四二六石と、新らしく上方領の拡大をみた。ここでは、役知としての知行地の対象が、摂・河・泉だけではなく、東播から西播地区へ、そして美作国といった西国にまで、拡大されていることがわかる（表2）。ところが、天明四年八月には、「大坂最寄」所領の内、河内国石川郡之内と、播磨国赤穂郡全部と、神東・加東・加西諸郡の一部、美作国大庭郡全部とが、常陸国茨城・河内・真壁三郡の旧領の村々へ引戻されたらしい(6)。その後、天明八年三月の八万石領知目録によると、上方領の村々は、河内国丹南・丹北・石川・渋川・茨田・古市の各郡で二万九四一石余、和泉国南郡のみで二一八五石余、播磨国神東・加東・加西・多可・加古の各郡で五五二五石余である。上方領三万石の領地に戻ったが、河内・和泉二

表2　笠間藩上方領分布表（安永7年）　（単位　石）

国名	郡名	村名	村高	旧領主
河内	丹南 6ケ村	第1表に同じ	第1表に同じ	
	丹北 7ケ村	第1表に同じ	第1表に同じ	
	石川 9ケ村	富田林	第1表に同じ	
		寛弘寺※	同	
		神山	同	
		森屋	同	
		大ヵ塚	同	
		一須賀※	同	
		山田	1,420.574	角倉与一
		喜志	1,826.694	同
		山田中	454.412	同
		小計	5,616.2166	
	渋川 3ケ村	第1表に同じ	第1表に同じ	
	茨田 11ケ村	第1表に同じ	第1表に同じ	
	古市 2ケ村	誉田	914.989	石原清左衛門
		古市	1,124.7053	同
		新田	0.904	
		小計	2,040.6683 (2,040.5983)	
	合計		22,305.7459 (22,310.6739)	
和泉	日根 5ケ村	第1表に同じ	第1表に同じ	
	南 7ケ村	第1表に同じ	第1表に同じ	
	合計		5,070.2086	
播磨	神東 2ケ村	第1表に同じ	第1表に同じ	
	加東 3ケ村	第1表に同じ	第1表に同じ	

国名	郡名	村名	村高	旧領主
播磨	加西 17ヶ村	第1表に同じ	第1表に同じ	
	多可 5ヶ村	第1表に同じ	第1表に同じ	
	赤穂 10ヶ村	赤松	473.349	青木楠五郎
		苔縄	408.329	同
		与井新	389.014	同
		佐用谷	268.813	同
		二柏野	113.753	同
		榊	240.199	同
		小河	471.134	同
		原	753.098	同
		二木	324.040	同
		同新田	0.065	同
		牟礼東	507.974	同
		小計	3,949.968 (3,949.768)	
	加古 2ヶ村	東二見	1,142.078	青木楠五郎
		二子	738.628	同
		小計	1,880.706	
	合計		14,197.0678 (14,429.8648)	
美作	大庭 8ヶ村	三崎河原	707.598	小林孫四郎
		赤野	560.543	同
		目木	870.653	同
		新田	0.240	同
		錨屋	157.408	同
		久見	141.703	同
		下湯原	271.658	同
		樫木西谷	507.372	同
		大庭※	209.8027	同
	合計		3,426.9777	
総計			45,000.000 (45,237.725)	

（1　※印は相給付　　2　（　）内は、計算し直した数値
3　安永8年「河内和泉播磨国御領地反別帳」より作成）

表3　笠間藩領知分布表（天明8年）　（単位　石）

国名	郡名	村名	村数	村高
河内	丹南	野中、伊賀、多治井、小平尾、阿弥、岡	6	3967.108
	丹北	若林、太田、川辺、長原、木本、更池、田井城	7	2913.4467
	石川	富田林、寛弘寺、神山、森屋、大カ塚、一須賀之内、山田之内、喜志	8	4251.6141
	渋川	久宝寺、衣摺、亀井	3	2636.5633
	茨田	走谷、池田川、池田中、池田下、田井、対馬江、下番、安田、平池、氷野、赤井	11	5131.743
	古市	誉田、古市	2	2040.6683
和泉	南	吉井、箕土路、新在家、池尻、大町	5	2185.6758
播磨	神東	南山田	1	639.472
	加東	太郎太夫	1	316.396
	加西	大内、鴨谷、佐谷、田原、西長、大柳	6	1974.918
	多可	大伏、羽山、西安田	3	713.905
	加古	東二見、二子	2	1880.706
常陸	茨城	村名略	80	36922.4915
	真壁	村名略	13	9812.5782
	河内	村名略	4	6084.165

（「牧野備後守貞長宛領知目録」写による）

国で約八〇％以上をしめている（表3）。
以上のような所領配置は、寛政二年二月、貞長が老中を退任するまでつづき、老中退任の結果は、上方領がすべて陸奥国の磐前・田村・磐城の三郡へと移り(7)、上方西国領とは一切関係がなくなるのである。

かくの如くにして笠間藩の上方領は、貞長のとき、安永六年に大坂城代就任を機として三万石の知行高で設定され、一時には、四万五〇〇〇石と城付地の知行高より大きく、藩領全体の約五六％にも及んだが、老中退任の寛政二年でなくなり、その間、一二カ年存続した。役知領たる上方領は、城付地の一部を割き、同等の知行高で設定され、加増されるのではなく、役職退任とともに旧領に引戻されると言ったケースをとったことがわかるのである。

第三節　上方領統治の役職

以上の笠間藩上方領は、どのような役職により統治されていたか。安永九年十一月「地方御役人名前役掛覚（大坂）」[8]なる史料がある。上方西国領を統治する藩の地方諸役人の名前と、その職名及び職務につき、記されている。大坂の役宅には、郡奉行が三人駐在し、犬塚佐右衛門・喜多川儀四郎・中村佐五郎である。その職務はつぎの通りである。⑴月番として一人ずつ順番に勤務。⑵一人が上屋敷に駐在。⑶寺社や村方からの訴願を処理。⑷一カ月のうち六の日が御用日で、各種の訴訟を審査。⑸変死・急死・欠落や人別外れ等の届で連絡のため町奉行所へ出頭。⑹寺社への届けや年始・八朔のとき堺奉行所へ参上。⑺国役普請のとき川方役所へ参上。⑻用悪水訴訟一件のとき、担当者一人を定め万事相談。⑼検見のとき大通出役の職務担当。以上のように訴願の受理・審査、国役普請・用悪水一件の打合せ、検見のとき現地廻村など、地方民政の重要事項の総括の役職である。

そのもとで代官が三人あり、河州・泉州担当の田中儀助、河州担当の津久井直蔵、播州担当の豊田丈右衛門がそれで、上方領の国ごとに分担し、領知の村数の多い河内は複数の二人が担当した。その職務はつぎの如くである。⑴日常の会計出入りの記録や村方からの訴願の受付と処理。⑵六の日の御用日必ず出勤。⑶検見・五人組改・井堰川除荒地見分のとき立会う。⑷紀州侯の参勤や御上使通行のとき、道筋への出役警衛など。この紀州侯の参勤通行は、紀州街道を利用するので、泉州領との関係上、泉州代官が関与したのであろう。なお代官と思われる犬塚十次郎は、とくに、⑴日常の諸帳面の整理や勘定を担当。⑵検見のほか、免状や諸帳面を吟味調査。⑶公用方で割当て諸勘定のとき出張勤務。⑷御番所の加役を受持。などの特別の任務をもっていた。また、代官の江尻領左衛門と武藤甚左衛門の二人は、一人ずつ交替で、遠隔地美作国大庭郡農村管理、他の一人は蔵方を担当した。

ほかに会計担当の補助として御勘定が三人あり、甲斐茂八・武藤富蔵・高柳源蔵で、あとの二人は手代を兼ねた。彼等の職務は、つぎの通りである。(1)日常の諸帳面・諸勘定の実務を取扱う。(2)検見や河川水利・荒地見分のとき現地出張。(3)免状を用意し諸帳面勘定改めの実施。(4)三人の内一人は交替して一ヶ年ずつ作州領在勤。(5)紀州侯への上使通行のとき道筋に出張勤務。(6)寺社の建替えや他領との入組普請場への臨検。(7)村々からの収納米銀につき吟味調査。(8)宿泊勤務として、泊番手代と六人で勤番し、出火のとき、村方からの駆付の人足と協力。(9)公用方諸帳面の勘定検査のとき、加役として勤務。(10)その時の諸情勢で徒士目付として勤務。以上のように、どちらかと言えば、具体的な実務担当の内容である。これら以外に手代が四人在勤し、郡奉行付として加藤金三郎と富沢良治（御勘定役手伝）の二人、代官付に山野七蔵と村岡甚治の二人それぞれ付設され、代官勘定役の仕事の補佐的実務を担当した。彼等諸役人は、いずれも、平日午前十時ごろから午後三時ごろ（時には午後四時）まで在勤し、業務多用のとき弁当持参で、夜半まで及ぶ場合もあった。

上述した上方支配諸役中の代官の一人に、武藤甚左衛門がある。武藤氏はその祖先が元和年間、関宿で牧野氏に召し抱えられた家柄である。武藤甚左衛門勝信は、武藤氏の家譜によると、宝暦二年、奥州領陸奥国磐前・田村・磐城へ赴任し地方手代であったが、安永六年、貞長の大坂城代就任とともに上方領役所に引越し、安永八年代官役に就任し作州在番をつとめた。上記の史料にも明らかなところである。天明元年に大坂蔵屋敷詰となり、上方領が収公され奥州三郡の旧領に戻るとともに、奥州に引越し支配役に就任したと言う。[9] 彼の名を記した史料に「安永八年八月　河内・和泉・播磨三カ国御領地高反別帳」がある。[10] そこには、上方領三カ国の笠間藩所領の高反別だけではなく、美作国大庭郡の領地の明細も記されている。しかもその内容は、所領の高反別にとどまらず、検見・年貢高算定・石代納・年貢米輸送などにわたり、上方領の貢租徴収につき万般の事実にふれている。内容につき具体的に眺めることで、藩の上方領統治の方向の一端が窺える。

まず、綿検見についてのくわしい記述をみよう。武藤甚左衛門の前任地たる陸奥国三郡は、実綿生産は皆無であったと言われる。もっとも、笠間藩の城付地の一部たる常陸国真壁郡では、近世前期より綿作の展開があったことが知られている。[11] 武藤甚左衛門の代官経歴からみて、綿検見の実際を担当するのは、恐らく初めてであったと思われ、代官行政の重要な職務たる貢租徴収の任に当たる必要上、このような精細な知識が必須であったと思われる。まず、上方領の検見の年の一坪当りの籾の生産収穫量たる「当合《あたりごう》」の算出のため、五畿内在方、京・大坂町の米壱石当り、綿百斤当りの相場の実際を知り、算定の基礎とする。なお、木綿の斤目については、一斤＝二二〇匁という平野目を採用する。そして、「綿毛見当合仕立方」として、つぎのように述べる。

一綿直段ヲ米直段ニ而割レハ綿百斤ニ付米何程ト成ル、五合摺之積ニ〆右之米ヲ倍スレハ綿百斤ニ付而モ籾何程成、右籾ヲ三百歩ニ而割レハ壱坪ニ付当合何合何勺何才ト成、但此当合ハ壱反百斤吹ニ当候節、一坪之当合也

一壱斤ニ付懸目弐百廿匁なれハ、百斤之懸目廿弐貫目也、玉壱ッ之懸目三分五厘ニ而割レハ六万弐千八百五十七ヲト成ヲ、三百歩ニ而割レハ一坪玉数弐百九ッ半余ト成、是則壱反百斤吹之一坪之玉数也

（下略）

さらに「畑方木綿検見仕方」として、木綿の出来具合いを吹綿・ぼろ・青桃・虫喰の四段階に分け、下見の結果は、拾斤吹・弐拾斤吹・三拾斤吹・四拾斤吹・付荒等と区分して、それぞれの作付面積を求める。かくして、年貢算定の基礎となる勘定仕立の具体的内容を明らかにして、畑高二一五石の木綿作の年貢を求め算出している。しかし、田方木綿作検見の方は、延享元年、神尾春央の畿内西国筋巡見のとき、稲作の上々毛に準じ年貢を決定せよとの事なので、幕領の場合に準じて、具体的方法の解説は必要ないと結んでいる。

すすんで「口米・口銀之定法」につき説明する。河州・泉州・播州とそれぞれにつき、石代直段の算定方法を地域の状況に応じ、また、三カ国の俵入定法を付言し、「一、三カ国共ニ壱俵五斗入、外込米壱升五合加、都合五斗壱升

五合」とする。つづいて、河州・泉州と播州につき、一般的民政の分野として、欠落百姓・同立帰者・出火・変死・捨子・寺社修覆願・変死行倒死などにつき、大坂町奉行や堺奉行との交渉・調整等、その処理の具体策につきのべている。新領知の美作領の年貢賦課法については、遠隔地であるせいか、詳細にのべられている。三分一銀納の石代値段、口米、口銀・納米（一俵三斗三升入と込米壱升三合）の基準、貢租米運搬の河川の高瀬舟運賃、河岸から大坂までの廻米とその運賃、銀納方の期日等々にいたるまで解説している。美作領全体の貢租とその内容まで、くわしくふみこんで説明している。

簡単に目立った事項を中心に、はしょった叙述に流れたが、上方領の民政に関与する代官として、前任地の陸奥国三郡とは社会的経済的諸条件が相違する、上方西国領について、くわしく記述し、民政上の指針としたのである。貢租徴収上から具体的な事例を明らかにし、同時に民政一般の留意点を付加するなど、まさしく、上方西国領民政ハンドブックと言えるにふさわしい内容を具備していると言っても、決して過言ではない。

第四節　上方領支配の終焉

笠間藩の牧野貞長は、前述したように幕閣の重職を歴任し、天明期から寛政期にかけ活躍した。藩主としての在任期間は、宝暦期から明和・安永・天明・寛政期にあたり、とくに老中在任期は天明期であり、藩財政の窮迫、家中の窮乏や、農村人口の減少、離村の増加など、藩政動揺の時期でもあった。この間、藩の財政状況の悪化を知る史料として、笠間牧野家常陸国領五万石の城付地の収納米を、入封直後の寛延元年（一七四八）から寛政元年（一七八九）までについて、その推移を現した図表をみよう（表4）。

この図表からも知られる通り、寛延元年に比して寛政元年は、収納米で約二九〇〇石、収納金で約一四〇〇両の減

表4　笠間藩常陸領（5万石）収納表

	茨城郡領		真壁郡領		計	
	米	金	米	金	米	金
	石	両分　文	石	両分　文	石	両分　文
寛延元(1748)	9539.497	3706.0.47	4358.649	1841.2.210	13898.146	5547.2.257
宝暦４(1754)	9956.620	3706.0.60	4694.702	1841.2.83	14651.322	5547.2.143
寛政元(1789)	6710.853	3158.3.392	4331.314	1036.0.869	11042.167	4194.3.1261
寛政２(1790)	7192.165	3121.2.380				

（『茨城県史』近世編　457ページより）

収となっている。笠間藩の年貢収納は、明和～安永～天明期と大きく減収し、ことに天明四年の飢饉が急減を招くもとになった。また、藩主貞長は、安永六年、天明元年と大坂城代・京都所司代に就任している関係上、この時期の大坂・京都における経費は、年に二万三四〇〇両前後が必要で、そのため、天明六年には九七七〇両、翌七年一万二四〇〇両の不足を生じているとされている。(12)

このような年貢収納の大きな減少については、笠間藩の常陸城付領の含めて、北関東の農村地帯が、人口の激減や手余り地の増加などで、農村荒廃が顕著に進んだからであるとされている。すでに戦前から、幕藩体制の解体と関連させて検討・分析がなされていたが、戦後、永原慶二・長倉保両氏により、「後進＝自給的農業地帯における村方地主制の展開――北関東の事例を中心に――」（『史学雑誌』六四の一・二号）が発表されて以来、北関東農村について個別分析研究が深められている。(13)一方、関山直太郎氏らの近世を通じての人口調査につき、関東諸国の人口の変化を検討した結果は、つぎの通りである。享保六年（一七二一）を一〇〇とする指数で常陸国の変化をみると、寛延三年（一七五〇）九二、宝暦六年（一七五六）九〇・一、天明六年（一七八六）七二・二、寛政十年（一七九八）六九・二とはげしい人口減少が現われ、隣国の下野国と同様であり、南関東の国々や、全国の指数と比較しても、まさに、全国有数のものであったと言う(14)（表5）。また、笠間藩領の一農村たる真壁郡本木村を事例とした長谷川伸三氏の「常陸国笠間藩領における農村荒廃とその克服」によると、つぎの通りである。本木村の農村構造の変化を(イ)延享～寛政期、(ロ)寛政～天保期、(ハ)天保～明治

表5　享保6年（1721）～明治5年（1872）関東国別の人口増減

⑴　享保6年を100とする国別人口指数

	相模	武蔵	安房	上総	下総	常陸	上野	下野	甲斐	伊豆	全国
享保6(1721)	100.0	100.0	100.0	100.0	100.0	100.0	100.0	100.0	100.0	100.0	100.0
寛延3(1750)	99.4	93.1	137.1	111.3	104.6	92.0	101.1	99.0	106.9	108.8	99.4
宝暦6(1756)	97.7	93.2	119.0	107.7	104.2	90.1	101.8	95.3	109.0	108.9	100.0
天明6(1786)	89.4	85.5	108.2	95.3	89.1	72.2	91.8	77.6	105.1	124.8	96.2
寛政10(1798)	88.7	87.5	115.5	90.5	89.3	69.2	90.3	73.8	106.3	106.1	97.7
文化元(1804)	88.9	86.9	115.1	89.5	88.2	68.1	87.3	72.2	102.3	129.9	98.3
文政5(1822)	86.3	89.0	120.8	91.4	77.2	69.6	80.2	70.5	100.2	139.4	102.1
〃 11(1828)	92.6	90.2	121.8	88.9	91.7	69.6	81.5	67.1	134.5	135.3	104.4
天保5(1834)	94.0	90.1	125.1	89.4	74.1	64.2	79.3	61.1	109.4	149.6	103.8
〃 11(1840)	91.2	90.4	120.6	88.0	92.0	70.2	73.8	65.7	103.1	114.4	99.4
弘化3(1846)	97.0	93.4	124.2	88.5	96.8	73.2	75.2	67.6	106.6	119.2	103.2
明治5(1872)	114.1	102.1	133.8	103.0	118.9	91.1	89.1	89.0	123.7	154.9	127.0

⑵　宝暦6年～明治5年の3期間の国別人口増減率（%）

宝暦6～寛政10（42年間）	−9.3	−6.1	−2.9	−15.9	−14.3	−23.2	−11.3	−22.6	−2.6	−2.6	−2.3
寛政10～天保11（42年間）	−6.7	3.3	4.4	−2.7	3.1	1.4	−7.1	−11.1	−3.1	7.8	1.8
天保11～明治5（32年間）	25.1	12.9	10.9	17.1	29.1	29.8	19.0	35.6	20.0	35.5	27.8

⑶　高1000石あたり国別人口密度（人）

宝暦6(1756)	1183	1519	1465	1122	995	710	980	783	1254	1256	
天保11(1840)	995	1343	1457	844	733	497	669	478	962	1313	

⑷　面積1方里あたり国別人口密度（人）

宝暦6(1756)	2371	6083	3946	3119	2739	1916	1424	1206	1095	992	
天保11(1840)	2213	5903	4007	2550	2419	1492	1046	830	1036	1042	

（長谷川伸三『近世農村構造の史的分析』43ページより）

初年と三つの時期にわけ分析され、最後に、上層農民の存在形態に言及して、むすんでおられる。ここでの第一段階としての時期は、貞長の治世とほぼ一致する。そこには、明和九年の村落階層を延享二年のそれと比較して、一〇石以上はほとんど変化がなく、一〇石未満、ことに一〜五石層が大幅に減少していくことを指摘され、「下層の没落・離村」が進行してきたことを示しているとされる。そして、この時期の潰百姓は、零細な持高の水呑層の多くが離村した結果であり、彼等は、農業だけでは再生産が不可能で、ついに一家離村の途をたどり、近在の真壁町やその周辺の農間商い、奉公などの労働に吸収されてゆき、離村人口を増加させたと結論づけられた[15]。かくして、潰百姓の急激な増大は、農村の耕地の大規模な荒廃を招き、加うるに天明の飢饉が続発し、ますます城付地の貢租収入の激減を結果したのである。

笠間藩領の城付地のこのような情勢について、現地の諸記録等を使用している『茨城県史』近世編の記述等から明らかにしたい。「笠間稲荷神社所蔵史料」には、藩の年貢収入の激減につき、「宝暦の末よりご収納がしだいに減じ、明和・安永・天明と約二〇年間で、ことに天明四年の凶作で急減したといわれる。天明五年より、さらに、おしなべて一万石を減じ六万石となり、御領邑はますます衰えていく」と述べられている[16]。

さらに天明期の北関東農村社会の一般的情勢について、以下の如く記されている。笠間藩領茨城郡富谷村名主の日記「永代年代帳」は、天明三年から寛政三年まで、藩主貞長と貞喜の時代に当る村役人の見聞記である。それによると、天明三年七月、浅間山の噴火があり、近隣の農村で降砂が一尺も積り、その後は雨天続きで農村の収穫が皆無となった。米価が高騰し世間が騒然とした。翌四年三月には、本年も気候不順で、五月中旬から六月十日ごろまで降雨が続き、その後七月まで全く降雨がなく一〇年来の旱損で、農作物の被害が甚大であるとのべている。天明六年七月には大雨がふり続き、関東地域は五カ国が大洪水にみまわれ死人もでた。翌七年三月には、この地域では不安定な気候が続き、稲作は凶作であり、雑穀が不足して高値となった。その雑穀まで買い食べつくし、多数の餓死者がでる始末であり、その結果は世間は騒然となり、社会不安がみなぎったと言う。以上の叙述は天明の飢饉等を中心とした在地農村の状況につき、述べられている。ひいては関東城付地の荒廃や貢租減少の事情を、明らかにしていると言いうる。(17)

藩の深刻な財政問題に直面しながら六代藩主貞長は安永六年九月、大坂城代に就任し、ひきつづき天明元年閏五月から京都所司代として、笠間から上方へ赴任した。その頃から藩財政は一段と困窮度を加え、家臣団の生活は、江戸・大坂・笠間と三つに分れ、それぞれの支出が多くこのままでは、家中の家禄も支給できぬ情勢なので「厳敷御省略」のことが達せられ、日常生活の各方面のきりつめが要請された。

すでに去る酉年（安永六）から以前の通り、藩は家中から借上を実施しているが、またまた、天明元年から向う五カ年間、借米を仰せつけられた。此上とても家臣団からの借米は不可能である。大坂等上方勤め家臣たちは、大変、難儀のことであろう。大坂城代として上方に勤務して以来、何かと財政上の支出が多く、米価も下落するので、借金は増加する一方である。本年だけは、本当に無理な方法で何かと工夫して、やっと越年出来そうだが、ほかにいろいろと考えても、当時の情勢では、特別な「覚・御才覚」（工夫）はないと言った有様である。

ついては、江戸の上・下両屋敷の生活もきびしく、不自由を旨とした生活をすべきである。藩主やその一族の子弟の側近たちで、雑用を弁ずる女中を罷免し、合力や寄付行為を一切ことわる。また、召仕男女の数も減少する。かくして、江戸・大坂・笠間三カ所の生活をきびしく節減せよと、命ずる。この一カ年間の入用経費も減じ、一ケ年間の総入用と、借銀高とを一覧にして、勘定所で関係者に公開し、その上で不必要な諸経費に気がついたときは、遠慮なく、其筋へ申し出よ、と下達している。また、どうしても増加する項目については、その理由を書きそえて申出ること、と多方面にわたり、藩主貞長の決意を物語たるものと言える。(18)

笠間藩では米穀以外の商品流通による収益など、藩営専売等による収入を始め、藩財政の不足を補うにたるものがないため、藩収入の赤字は、江戸・大坂・京の富商からの借財に頼る外はなかったのである。貞長の役職就任に伴う上方地域への赴任は、三都の富商からの借入れを容易にした。その結果は、藩は寛政二年までの期間、三都商人よりの負債額が三三万両を数えたといわれている[19]。

城付地のこのような情勢のとき、上方領はどうであったか。表6は寛政元年における上方領三万石の年貢収納の合計である。寛政元年酉十二月の記年があり、河内・和泉・播磨三国の上方西国領の、貢租収入の内訳一覧である。上方領三万石の所領から本途見取等の収納が一万六六四二石余、うち、小物成・夫銀・口銀・夫米・夫役銀等が全部で三七八貫余あり、同年の常陸領五万石の収納米が一万一〇四二石余、金四一九四両余であることと比較すると、藩にとり、上方西国領三万石の年貢収納の占める割合が大きいことが、理解されるのである。

つぎに、上方飛地領を有する藩が、上方領からの年貢収入等を担保として、上方豪商から財政赤字をとりつくろうための金子借用が行われていることは、一般的に言われているところである。笠間藩も例外的ではなかった。貞長は、安永六年から、大坂城代・京都所司代・勝手掛老中と幕閣の要職を歴任する内に、上方の豪商等からの借財が容易になり、巨大な借金高となった。ところが、これらの借財も結局は一時凌ぎのものであり、逆に累積した借用銀は藩財政を圧迫し、藩はその返済力に苦慮することになった。安永九年子十一月の年記のある「元〆方・御中間頭・御蔵方御普請方勤方書（大坂）[20]」なる史料がある。藩の大坂役所の諸役人が、銀主たる町人やその手代らとの応対・交渉に関する条項の記載がみられる。「一銀主応対幷銀主廻リ度々相勤候」とか、「一御借用証文幷引合諸書物自身相認候儀多御座候」などと記されており、それらが、彼等の重要な職務でもあった。これらの勤方書のなかに、大坂三郷の市中の豪商の銀主と、その手代の名前が書かれ、そのほかに市中の豪商だけではなく、村方銀主としての藩の上方領三カ国の在村の富農層の名前が記されている。市中での主要な銀主の方は、大坂の鴻池（善右衛門）、食野（麟之助）、加島屋（久右衛門）・平野屋（五兵衛）を始め、大庭屋次郎右衛門・炭屋善五郎・近江屋休《久》兵衛・山家屋権兵衛等の、富

表 6　笠間藩上方領（3 万石）収納表（寛政元年）

国・郡名		本途見取小物成口米共	米　納	銀　納	小物成夫銀口銀共	夫　米	夫役銀
河内	丹南郡 石川〃 渋川〃	石 6358.4819	石 3401.166	貫　匁 184.919.18 石 (2957.3159) (石ニ付　匁 62.529)	匁 330.404	匁 950.99 石 (15.076) (石ニ付　匁 厘 63.8)	貫　匁 10.748
河内	丹北郡 茨田〃 古市〃	石 5644.171	石 3190.529	貫　匁 153.386.98 石 (2453.642) (石ニ付　匁 62.514)	匁 287.06	貫　匁 3.619.43 石 (57.378) (石ニ付　匁 厘 63.8)	貫　匁 8.936
和泉	日根郡 南　〃	石 1911.4321	石 1656.43	貫　匁 17.537.55 石 (255.0021) (石ニ付　匁 68.774)		貫　匁 1.350.57 石 (20.308) (石ニ付　匁 66.504)	貫　匁 3.331
播磨	神東郡 加東〃 加西〃 多可〃 加古〃	石 2728.288	石 2381.603	貫　匁 22.327.67 石 (346.6) (石ニ付　匁 64.419)	貫　匁 3.025.47		貫　匁 5.526
合　計		万　石 1.6642.372	万　石 1.0629.728	石 (6012.56) 貫　匁 378.171.38	貫　匁 3.642.934	石 (92.762) 貫　匁 5.920.99	貫　匁 28.435
常陸領収納（寛政元）			(米) 万　石 1.1042.31261	(金) 両分　文 4194.31261			

（寛政元年 11 月「笠間領上方御物成取立目録」より作製）

商の名前がみられる。前者の著名な大坂市中の豪商はさておき、大庭屋次郎右衛門以下四名の富商につき、若干の付言をつけ加えておきたい。大庭屋次郎右衛門は、「宝暦十一年十二月、米相場ニ付御用金被　仰付」とあり、大庭屋次郎右衛門を含め一〇人の富商に金二万五〇〇〇両の御用金が課せられている。文化三年十一月にも大坂町奉行所から市中の富商三〇〇名余に、各自の買米高から指示され、大庭屋次郎右衛門を始め二三人に、七〇〇〇石ずつの買米があった。炭屋善五郎は文化三年十一月、大坂町奉行から四回にわたり各自の買米高の指示があった。炭屋善五郎は岸屋安兵衛、平野家五兵衛、近江屋久兵衛らとともに、買米一万七〇〇〇石宛を命ぜられた。文化七年十二月、大坂市中の富商一四名に御用金二〇万両を課され、炭屋善兵衛は二三〇〇両を負担した。近江屋休（久）兵衛については、すでに宝暦十一年十二月、彼を始め一〇人の富商が二万五〇〇〇両のご用金を負担している。文化三年十一月には一万七〇〇〇石の買米の指示があった。文化七年十二月、一万三六〇〇両宛の御用金に応じている。文化十年七月には、銀六〇〇貫宛の御用金を負担している。山家屋権兵衛は宝暦十一年十二月、市内の富商に御用金が命ぜられ、彼はほかの二六人とともに五〇〇〇両宛の御用金賦課に応じている。文化三年十一月には、大坂町奉行所から四回にわたり買米の指示があり、山家屋権兵衛は他の二四名とともに、一万石宛の買米を引受けている[21]。大庭屋次郎右衛門・炭屋善兵衛・近江屋久兵衛・山家屋権兵衛については、近世後期、大坂市中でかなりの豪商として重きをなし、御用金賦課や買米等にも応じ、著名な大名貸であったことが理解される。藩領村落の銀主名のなかには、河内領であるが、河州山田村伊兵衛・同長次兵衛・同池田中村半兵衛・同新池村与兵衛・同富田林村長左衛門・同徳兵衛・同古市村次郎兵衛などの名前が見える。総数では一九軒に達する。藩の銀主として、町家銀主四九、同手代一六、村方銀主一九、合計八二を数えた。藩の財政困窮に対する借財先として、都市居住の豪商だけではなく、在村の富農層までをその対象に拡げている事実に注目しよう。

寛政二年二月、老中の退任の結果、上方三万石の上知のとき、上方領に賦課した上納金の決済や、豪商たちへの巨額な借財の返金に対して、藩主たちの困惑は一層のたかまりをみせることになる。こうした経緯は、たとえば、「寛政二年上方領引替等困窮ニ付相談書」などに述べられている。その一端を略述しよう。牧野貞長が大坂城代勤務中、河州領分村々の普請銀の手当として、町奉行所貸付銀を村方質地を抵当にして借用した。銀二八四貫五〇〇匁（凡そ金五一〇〇両余）で、その内、二四八貫八五〇匁は、去る酉（寛政元）年から向う一三カ年賦（享和元まで）で、返納の予定であったところ、近年領分村むらの凶作のため、臨時の経費が必要となり、去年暮に上方領分村むらに、昨年暮から本年六月まで、村別に出銀を賦課し、その銀は元利で銀三二八貫九〇〇匁余（金五九〇〇両）であった。しかし、上方領が上知になったので、質地をそのままで上方領郷村の引渡しはできない。村割の出銀のことは、本年の収納を引当てて差引くので、村方からは貢租収納はない。その上、これまでは上方領の存在があるから、大坂御蔵元からの出銀もできたが、奥州へ領知替えになると、年貢収納高一万五〇〇〇俵も減少の予定で、余計にやりくりがつかない。しかし、今回はなんとかやりくりして郷村引渡しは済ませた。別に上方在勤のときの拝借金は、領分の凶作のため、返納すべき二七〇〇両が返納不納となり、大変困惑している。本当にこのままでは、本年の始めから暮し方の立行き方策もなく、困惑している。牧野家の安危にもかかる緊急事でもあるので、いたたまれず、ご相談申し上げる次第であると述べられている。(22)

以上の事実は、上方領から奥州領への領知替えによる貢租収入の激減と、上方領郷村の引渡しの結果、上方の銀主への借財が不可能となり、その返済にせめられている藩主の心情をよく現わしており、上方領支配が、藩財政上に有した大きな意義を、裏書きする言葉でもある。

また、領知替えにともなう勝手取続方について、貞長は、つぎのように述べている。奥州の方へ上方領が引戻され、領知替えになると、藩当局の者は、万事できるだけ節約せねばならない。笠間近辺の城付地も、奥州三郡も、本高として記されている程に年貢収納は無いので、江戸と在方の諸入用も、年貢収納の割合を考え、家中扶持方等も、相続方につき衆知を集め考慮せねばならない。また、我等身上の暮しのことも、其他の事も、出来るだけ節約の方法を、多くの家中へ周知徹底させる必要があろうと述べ、諸事省略、費用削減、きびしい倹約を強調し、江戸住家臣の生活もよくよく打合せ相続方を相談すべきであると言っている。[23] なお、貞長は藩の銀主である大坂の町人たる山家屋・近江屋・炭屋・大庭屋等にも、重ねて金銭の一時立替え等を願ったりしている。[24] 上知に伴う郷村の引戻しの問題が、藩財政に与える問題の重大性を物語たるものと言えよう。

藩主貞長は寛政四年三月に致仕し、貞喜《さだはる》が家督を相続する。彼の就任当時は、農村の荒廃は頂点に達し、農村人口は激減し、手余地は増大し、藩財政は極度に困窮し、家中生活は窮乏の度を加えた。貞喜は、当初から藩政の立直しに専念し、特筆さるべきこととして、北陸地方の門徒農民を移住させる入百姓政策をとり、文化六年ごろから「化政改革」と言われる、[25] 全般にわたる大規模な藩政改革を実行し、藩政の革新をはかった。上方領の喪失ということは、笠間藩牧野氏にとり、このような強力な藩政改革を実施せねばならぬ必然性を導いたものと言える。

注

(1)『吏徴』(『続々群書類従』第七巻　一二一〜三ページ)
(2)『新訂寛政重修諸家譜』第六巻「家譜之内書抜」(弘化三年牧野兵部貞久)。後者については茨城県歴史館「常陸笠間牧野家文書・牧野家中武藤家文書」による。
(3)「牧野家年譜三　貞通」(茨城県歴史館探訪文書)及び『新訂寛政重修諸家譜』第六巻。
(4)「牧野家年譜四　貞長」及び『新訂寛政重修諸家譜』第六巻。
(5)「牧野家年譜四　貞長」
(6)「牧野家年譜四　貞長」の天明四年八月二十一日「廿一日大坂最寄四万五千石之領知弐万弐千石余者其儘被差置、壱万五千石者城附旧地江御戻し、残七千石備中美作両国之内ニ而御引換被　仰出之」とある。

(7) 寛政二年六月には、河・泉・播三国三万石が、陸奥国旧知三郡にうつされ、翌三年七月には、「常陸国茨城・真壁・河内の九〇〇〇石が、同国茨城・真壁二郡の旧領へうつされた（「牧野家年譜四　貞長」『新訂寛政重修諸家譜』第六巻）。

(8) 前述の「常陸笠間牧野家文書」

(9) 茨城県歴史館「常陸笠間牧野家・牧野家中武藤家文書目録」の解説に記されている。「知行高も明治元年の九〇石を例外として、五〇石の家禄で、家中では中級に位置する家柄であった」と述べられている。

(10) 「牧野家中武藤家文書」の一、牧野家の項参照。なお、大坂蔵屋敷は天満魚屋町にあった（天保十四年）。

(11) たとえば林玲子「近世社会の綿作と綿業」（『講座・日本技術の社会史』第三巻　紡織　一七六～七ページ）。

(12) 『茨城県史』近世編　四五七ページ。

(13) たとえば、秋本典夫「北関東の荒廃とその復興策——下野国芳賀郡における幕府の入百姓政策を中心として——」（『宇都宮大学学芸学部研究編集』第十五号）、上杉允彦「近世中後期における下野農村の荒廃と農民の動向——都賀郡下初田村を中心にして——」（『栃木県史研究』第二号）など。

(14) 関山直太郎『近世日本人口の構造』一三七～九ページ。人口減少がとくに甚しいことは、高一〇〇〇石あたりと面積一方里あたりの人口密度の数値にも示されている（表5）。

(15) この論稿は、原題「近世後期北関東農村の構造——関東農村の荒廃をめぐって——」で、『史学雑誌』八一の九号に発表されたが、同氏著『近世農村構造の史的分析——幕藩体制解体期の関東農村と在郷町——』（柏書房　一九八一年）に第六章として収録され、本文中の表題のように改められた（『同書』一六六～二〇六ページ）。

(16)・(19) 『茨城県史』近世編　四五七ページ。

(17) 『同著』　四六五ページ。

(18) 『常陸笠間牧野家文書』の「御家中被　仰渡御達書」。なお、同文書の解説八四～五ページ参照。

(20) 『常陸笠間牧野家文書』

(21) 『大阪編年史』第十巻・第十五巻（大阪市立中央図書館）

(22) 本文中にもふれた通り、貞長は領分たる河州村々を質地として、大坂町奉行から借銀していた。ところが、寛政二年上方領の上知に当り、先納銀と町奉行所借銀の両方の返済は至難であるため、農民から差入れた村々の質地はそのままとし、大坂の豪商や蔵元から村々への借銀形式に証文を書き直し、事をすませようとした。村々の庄屋・年寄らはこの処置に納得せず、「是迄御番所様へ入置候質地田畑御抜キ被下度」と、上知に際しては質地を除いてほしいことを、強く願い、藩側からいかに説諭されても、農民側一同は得心できぬと、申し述べている（『羽曳野市史』第五巻　一五六ページ）。

（23）『常陸笠間牧野家・牧野家中文書目録』の御内　御書〔領知替の節勝手取続方〕

（24）『前掲書目録』の用達の項に、藩主貞長の頼入直書の案文が、多数、示されている。その内、吉田嘉平治を始め大庭屋・炭屋・近江屋・山家屋等宛の頼入直書をあげておく。

一筆申入候、時節之無障茂被相凌一段之事ニ候、随而勝手向之儀、年末深切之願世話過分至極難申尽候、将又上方領分奥州旧領江被差戻候、右ニ付上方領分江者御用金申付、当年収納を以、返済之積ニ候処、領地替ニ付、其手段ニ不相成、奥州之儀者未請取茂不相済已前之事ニ候得者、右収納差継候事も不相成、此度村方よりハ先納之名目ニ可申出候、左候得者万一公辺ニも抱可申哉と甚令辛労候、依之格段勘弁を以、右償方出銀給度候、委細之儀者、以甚左衛門可申述候間、何分ニも宣敷申談可給候頼入有候、以上

月　日　　　　牧（牧野貞長）備後守

吉田嘉平治殿

（他五名宛名略）

（25）小室　昭「笠間藩の化政改革——農村対策を中心として——」（『茨城県史研究』第七号）

第四章　常陸下館藩石川氏と河州飛地領
――幕末期を中心として――

第一節　常陸下館藩前史

常陸下館藩石川氏は、もと伊勢国神戸に在封し神戸藩とよばれていた。神戸藩石川氏の初代は石川総長である。彼は徳川譜代の名門たる石川主殿頭忠総の二男であり、幕臣として、寛永十八年六月、小姓組番頭、ついで慶安元年三月には大番頭となった。同四年四月には、父忠総の遺領のうちで、伊勢国河曲・鈴鹿両郡で一万石を分封され、承応四年には伊勢国神戸城を居城に定めた。ついで万治三年十一月、大坂定番に就任し、河内国石川・古市両郡で約一万石を加増され、合計二万石の大名となった。南河内の石川の本支流に沿った沃野の村々から、東部の金剛山麓の丘陵地の村々を含むが、まとまった飛地領として石川氏が伊勢神戸から常陸下館へ移封後も、また、貞享年間に三代総茂の弟の旗本大久保忠明に三〇〇〇石を分封してからも、領知村落の入れ替えが殆どなく、明治初年の廃藩までずっと存続した。（表1）

河内源氏の後裔を以て任じていた石川総長は、父祖ゆかりの地を与えられ、彼の墓地も南加納村の旧東福寺境内にある。家紋には源氏ゆかりの「笹りんどう」を用いたと言われる。二代目の総良は寛文元年に、河内飛地領を統治する役所を、白木村に定めた。彼は白木村に用水池を築き、勧農策に留意したほか、龍泉寺に石鳥居を寄進し、弘川寺に絵馬堂等をたて、千早城址に楠木氏の石塔をたてるなど、飛地領地域社会に密着した施政を行っている。和泉国の

表1　伊勢神戸藩石川氏河内領村落

	村名	村高	山年貢
	東山△	476.908石	米1.577石
	半室△	320.768	銀58.8匁
石川郡	畑△	354.32	銀201.6
	平石	406.642	米1.05石　銀616匁
	持尾△	387.5	0
	弘川△	17.0	米0.35
	下河内△	394.82	米2.63
	上河内	242.207	米2.52
	寺田	499.341	米0.56
	北加納	217.12	米1.314
	南加納	367.577	米1.314
	白木	1097.7	米2.1
	中	1209.14	米2.615
	馬谷	63.49	0
	寛弘寺	439.588	銀15.7匁分
	水分	541.0	銀175.0匁分
	二河原辺	152.112	0
	切山	340.705	米7.35
	吉年	44.769	銀12.4
	千早	101.8	銀249.0
	中津原	221.93	銀230.0
	小吹	253.39	銀352.8
	龍泉	332.055	米5.299　銀12匁（紺屋役）
古市郡	東坂田△	194.5	
	新家△	214.367	
	西坂田	167.633	米0.364　銀42.5匁分
	新町△	238.494	
	碓井△	588.49	
	蔵之内之(内ヵ)	206.624	米0.1石　銀21.7匁分
		10000.	米29.143　銀3 012.9貫匁分

（「河内国石川郡古市郡1万石割郷村高帳」による『河南町誌』234～8ページ
△印は旗本大久保忠明に分知の村落）

延宝検地を岸和田藩主岡部行隆とともに担当し、幕政にも意を用いた。三代総茂は、下館藩石川氏の初代である。貞享二年に遺領をつぎ、弟の旗本大久保忠明に河内領三〇〇〇石を分封したことは、すでに触れた。幕閣における地位も、宝永元年に大坂加番に就き、山里曲輪の警備の任を担った。同年に奏者番、正徳四年に寺社奉行、享保二年に若年寄に昇任し、位階も同十年従四位下に叙せられ、学問奨励のことで将軍吉宗に重用されたと言う。享保十七年三月、既述のように、伊勢国神戸から常陸国下館へ国替えとなり、三〇〇〇石の加増で、約二万石となった。常陸国真壁郡三〇カ村約一万四二〇〇石、河内石川・古市両郡で二二カ村約八〇〇〇石であった(1)（表2）。

すでに『本書』第三章で分析した笠間藩牧野氏や浜松藩水野氏の事例ともことなり、近世前期、万治年間に南河内石川郡に所領をもち、以後明治初期の廃藩まで、本国の城付地は変更になったが河内領は殆ど移動せず、統治をつづけ、地域社会に身近な存在を示した支配領主の一人でもあった。

表2　下館藩石川氏領知分布〔天保9年（1838)〕

（単位：石）

国名	郡名	村名	村高
河内	古市	碓井之内	471.686
		蔵之内之内	207.079
		西坂田	167.633
		新家	124.367
		（小計）	970.765
		新田畑	1.836
	石川	平石	404.642
		上河内	242.207
		水分	541
		二河原部	152.122
		桐山	340.705
		吉年	44.769
		千早	101.8
		中津原	221.93
		龍泉之内	332.055
		寛弘寺之内	439.588
		馬谷	63.49
		中	1209.14
		白木	1097.7
		南加納	367.577
		北加納	217.12
		小吹	253.39
		東坂	437.212
		同所新田	0.292
		甘南備之内	405.755
		（小計）	6872.494
		新田畑	14.422
常陸	真壁	西郷谷村	589.874
		他小計30カ村	14256.6669
	総計		20,000,000
	他	城付込高	1182.593
		物成詰込高	917.385
		河内国之内領知村々より出新田畑	16.258

（「天保九年五月常陸国真壁郡・河内国古市郡・石川郡領知郷村高辻帳」（学習院大学史料館所蔵牧家文書）による。）

第二節　飛地支配法令のさまざま

下館藩河内飛地領を統治する役所は石川郡白木村にあり、既述のように、伊勢神戸藩時代から設けられていた。本藩から派遣された幾人かの藩士が滞在したほか、在地の旧家・富農等が士分格に取立てられ、統治に当った(2)。

幕末期であるが、「安政四年四月　下館・江府・河内惣御家中順席帳(3)」により、河内白木村役所在住の家臣をとりあげてみたい。御用人で高一五〇石の和田五郎太夫、御徒士頭格で拾四人扶持の雨森太郎朔、高六〇石の松尾左源太、御給人並で九両三人扶持の雨森猪曾治、拾二両三人扶持の和田助作、松尾九左衛門、御徒士目付の四両二人扶持の滝喜三太、御徒士格の小林弥八があげられる。以上の家臣のほかに、小頭格として北井彦次郎、滝　直八郎の二人、御普代として、倉辻木一郎、倉辻友治郎、大谷亀輔、竹谷与三郎、小林利三郎、北村国蔵、上田幸之助、の七人、御普代並として、北井藤一郎、倉辻早太の二人が記されている（表3）。合計で一九人で、而も小頭格、御普代組、御普代並などの役人層は白木村陣屋役人の子弟か親戚、領知内村落の富農・旧家筋であったと思われる。「組小頭二人、組子七人を指揮し捕亡に従(4)」うとあるように、彼等は上級役人の指揮のもとで警察的な役割をになっていたとしてよい。従って陣屋役人としては、御徒士目付先上の七〜八人が在住していたことになる。なお、河内陣屋の代表として、御用人の高一五〇石　和田五郎太夫を駐在させたことは、下館藩全体にとり、河内飛地領の重要性を示すものと考えてよいであろう(5)。

下館藩では初代藩主総茂のあと、総陽《ふさはる》・総候《ふさとき》とつづき、明和七年十月には総弾《ふさただ》が継承した。安永二年二月、大坂加番、天明八年九月、日光祭礼奉行と幕府の役職に就任した。総弾の治世のときは、天明の大飢饉や小貝・勤行両河川の大洪水は大きな災害をもたらした。後者は江戸開府以来の大災害とも言われている。その上、天明七年下館の大火

表3　安政4年4月下館藩家臣団

	総数	下館	江戸	大坂	河内	
御家老	1	1				
御年寄	3	1	2			
御用人	8	3	4		1	高150石 和田五郎太夫
御物頭	4	2	2			
御取次上席	1	0	1			
御取次格	8	4	4			
御徒士頭格	22	19		捨人扶持 和田左盛　1	2	拾四人扶持　雨森太郎朔 高60石　松尾左源太
御給人席	19	14	5			
御給人次席	5	1	4			
御給人並	34	23	8		3	九両三人扶持 雨森猪曾治 拾二両三人扶持　〃　〃 和田助作　松尾九左衛門
無格人	3	0	3			
御中小姓格	19	10	9			
御中小姓並	29	15	14			
中小姓末席	2	2				
無格人	3	0	3			
医師	9	3	6			
御中小姓	7	7				
御徒士御取扱	3	3				
扶持医師	4	4				
御徒士目付	19	9	9		1	四両弐歩高弐人扶持 滝　喜三太
御士徒格	40	28	11		1	小林弥八
士徒末席	2	2				
坊主	7	3	4			
勝手坊主	11	6	5			
小頭格	15	11	2		2	北井彦二郎、滝　直八郎

御普代組	34	19	8		7	倉辻木一郎、倉辻友治郎 大谷亀輔、竹谷与三郎 小林利三郎、北村国蔵 上田幸之助
御普代並	17	15			2	北井藤一郎、倉辻早太
定番	12	12				
合計	341	217	104	1	19	

(『下館市史』(下) 39〜49ページ「安政4年4月下館・江府・河内惣御家中順席帳」による)

など打続く天災地変により、下館地方の農民は極度の困窮に陥った。藩領でないが、下館城下町の近郊であった常陸国真壁郡川連村の農民たちは、天明四年正月「夫食願小前帳」を提出し、麦秋の大・小麦の出来るまでの夫食を願い、その上、同月には種籾も喰い尽し、代官所に種籾の借用方を懇願した一件があった。[6] 総弾は、また、石門心学を学び江戸に居った中沢道二を下館に招き、心学講話を行わせた。かつて河内領代官であった黒杉政胤を助け[7]、寛政五〜六年ごろ同藩御用商人中村兵左衛門らにより、石門心学講舎たる「有隣舎」を設置させた。こうした一連の動きは、天明飢饉以来、藩財政の破綻が進行して、荒廃した小前貧農層の領主権力に対する抵抗が出現するなかで、村落共同体を維持しこれを再編成強化するため、農民教化の手段として心学の積極的導入をはかったとされている。

総弾《ふさただ》のあとは総般《ふさつら》・総親《ふさちか》・総承《ふさつぐ》と藩主が交替し、天保七年十二月から総貨《ふさとみ》が藩主となった。彼は老中水野忠邦の推挙で御用番となり、天保十二年十一月から大坂加番をつとめた。襲封当時、藩の財政難はその極に達したと言われ、負債額は三万五〇〇〇両を数え、過去一〇カ年の平均収入から必要経費を差し引き、残額五九〇両では利子も払えぬと言われた。その上、天保期の大飢饉におそわれ領内農村の困窮は甚しかった。天保九年十二月から、二宮尊徳の尊徳仕法が実施され、領主財政の再建と農村復興との二つが目標となった。天保十四年末ごろまで、下館藩の借財は約一万六五〇〇両と軽減されたが、藩士の俸禄を約三〇%近くまで軽減されていた家臣らが中心となり、その復活を藩主に迫り、藩主も妥協して認めたので、以降は尊徳との対立は顕著となり、その効果をあげることは出来なかった。この尊徳仕法が河内飛地領にもおし及ぼされたか否かは、明確でない。なお、河内飛地領は、天保十四年老中水野忠邦による上知令の対象となったが、彼の失脚により、所領はそのまま石川氏の支配で続いたというような、一こまもあった。天保期には藩財政は数段と悪化したので、それへの対策として、つぎの藩主総管《ふさかね》の治世とともに、さまざまの政策が実施された。これらについては、後筆の箇所でくわしく述べてみたい。(8) なお下館藩では、地方統治を対象として出された法令があり、河内領を中心として、いくつかについてふれてみたい。

下館藩の二代目藩主石川総陽のとき、元文元年八月、白木役所代官児玉文左衛門、黒杉伊助、大宿嘉右衛門の三人の連名がある倹約条目五カ条がふれ流された。(9) 藩から河州領へ廻達されたものであろう。「惣百姓共不便に被為　思召」されて、小百姓まできびしく「身上」を取締るようにと述べている。

①幕府からの法令・通達や大坂の藩役所からの用件を大切に勤め、博奕などを禁止。農事に精励し、農民身分に不都合な遊芸等は厳禁。
②村内諸入用の節減につとめ、向う七年間は厳重に倹約を遵守。
③婚礼・養子取りなどは各自の分限に応じ、農民の身分不相応にせぬこと。
④飛地領は他領主との入組村落が多く、諸事乱暴で紛争を招くことは禁止。
⑤領主等の巡見に際し、接待は一汁一菜〜二菜を旨とし、酒類での饗応は禁止。

以上の諸条項にあるように、村方諸経費への倹約の内容を示し、向う七カ年間の村方の厳重な倹約を強調し、村方への巡見使等への接待の簡略化ものべている。下館藩河州領の状況から、村方での他領主領との紛争を防止せよと規定するのは、訴訟・公事にまで進展すると、解決まで多額の村入用を必要とするからでもあろう。農民の日常生活に於ける簡素化を強調し、身分・分限に応ずる幕藩制社会の階層秩序に立脚し、倹約を説いている。

同じ元文元年八月づけで、飛地支配役所の所在地たる白木村にあてられた法令は、白木役所三人の代官名で出され、内容はより詳細で具体的である。(10)文書のタイトルも「郷中倹約明細定書」の名称通り、村方への倹約令で、白木役所の所在地を対象としモデル的な意味をもったかも知れない。その内容は、嫁取、婿取等での振舞や諸接待、婚礼の諸道具類への簡略化に始まり、一般の祭礼・葬儀・仏事等や神事儀礼等にわたり、各方面の慶弔行事を含めた生活・習俗全般への取締である。また、大坂商人等への借財や村方の日常生活の浪費等の禁止、寺院への寄進を始め、諸勧化に猥りに応じないことや、年貢米の米籾納入等の諸心得を記し、村方への経済的な援助の申し出には、藩役所として受け付けないと記している等、近世中期以降から顕著となった藩財政の悪化の事情が、反映していると考えるべきであろう。

つぎに四代目の総弾のとき安永十年二月、「下館藩郷中申合」が触れられている。(11)『羽曳野市史』第二巻によると、そこでは、郷中百姓の日常の衣服規制として、絹・紬着用や日傘・履物の禁止や、生活習俗の統制として、嫁取・婿取の時の振舞、葬儀・年忌等の諸行事や日待・月待の禁止、喧嘩口論等を慎しむ等々の村方への一般的な倹約令等で、目新しい条項はないとされる。しかし、奉公人規制では藩領内で出奉公すべきと規定し、領分外に労働力の放出を抑えている。自分手作りの者が、農業の傍ら、小商いをすることを認めるが、脱農して医師や占師になることは、「農業の障」りとして禁止する条項がある等は、面白い。そのほか、夜業の奨励や怠惰者、大酒呑みや博奕好きへの説諭などは、勤勉な農民を褒賞する規定である。単なる倹約令ではなく、時代の経済的な変化に対応する動きが含まれていると考えてよい。

一八世紀から一九世紀にかけては、財政の一層の逼迫に伴う藩体制の動揺が、さらに顕著になってきた。文化五年に就封した総承は、文化十三年十月、「郷中江相渡候覚書」として、八カ条からなる触書を出している。(12)それは「御改革被　仰出候間御領内之者急度相守可申」とあるように、藩の政治改革の一環として飛地領へ廻達したものであろう。八カ条の内容の要旨はつぎの通りである。

①大庄屋の出坂費用・日役銭の節減をめざして、訴願書の提出のときは一日七匁、大坂滞在中は五匁と定める。

②庄屋・年寄や一般農民のときは、上記に準拠し軽減をはかること。

③役人らが村方の用務で出坂のとき、役所から定式で渡す経費を記しておくので、郷夫代金から支出すること。

④役所の御用日には朝五ッ時から九ッ時まで、公事訴訟を受けつける。もし遅延したときは、つぎの御用日となる。

大庄屋の取次ぎ添書がない願書は受理しない。

⑤博奕や賭等の諸勝負は厳禁。違反のときは村役人と当人を処罰する。

⑥先年からの村方への倹約書は、一年に両三回ずつ、村役人から小前一同に読み聞かせること。

⑦領分の村々は、一カ村ごとに田畑の持主とその小作人の名前を、木片か竹片に記入し立てておくこと。村役人が点検し、藩役人の廻村に際し、必ず書き記すこと。

⑧組の者が村々を廻村し、庄屋・年寄へ手紙を渡すので、御用日に差し出すこと。

以上の要約にあるように、直接に倹約令と関わりあるのは第六条である。しかし第一・二条ともに大庄屋層の大坂役所などへの、出張費の削減をねらい、村役人層や小前層一般にも準拠させようとしたものである。また、一村ごとに田畑の持主・小作人を記入させ、木片・竹片に書き明示させたのは、安永年間からさらに進展して、全国的にみて先進地帯と言われる河内飛地領農村に、農民層分解が進行している現実の姿を、如実に示すものと言えよう。

第三節　享和期家老大坂出張

「享和元年九月十一日〜享和二年五月二十一日　大坂逗留中日記(13)」と表題のある日記がある。寛政七年九月に襲封した石川総般のときで、筆頭家老牧　甚五兵衛が、東八太夫と水野清八郎ら三名で大坂蔵屋敷に来着し、藩の借財方の交渉や河州貢租米の売却、江戸や下館への送金の具体相が記されている。(14)

彼ら一行は九月十一日来坂した。九月二十日には京都町中からの借銀の返済が相滞ることは、大坂町中からの借財が中断することにつながるので、優先して京都町中への借銀の返済をすませた。そして一時的に中断していた大坂市中の銀主米屋長兵衛との関係を修復した。十月一日には米屋長兵衛を呼び出し、家老の牧が交渉し、借銀の返済方でつぎのように取り極めた。昨年中に米長への借銀の内、元銀と利息との返済で、銀一六二貫九五九匁三分八厘を返済したが、本年には利息として年五朱の割で八貫一四七匁九分五厘を返したい。向う三～四年間はとりあえず利息のみを渡しておく。他の借銀の返済が終了したら、その時から元銀も返済するようにしたい。また別口の借銀があり、借りた三二六貫余の元銀と利息二五二貫五四五匁二分四厘は、三十カ年無利息とし、本年分八貫四一四匁七厘三毛を返金する予定である。双方あわせて本年は一六貫五六二匁一分二厘三毛の返済となる。以上の金額は借銀の絶対額に対し、余りにも僅少であると言うべきであろう。米屋長兵衛はこの条件を受諾する代わりに、①河内の米値段が上り借銀との決済で余剰を生じても、江戸へ送金しない。②江戸表の諸役人連印の書付と、本証文の裏書を作成する。③来春には米屋長兵衛を江戸へ召し出し、藩の借銀方の労苦に報いるため、応分の待遇を与えるとの三条件を出している。(15)

十月五日になると初回の河州米の出米三七石があり、入札の結果、石代銀七五匁余で、河内屋藤兵衛が落札した。翌日、牧　甚五兵衛、水野清八郎らは白木役所へ出張する。恐らく、今後の河州領の貢租米の出米につき、領分村々と相談したことであろう。その後河州二番米から六番米まで十月三十日から十一月十四日にかけ、相ついで出米があり、それぞれ落札、換銀が行われている（表4）。六回の処分で河州米約六〇〇石弱、換銀高五〇貫七一九匁余であった。

この間、十月十二日には河州領大庄屋北村源右衛門に代官見習、金五両二人扶持を与え、以前からの米三石の扶持

表 4　下館藩河州領出米と換銀

月・日	河州出米	石当り値段	落札者	備考
10・5	初番　37.0石	75.8匁	河内屋藤兵衛	
10・13	二番　105.0	74.8	吉野屋五兵衛	
10・16		73.15	米屋伊兵衛	江戸・下館で落札
10・28～29	四番　136.0	71.85	はりまや佐兵衛	
11・11	五番　153.0	70.8	はりまや佐兵衛	
11・14	六番　148.0	71.86	米屋伊兵衛	
	糯米　10.0	74.5	戸倉屋甚助	

（『富田林市史』第 2 巻より引用）

はそのままとし、大庄屋中津原村前田忠兵衛も同様に代官見習として、金五両、二人扶持を下付、星野仁太夫は出精相勤め十人扶持を下付されるなど、現地の有力な大庄屋層、富農を懐柔し、江戸藩邸に上申する旨を申し述べている。同十五日には金三〇〇両を江戸藩邸へ、そのうち一〇〇両は下館へとそれぞれに送金しているのである。

河州領貢租米の売却換銀の問題が、一応、落着したので、十二月九日、東八太夫・東忠左衛門両人に米払出精のため、二両二歩ずつ給付する旨江戸藩邸へ申出た。彼等両人はつづいて同月二十八日、河州米の売却換銀に功労があったので、さらに金一〇〇〇疋ずつの褒賞があったと言う。また、別口で七〇〇両の借入ができたので、江戸・下館双方で合計一五五〇両を送金し、下館へは四五〇両であったと八太夫は申し述べた。同十四日に、壺井新右衛門が、去る巳年（寛政九年）借入れた借銀のうち、交渉して利下げに成功したので、藩から御紋付羽織を給付された。同月二十二日には、江戸藩邸へ合計で金二〇六五両、下館へ金五五〇両をそれぞれ送金したと、総括して記録している。

なお、家老牧は玉造口与力で砲術家阪本孫之進に入門し、砲術訓練や見学に出向き、最新の砲術につき新しい知見を得ようとした。市中の社寺その他の見物も実施して、知識を得ようとしている。藩の借銀対策のみならず大坂出張を利用し上方領を軸として、すぐれた砲術や文化を習得するのが、一つの目的であり、飛地領の存在は何かと好都合でもあった。

第四節　幕末期河州領支配諸政策

既述したように、下館藩の藩領は河内飛領が約七〇〇〇石弱と、藩領総石高の四〇%をしめていた。関東城付地領は荒廃地が多い事情があって、河内領に多くの経済的負担が賦課された。白木役所を中心とする膨大な藩借財の返済にも、一九世紀に入ってさまざまな方法を以って対応する政策がとられてくる。

すでに文政九年九月、白木役所の代官和田門右衛門、高崎丈左衛門、平井吉太夫の連名で銀九〇貫を、石川郡山城村重蔵から借用している。「旦那勝手向」即ち、藩の入用借銀としての金子であり、返済は「来亥年(文政十年)ゟ向五拾カ年賦」で以て、間違いなく返済すると述べている。[16] ついで天保三年三月には、同じ白木役所代官山中林助、和田門右衛門、高崎丈左衛門、平井喜三右衛門四人の名前で、「旦那勝手向」、即ち、藩の入用銀として金一五〇両を伊達浅之助から借用している。伊達浅之助がどのような人物かは、不明である。文面では返済のことは、元金一〇〇両につき一カ月銀七五匁の利息をつけ、半年先の「八月廿日限」で元利ともに必ず借銀を皆済すると、述べている。[17] 実際には返済のことは、河内領村々が負担するのであり、そのため「従河州領分差下候筈規定」即ち、河内領村々から決められた定法に従い、返金する旨が述べられ、中村藤吾以下四人が請人となっている。「従河州領分差下候筈規定」とは、具体的な内容が不明であるが、恐らく何らかの講の形式で、村方に負担させたのであろう。

また、天保五年二月には、藩の勘定所から藩財政の立直しのため、「年賦調達講」を発足する旨、郷中村々に下達があった。[18] 郷中で六四口と定め、初会は一口につき掛銀二〇〇匁、二会目から三〇会目まで毎会一口につき掛銀四匁ずつ相減じ、一ケ年に二回講会を開催する。一五年目に三〇講会で満会講了となる。村ごとに加入の口数をきめ、庄屋が講会に出席し、講会の期日はその時に触れ流すので、必ず掛銀を用意し、村役人でまとめ期日に遅延なきようにする。出席できぬ加入者に、一口につき銀五匁を渡すこと。かくして講満了のとき一口で五貫九〇匁となる。残りの三〇人には一口で五貫三〇〇匁ずつ受取ることになる、と言った仕法であった。そして本くじを当てた毎会の銀高の内、そのいくらかの金額は講元の世話人が預かって置き、貸付等で利益を得た金額をさらに積み金して、藩全体の借銀の返済に当てるといったシステムをとっていた。藩の借財返済の負担銀を村落ごとに口数に応じ負担させ、頼母子講の形式をとる仕法を定めていることは、領主による御用金の賦課とは違い、特定の富農・豪商や村落全体だけではなく、領地村落からの応募等を基準として広く負担させる方向を目ざしたことと思われる。知行高数万石の大名や、旗本クラスの領主層に於ても、同様な事例がみられる。摂河にわたり知行地をもった旗本竹中氏もその財政はすでに破局の寸前にあった。竹中氏は支配の村々から、領主側が借財するため年賦調達講を企てた。旗本領主であるため、比較的零細な農民からも応募させようとしたためであろうか、富くじの要素を加えた調達講仕法であった。それは銀主二七〇人を一組とし、六カ月に金三分の出銀とし、六年間一二回の払い込みであり、一人あての掛銀総額は九両であった。而も、返済は年二回の講会でおこない、一回に二二人〜二三人を当選者としこれに割り当てている。半年毎の一回の払い込総額は二〇二両二分で、割り戻し金額は六三両二分であり、うち三〇両一分は満講または二年後まで支払いを据置きとし、その差額が領主財政にくりこまれるようになっていたとされている[19]。文政年間のことであったようである。

つぎに、天保八年と推定される河内白木藩役所と下館や江戸藩邸との間の、いくつかの書状類から、河内飛地領の状況と在地側からの本国城付地や江戸邸への対応の実際について、考察をすすめよう[20]。天保八年正月は、前年十二月に前藩主総承に代わり、総貨が新藩主に就任したときであった。同年正月四日付けの白木役所代官山中常助、和田門右衛門、高崎丈左衛門から、雨森頼母以下五人にあてられた書簡には、「実々無理成才覚を以、旧蝋十八日迄不残七百両都合急而兵太夫殿迄日送り」とあるように、必要な越年資金七〇〇両を、取りあえず、送金できたことに安堵の気持ちを述べている。しかしつづいて「……種々無理成取斗を以漸々曲成御越年ニハ相成候得共……（中略）……当月より口々御返済方有之右調達方差当り心痛罷有候」と記し、早くも借財返済方への心配を記している。別に藩主総貨の家督祝儀金下賜のことがあり、江戸・下館の双方の連名で、白木役所代官高崎丈左衛門・和田門右衛門には金三〇〇疋ずつ、同代官山中吾助・高崎小早・山中熊太には金二〇〇疋を与え、倉辻兵吾には金一〇〇疋、大谷元一郎以下一〇人に弐朱ずつ、松尾九左衛門・岡山八十右衛門・平岩勘左衛門には金二〇〇疋ずつ、田中時四郎以下三人に金一〇〇疋ずつ賜わり、その上、村々庄屋一同に対し金一〇〇〇疋、郷中惣百姓へ銀一〇枚をそれぞれ祝儀金として下付し、過重な藩の借銀負担に対し、懐柔策をとっている。

正月十七日には白木役所山中森助、和田門右衛門、高崎丈左衛門の三人からの書簡には、堺表での正月五日、白木札の取付騒ぎ一件が報ぜられている。白木札はその来歴等詳細は不明であるが宝永年間白木役所が発行した藩札で、享保十六年に再発行し、寛政年間幕府の許可を得るまで、藩内の手形として通用していた。文政十一年には白木役所領内の富農たる松倉伴吾・松尾九左衛門・岡山八十右衛門・長沢佐右衛門の四人を銀札札元として、通貨と引換に責任をもち、広く近辺にも流通していた。取付け騒ぎの報告によると、同日夕方頃から、堺表で正貨との引替で混雑が始まったと言う。さらに、河内でも大勢が殺到し翌六日から大騒ぎとなり、九日ごろまで昼夜とも引替に取掛り、混雑が続いた。そのため一時的に引替えにそなえ準備金が必要で、白木役所近辺は言うまでもなく、五両・一〇両ずつ一時借りするほか、大坂商人等銀主にも一時的に融資を依頼し、一時はどうなるか心配した。結局、引替札が二〇〇〇両余りにも達し、六日夜から十日過ぎまで大混雑であったと結んでいる。この取付け騒ぎは、大坂町奉行からの触書を機として銀札等の通行方につき、再度通用禁止令が出されたのが、その騒ぎの導火点となったものである。(21) しかし、藩の財政状況のかなりの悪化が世間一般に知られていたからであろう。ひきつづき同年二月一日付けの白木役所代官の三人から、国元の衣笠吉兵衛あての書簡にも繰返し述べられている。

白木札の取付け騒ぎ後も、翌二月大坂市中で大塩平八郎事件があり、国元への事件の通報のことも記されている。四月朔日付けでは、天保七年は未曾有の凶作で大塩事件の引き金ともなったが、一般農民にも夫食の手当が必要となった。一時の凌ぎとして救米を下付したが、このままで放置もできず、荒地も増加し、本年の年貢収入にも影響を及ぼすことは必然である。そこで大庄屋たちとも相談し「郷中重立候者七拾二人へ壱人ニ付三石、弐石と弐通り」夫食米を調達させることにした。いずれも当惑難渋したが、三〇〇俵ほど集まったから当年の救米や貸付米に充当することで了承してほしいと述べている。ほかに毎月のさまざまの入用金として、三〇〇両ほど米屋長兵衛より為替を取組み江戸邸へ下したが、以降も毎月の恒例として下し金のことがふれられている。藩の財政状況が少しも改善されていないことを示す。七月になり端境期をひかえ大坂市内では米値段がさらに高騰し、小売値段一升につき三六〇匁となった。而も米穀は買人ばかりで、売人がなく、このままでは盆前には御救米が必要であり何らかの手段を講ずることが緊急事であると記している。

越えて十月二十一日付けで、白木役所代官雨森太郎朔、山中佐次右衛門、和田門右衛門、高崎丈左衛門から、国許の牧　甚五太夫以下三人に宛てた書簡がある。「……此節ニ至リ御不足金千三百両調達当暮迄廻金可仕旨被　仰付誠ニ当惑至極之義ニ奉在候爰元立義も佐次右衛門より積リ帳ヲ以申上候通之義ニ而中々不容易場合ニ御座候而……此度之調達金ハ御断申上度幸ニ丈左衛門勤番も被　仰付候間早々出府仕御断申上候より外無之様奉存候……」と、今年の財政上の不足金一三〇〇両調達は不可能であると述べている。処で、藩の来春の巡見では水分村に宿泊の予定なので、本陣等見分し手入修膳や準備も必要であるが、現在の処では不行届で叶わず、丈左衛門の江戸行も延期している現状であると報じている。つづいて十一月朔日付けで白木役所代官雨森太郎朔、和田門右衛門、高崎丈左衛門から、平井喜三右衛門、西村荒太、高田尉右衛門にあてた書簡がある。そこでは家老中から申出でのあった調達金一三〇〇両は、以前から申上げている通り、銀札取付け一件で、近年は多額の臨時金を調達している関係上、大坂の銀主から近在の銀主までも、五貫目講に加入し多大の借銀の上に、正月の銀札一件でさらに一五〇〇両余も借用の始末である。大庄屋からも調達の件は、たびたび話しに出て貰っているが、当年の社会状勢では、近辺の在村の銀主たちも出金は困難で、大変、困惑の状況で今回の融通調達は断りたいと申し述べている。しかし、家中への扶持方支給に支障があると言うので、当年の年末は大坂銀主への支払いの金子も渡さず、流用し廻し金として充てるより外は手段がない。従って年末一三〇〇両の送金の困難性を、重ねてのべている。

十二月朔日、白木役所代官雨森太郎朔以下四人から、家老牧　甚五太夫にあてた書簡には、新たな一件につき記載があった。大坂町奉行所貸付金の借受者は[22]、来年一月十二日限りで元利を上納することの通達が出された。とりあえず利息の内金二〇両を納入するが、他は延期の旨申し出た。しかし、このような僅かの金額では、受領を拒否すると言った強硬な態度であった。二十三日に町奉行所貸付金の拝借者二二人を召出し、再度、きびしい申渡しがあり困惑している。そこで、総代を通じ本度分の利息を皆納入する由申出て、やっと帰村してきた。以上の一件で二十八日から一カ村は一人ずつ惣代を差し出し、五〇両を納入するので、他は日延ししてほしいと言う気持で差し出したが、未だ帰村せず心配であると申し述べている。そして、元銀まで返還してほしいとの申出であるかも知れずと、憂えている。その結果はどうなったかは、不明である。他面、家老等から申し出の一三〇〇両を国元等へ送金のことは、十二月十八日まで五回にわたり、為替取組みの上、送金することになったと記している。五日と八日と十二日の三回にわけ二〇〇両ずつ、さらに十五日には三〇〇両、及び十九日には三六二両三分二朱と、銀四分二厘六毛と計算し送金の予定で、その内に着くであろうと答えている。一三〇〇両の金額の才覚については、不明である。

以上で煩をいとわず、書状類を中心に河州飛地側の事情を叙述してきた。天保八年の書状類は、藩の借銀やその返済の具体的な方法をめぐり、多くの問題を記している。下館・江戸両役所からの、さまざまの申し出に対し白木役所側の困惑振りや手段がない等々の返答が述べられ、破局の一歩手前に迫った藩財政の実際がよく理解される。

最後に天保期を過ぎて展開した政策をいくつか拾ってみよう。天保十五年十二月は、代官役松尾九左衛門・同高崎小早太・同雨森太郎朔と、郡代役和田門右衛門の四人の連名で、北加納村官蔵あてに「請取申銀子之事」が下達されている。(23)それは銀五貫匁藩の借財を村方へ返済するのに、毎年の年貢の中から四石ずつ年賦返済するという仕法を示したものである。領主が収納する毎年の年貢銀・米から、村方へ返済するというシステムが興味深い。而も藩の家老上牧甚五大夫の実印が押されている。

総貨のあと、嘉永二年十二月に十一代藩主総管が下館藩の最後の藩主として就任した。諸藩の財政再建政策の一つとして藩営専売制の実施があることは、周知の事実である。藩の殖産興業政策のもとで、特産物の生産を奨励した。藩領内の特産物の生産乃至流通を、藩の強力な政治権力で統制し、藩当局がその利益を追求し、困窮に陥った藩財政の再建をはかり、積極的に対応しようとする政策である。白木役所は、安政六年、領内の千早村での紙すき生産のため、その原料たる楮の生産を奨励した。(24)この頃から、千早村では凍豆腐製造を寒冷な冬季の気候を利用し、特産品として生産するようになった。「千早村御請申一札之事」(年欠)なる史料がある。(25)藩が取締仕法を定め、千早村がこれに応じたことを示すものである。(26)凍豆腐を大坂表へ出荷し売捌き、原料たる大豆の買入れ方につき取極めた内容である。村の生産者を三〇人と定め、これまで生産者が各自勝手に、干物問屋等に頼み売り捌いていたが、今回は「御産物」として、乾物問屋の河内屋治兵衛が実体《てい》の人物なので、彼にたのみ売捌きを依頼したと言う。同時に千早村の生産者仲間から二人を仲間惣代として、元入銀の拝借や荷物為替銀などを領主から給付され、荷物の出来高に応じて渡す等を取極める。藩への冥加銀のことは大坂表売上銀高の五％を上納し、これまでの問屋口銭や諸入用の代わりに、売上銀高の二％ずつを仲買へ渡すこと、及び河内屋治兵衛への給米と他の諸入用銀は、冥加銀中より支出し、村方惣代へは元の世話料が領主より下付される、と規定する。また、凍豆腐生産品は、すべて、藩の大坂近江町の蔵屋敷へと出荷し、他への横流しは厳禁する。但し、規格外れの不良品は、適宜、近辺での販売を許可する。大坂への出荷に際しての駄賃は、生産者の負担となる。この規定にそむくことは厳禁である。以上が取締仕法の大略である。しかし具体的な生産の展開や取締仕法の実施過程などは、明らかではない。なお、「文久元年辛酉九月吉日　御産物御仕入大豆買込ニ付小細ニ諸事手控帳　御仕入方年番尾花氏」[27]とある史料が残っている。千早村の生産者尾花氏が、凍豆腐製造の原料たる大豆を購入・仕入に際しての一記録である。それによると、文久元年の事例では同年九月から十二月にかけ原料大豆の九州の肥前産平戸大豆や岡大豆(豊後産カ)等、前者は一九一〇石、後者は四〇〇石で合計二三一〇石を大坂市中の虎屋伊三郎を通じ購入している。その経費は尾花氏自身の出銀のほかに、藩の蔵屋敷と年番雨森氏から拝借し、利息を含めてすべて七〇貫三二〇匁七分三厘を計上している。原料大豆を大坂市中から、川舟を通じ石川筋喜志浜まで運送し、牛を利用して運び、喜志浜の問屋市九郎に諸経費を支払うが、その際藩の蔵屋敷から援助を受けている。明治期に入っても、千早村を中心とする凍豆腐生産品は、他の生産地を圧倒して売り捌かれていたと言う。

畿内地域に飛地領をもった諸藩の物産統制の事例として、下館藩だけではなく、和泉日根郡に所領一〇カ村があった常陸土浦藩の事例がある。慶応二〜三年ごろを中心に泉州瓦の生産と流通の統制にのり出したが、大坂市場の相場の動向もあり、僅か数カ年で中止のやむなきにいたった。[28]一般的にみて下館藩の場合は所領村々への貢租の抵当借銀に始まり、領内の富農・富商のみならず京・坂市中の豪商への借銀、さらに講の形式を借りて村民一般への借財の負担・転嫁等々ばかりではなくて、領内の物産に注目し、藩権力による物産の掌握・統制により、利潤追求等による積極策に着手するに至った。これは、藩専売等により生ずる利益は僅小で、藩財政の立て直しには寄与しなかったとは言え、新政策として評価されてよい。

さて、石川総管は安政四年七月から大坂加番に就任した。一カ年間の任期を経て、翌年七月帰国するまでの一件記録がある。[29]はじめに安政四年八月、石川総管一行五名らは――家老伊藤多織、用人森川群司・平井喜三右衛門、元〆大橋又左衛門・高田主税――に迎えられ淀川筋の備前島に到着した。大庄屋松尾九左衛門・岡山八十衛門・谷　七左衛門・岡山源兵衛と御勝手方長沢定五郎・尾畑熊太郎・道田理右衛門、及び白木村庄屋藤蔵と郷惣代中村庄屋利助が出迎えた。翌三日に郷中から殿様へ献上品があり、その翌日殿様より一同へ御酒を下付したと言う。翌五年三月から藩主の名代として、家老伊藤多織が河内領を巡見した。白木村陣屋で宿泊をかさね、三月十六日南加納村から始め、寺社参詣を名目とし金剛山・千早城を訪ずれ、二十日には巡見を終了し白木村陣屋を出立している。藩主は五年七月任期を終了し、加番を交替した。離任に際して家老から「御勝手方万端色々骨折、猶此上共万事よろしく相頼候」と、藩の借財の負担方につき申伝えた。藩側からは大庄屋松尾九左衛門・岡山八十衛門・谷七左衛門の三人に対し金二〇〇疋、大庄屋見習岡山源三郎・勝手方長沢佐右衛門・尾花熊太郎・道田理右衛門四人に対し、金一〇〇疋をそれぞれ下付した。現金を下付したのではなくして、いずれも欺瞞的な「御目録」にすぎなかった(30)。藩上層部からの領知村むらへの懐柔策の一端であったと思われる。

藩主石川総管は、再度、文久元年八月から大坂加番をつとめ、翌二年に任を解かれ帰国した。八月に任期満ち交代のとき、藩主自ら河内領を廻在するという異例のことがあった。すでに家老を名代として巡見させることが異例であるのに、藩主自らが廻ることは、藩財政の危急存亡の秋に際会して、河内領に寄せる信頼と期待とが、並々ならぬものがあったと考えてよい。同年四月、藩主が白木役所の代官和田五郎太夫に「直書」を宛てている。江戸・下館の双方の借財の額が甚大となり、そのため、河州領で「大講」を発足させその調達金で引請けるとの返事で、大変有難いと申述べている。それで、翌五月、江戸・下館の家老衣笠文治・上牧衛守・高田尉右衛門・川崎藤馬・山田十兵衛五人の連名で、河内領の代官和田五郎太夫以下六人あてに「借用申金子之事」が差し出されている。それには借用金として、金一万一一五〇両という今までにない未曽有の膨大な借財が記されている。而も、本年末から向う未年十カ年賦で、毎年一二〇〇両ずつを、用達から江戸表へ廻金し弁済するが、かつてない巨額の借金であるので、必ず議定書の通り返済すると結んでいる(31)。返済の有無等は不明であるが、藩財政の破綻の一歩手前まで追いつめられている藩主を中心とした藩首脳部の、心情を現わすものと言ってよい。

第五節　むすび

以上で下館藩石川氏につき、天保年間以降を中心に、藩の諸政策と在地の対応との関係を眺めながら、叙述をすすめてきた。石川・古市両郡の下館藩領二三カ村は、藩にとり、河内飛地領として二〇〇年以上にわたり、継続して統治してきた。近世後期以降、財政難になやむ各藩は、京坂を始め各地の豪商や在地の富農などに借財したばかりか、領知の村々にも過重な負担を強制したことは、多くの場合にもみられる共通した事例であろう。下館藩石川氏の場合には、地域の住民にも親近感のある領主として、さまざまの形式で村落全体に広く負担を賦課する方法をとり、たとえば調達講の形式により、村落に負担をおしすすめてきた。幕末には凍豆腐のような領内の特産品の流通統制等で、その利益を追求し、藩財政への寄与をはかった積極策がみられる。かくして畿内の飛地は経済的な面で、藩の財政を支えるに重要な役割を果したことは、下館藩についても言うことができる。それにとどまらず、進んだ上方の文化・芸能や技術の諸方面の知識の摂取にも、畿内の政治状勢についての情報の修得にも、大きな役割を果していることを指摘しておきたい。

注

（1）伊勢神戸藩石川氏の歴代藩主の記事は、主として『河南町誌』によった。
（2）南河内郡東部教育会編『郷土史の研究』四三～四ページ。
（3）『下館市史』上巻　三九～四九ページ。河内と大坂に在住の家臣のみ、氏名を記し、下館・江戸は省略した。
（4）『郷土史の研究』四三ページ。

（5）下館藩河内領の研究については、酒井　一『河内国石川家領の貢租――日本貨幣地代成立史研究の一試論――』（大阪歴史学会編『封建社会の村と町』所収）がある。石川氏河内領の貢租を対象とした先駆的な研究である。
（6）『下館市史』上巻　四六九ページ。
（7）心学道話の開祖たる石田梅岩が、白木村にあった黒杉政胤（伊助）宅で、心学道話を講釈したと言われる（石田先生事蹟）。
（8）下館藩歴代藩主の治政については、主として『下館市史』上巻によった。
（9）『羽曳野市史』第五巻　一一四～五ページ、「下館藩倹約条目」
（10）大阪府南河内郡河南町某家筆写史料によった。
（11）『羽曳野市史』第二巻　二八三～五ページ。そこでは倹約令を、A身分規制にもかかわる衣服規制、B婚礼仏事祭礼といった生活習俗にかかわる規制、C奉公人規制　と三部門にわけて展開するとしている。倹約令は、領主からの一方通行的指示事項ではなくて、村の事情や意考を勘案しながら形を整えてきたので、年代を離れ、村が違っていても、ほぼ同じ趣旨の条項が並ぶことになると、記されている。
（12）河南町某家筆写史料による。
（13）「下館藩家老牧家文書」（学習院大学史料館所蔵文書）
（14）文中に述べたように藩河州領貢租米の売却、京・坂豪商への借財返却と新しい資金主と面談し、藩の借財先を確保するための大坂出張であったと思われる。
（15）『羽曳野市史』第二巻　一一七五ページ。
（16）『河南町誌』　三五一ページ。
（17）『千早赤阪村誌』資料編　四五三～四ページ。そこでは

印
金百五拾両也
右者旦那勝手向就要用借用申処実正也、返済之儀者元金百両ニ付壱ケ月銀七拾五匁之利足を以来ル八月廿日限元利急度皆
済可致候、為後証、仍而如件
天保三辰年三月　石川中務少輔内

山中林助㊞
和田門右衛門㊞
高崎丈左衛門㊞
平井喜三右衛門㊞

伊達浅之助殿

右之通致借用返済之儀従河州領分差下候筈規定申置候間、拙者共引請聊相違致間敷候、為其致印形候、以上

中村藤吾㊞
中村半右衛門㊞
小幡覚右衛門㊞
蜂谷勝助㊞

前書之通相違無之者也

有田半助㊞
舟木要助㊞

(18)『千早赤阪村誌』資料編　四五四～六ページ。

(19)『吹田市史』第二巻　三九一～二ページ。また、『大阪府史』第七巻　一八九～九〇ページ。「富くじつき調達講の旗本竹中氏」との見出しで、記されている。

(20)河南町某家筆写史料による。なお、原本は千早赤阪村谷　重夫家の所蔵にかかると言われているが、詳細は不明である。

(21)安永三年九月の江戸触では、「銀札遣之儀、中絶之分も願候得ハ相済候得共、向後ハ前々銀札遣致候場所ニても、中絶之分ハ銀札難相成候間可被得其意候」とあり、一旦発行が中断しても願により再発行できたが、今後は中断した銀札の再発行は、許可しない旨触れ流した（『御触書天明集成』八二三ページ）。寛政十年、重ねて同趣旨の禁令を出し、中絶した銀札は再発行できない旨再触した。しかし効果は余りなかったようである。そこで天保七年十二月、幕府は再々度の布達を下し、天保八年正月五日、大坂町奉行はつぎのような禁令を出した。「金銭札遣難相成儀ハ勿論、銀札・米札共願済之外ハ格別、其余札遣之儀者難相成事」という触書であった（『大阪市史』第四下　一一五二ページ）。

表5　下館藩領村落負債表

	金　　額	貸付村名・人数
大阪両町奉行所御貸付	銀347貫012匁	碓井・西坂田・新家・中村・二河原部・南加納・寛弘寺・竜泉・甘南備・平石・中津原・白木人数62人，外請人14人
堺町奉行所御貸付	銀11貫38匁6分	白木・南加納・寛弘寺 人数11人，外請人，村役人
多羅尾様御役所御貸付	金192両永240文	南加納・北加納両村庄屋・年寄・百姓代
大津御代官所御貸付	金1765両3歩 銀4貫	寛弘寺・馬谷・碓井3カ村庄屋・年寄
築山様御貸付	銀27貫181匁7分 金360両永237文	白木・寛弘寺・庄屋・年寄・百姓代
大阪両代官所立会御貸付	銀20貫778匁6分6厘	白木村庄屋・年寄・百姓代
竹垣様御貸付	銀34貫360匁 金446匁永208文	白木・寛弘寺・平石
石州岩田様御貸付	銀11貫205匁3分1厘	白木・寛弘寺
和州五条様御代官所御貸付	金7両1歩永199文	南加納・北加納
小堀様御貸付	金37両1歩永126文	白木・寛弘寺・平石
木村様御貸付	金505両3歩永25文	白木・寛弘寺

（拙著『前掲書』より引用）

(22)　老中水野忠邦は天保十四年上知令を発令し、江戸・大坂周辺地域の上知を命じ、下館藩河州飛地領も当然その対象となった。藩領村々は、たびかさなる御用金や調達講銀の負担のため、個人名義で各地の奉行所や代官所の公金貸付をうけていた。上知令の発令で相互間の貸借関係を整理する必要があり、調査・整理して（表5）を作成した。公金貸付金額全体も非常に多く、藩領全体の村々に及んでいる。もっとも多いのは大坂両町奉行所の貸付であり、人数は六二人、請人一四人と天保七年現在の約三倍になっており、銀三四七貫〇一二匁に達している（拙著『幕藩制の地域支配と在地構造』五二〜三ページ）。

(23)　『千早赤阪村誌』資料編　四六一ページ。

(24)　『河南町誌』三三五〜六ページ。

(25)　富田林市役所総務課旧市史編さん係所蔵錦織村田中家文書の内松尾家史料。長文であるが本文箇条書をあげておく

御請申一札之事

一当村之儀者極山中村方御座候故御田地茂手狭ニ而罷在百姓手透ニ村方幷近

村畑地出生之大豆を以年来寒中氷豆腐製法仕来候然處此度私とも製法人仲間三拾人与相定製法仕候氷豆腐大坂表売捌并大豆買入万端御取締被成下売捌代金当村御収納ニ茂仕度趣意を以御産物ニ奉願上候處右御聞済之上　御公儀様江茂御届ヶ被成下以来製法手広仕候段難有仕合奉存候事

一是迄大坂表売捌之儀者銘々手前向々干物屋共相頼売候処此度御産物ニ罷成候上ハ売捌引更人御定被成下候得ハ都合宜敷候ニ付御上様思召寄立干物商売手之者共六・七人申義被　仰付候得共其中天満菅原町拾四丁目河内屋治兵衛義者私共仲間之者年来手前向々江荷物差送り売捌為致候干物屋之内ニ至而実躰ニ取斗呉候故近年者右河内屋治兵衛方江追々相送り当時同人壱人ニ而荒増売捌罷（相成）在候間此以後御産物相（罷）成候共売捌引更人之儀右河内屋治兵衛江被仰付同人ゟ代銀取立被　成下候様奉願上候者自然右治兵衛不行届之儀御座候而ハ聊於私共残心無御座候事

一当村仲間之内治兵衛惣左衛門右両人仲間之者仲間惣代元〆（仕度事）ニ而相定元入銀拝借并荷物為替銀等右両人江向御下ヶ被　為成下両人ゟ仲間之者共江夫々荷物出高ニ応し相渡可申様可仕候事

一御冥加銀之儀者大坂表売上銀高ニ而五厘宛（江差上候）上納可仕候尚又其余者銀高ニ弐厘ツヽ是迄之例を以仲買之者江御渡可被下候引請人治兵衛給米並外諸入用銀者随御上様御冥加銀之内ゟ御出銀被成下候ニ付是迄売捌問屋口銭諸入用当相掛り候儀已来相止御憐愍之程難有奉存御冥加銀并御勘定立右之通奉承知候

附り　村方惣代元〆世話料前同様御上様ゟ御渡被成下候事

一製法仕上候之氷豆腐不残（地廻りニ而売拂可申候間）大坂近江四丁御蔵屋敷江津出し仕外方江売拂申間舗候尤（不出来之品者）出来不同御蔵入之分御売拂之差構相成候故差出し申間敷大坂出荷駄賃之儀是迄之通り私共ゟ相勤候得共大坂御蔵屋敷舗集荷之上御渡被成下代銀御引取可被成下候事

一此度於村方仲間取締別紙帳面を以奉申上置候間自然右取締相背候者出来候ハヽ御威光を以厳敷被　仰付被成下度奉願上候事

右之通り御産物御取締奉願上御取締被為　成下候上向後我儘成者御座候ハヽ製法方不相続ニ罷成候間急度御咎可被為仰付旨承知奉畏候依之右御取締御請一札奉差上候為後日依而如件

千早村

但　当年初年之儀ニ付万一可差支之儀
　御座候ハヽ、重而御可申上候以上

(26) 安政五年在地の狭山藩が凍豆腐専売制を実施したので、それにならって始めたものと思われる。
(27) 『千早赤阪村誌』資料編　五〇八～一五ページ。
(28) 拙著『前掲書』九六～一〇〇ページ、「関東譜代土浦藩の泉州飛地統治——幕末期を中心として——」
(29) 『千早赤阪村誌』資料編　三七二～九ページ、「安政四年七月　御加番一条後代寄記録」
(30) 『千早赤阪村誌』資料編「前掲史料」
(31) 『河南町誌』三四四～六ページ、「御直書」及び「証書」。「証書」についての全文はつぎの通りである。

借用申金子之事

合金壱万千百五拾両也

右者下館表御借財御取締就要用借用申処実証也、尤返済方之儀者格別之預御勘弁、当戌暮より向未年迄十ヶ年賦、毎暮千弐百両御用達共より江府表江廻金為致可申候、尤右金子之訳柄出格之預御出金御儀ニ付、假令何様之差支有之候共別紙議定書之通聊相違致し間敷候、依之為後日年賦借用証文如件

文久二壬戌年五月

衣笠文治㊞
上牧衛守㊞
高田尉右衛門㊞
川崎藤馬㊞
山田十兵衛㊞

和田五郎太夫殿
雨森太郎朔殿
和田左盛殿
和田助作殿

前書之通相違無之候付令奥印候　以上

松尾九左衛門殿
雨森猪曾治殿
牧　志摩㊞
高木権兵衛㊞
柴田藤七㊞

第五章　近世後期畿内遠国奉行の一側面
――堺奉行の事例を中心に――

第一節　はじめに

堺奉行はいうまでもなく、徳川幕府の設置した遠国奉行の一である。徳川氏は国内要地としての堺を重要視し、慶長五年関ケ原合戦後、成瀬正成・米津親勝の二人を堺政所として派遣した。(1)彼等は大坂方の動静を観察しながら、徳川氏の畿内支配をすすめていく役割をもった。慶長十九年に大坂冬の陣の開始を目前に控え、海外貿易やキリシタン関係で、実際上の経験の豊富な長崎奉行の長谷川藤広が、堺政所を兼任した。翌年、大坂の夏の陣の前哨戦で大坂方により堺は放火され焦土と化したが、戦後、長谷川とその支配下の風間六右衛門により、新しい都市計画にもとづく町割が実施された。その後、元和四年から堺奉行に就任した喜多見勝忠は、同時に摂河泉三国の国奉行を兼ね、たんに町奉行にとどまらず、周辺農村の民政を担当する広い権限をもった。都市に設置した奉行が広く周辺農民の民政を担当する体制が、寛永年間中期以降に確立されたと言われ、(2)寛永十年から堺奉行となった石河土佐守勝政は、「八人衆」の一員として、幕府の支配を畿内地域に浸透させてゆくのに重要な役割を担った。そして摂津・河内は大坂町奉行が管轄し、和泉は堺奉行が一国の仕置を委任されたのである。

石河勝政は、寛永十八・九年の寛永の飢饉に際し、寛永十九年十一月二十六日、京都所司代板倉周防守重宗をはじめ八人衆の一員として江戸からの幕府の触状を岸和田藩領に触れ流し、作柄の損亡がないのに偽り、年貢の納入しない農民に対し、籠舎に入れると警告している。(3) 勝政は正保元年末から、岸和田藩主岡部美濃守宣勝とともに、和泉の国郷帳と国絵図の作成を担当し、幕政上にも活躍した。ひきつづき承応元年からは、石河土佐守利政が堺奉行に就任した。明暦四年六月に「二十八条掟書」を堺市中に触れ流した。その内容は幕府からの法令の厳守に始まり、町屋売買、火事出火の際の処置、往還の旅人の止宿、浪人宿法度、古手売買、夜中町々往還等の社会生活の万般についての規定である。(4) その内に、堺の浜辺への漂流物の処置や、堺からの国内の方々への廻船、大坂への廻荷船の大阪川口出船以前の破損の規定等が含まれる。堺奉行の堺から谷川までの泉州海辺の巡見が、これらの条項と具体的に関連があると言えよう。

しかし堺の政治的地位は大坂の繁栄とともに相対的に低下してきた。寛文期は、幕府の全国的遠国支配機構の再編期と言われているが、(5) 寛文四年、堺周辺の幕領の支配形態が、堺奉行支配から代官支配に替り堺奉行の支配から離れ、同時に和泉の代官は京都町奉行の指令を受けることになった。石河土佐守利政のあとに、堺奉行に就任した水野伊予守元重の政治的範囲は、堺市中とその周辺の北庄・中筋・舳松の堺廻り三カ村のみに限定された。元禄元年に湊村が加えられ四カ村となった。同四年閏八月にはその堺廻りの村々も、農民の反対運動を押し切り代官支配にうつされ、(6) 堺廻り三カ村農民が市中に営んでいた農人町のみを支配するまで、縮小が続いた。同九年には堺奉行は伏見奉行とともに廃止され、堺の支配は大坂町奉行が兼任する処となった。六年後の元禄十五年には、堺奉行がもとのように復活した。しかし、復活後の堺奉行は市中以外には、貝塚願泉寺・久米田寺・施福寺の境内三カ所を支配するにすぎず、完全に町奉行的存在に位置づけられた。(7) 以後、幕末の堺奉行の廃止まで、このような情勢は殆ど変りがなかったとされている。

かかる堺奉行の実態については、享保期以降の堺の一般的な衰勢、とくに新大和川開通後の堺の地盤沈下の問題と関連づけて、定着している現状である。堺奉行は一〇〇〇〜三〇〇〇石の旗本が任命される役職で、老中の支配に属し、席順は芙蓉間詰、役料は享保期以降は四ッ物成、一五〇〇俵現米六〇〇石を支給され、役得ともいうべき別途収入が少なからずあり、旗本たちの羨望の役職であったと言う。裕福な町で平穏でもあったので、奉行職として心労も少く、功労のあった人の老後安楽の役職の対象にされたので、(8)奉行職の実務を平穏無事な、消極的な現状維持の体制を守る役職として、位置づけたものと考えられよう。

しかし、近世後半期の堺奉行の実態を、単に、平穏無事的な役職であり、旧例墨守で何らの発展性がなかったものとして把握してよいか否かは、いささか、問題を残していると言える。少くとも嘉永～安政期以降の幕末は別として、堺奉行の活動につき、史料から把えて、従来の歴史像に若干の修正を試みたい。

第二節　堺奉行の山手巡見

堺奉行の上泉地域（和泉国大鳥・泉両郡をさす）一帯の巡見につき、とりあげたい。一九世紀の初頭ごろから、堺奉行は、来任直後、すぐに市中と浜地域をそれぞれ一日ずつ巡見し、つづいて山方巡見として、上泉地域の巡見を実施した。(9)尤も、享保期ごろを中心とする巡見箇処は、中筋村牛頭天王、万代寺、家原寺、大鳥明神、草部不動、信太明神、妙見山、府中総社明神、久米田寺、貝塚、鉢峯山、松尾寺、水間寺、蟻通明神、槇尾山、牛滝山の一六カ所で、ほかに堺から谷川までの海岸であったと言う。(10)前者の一六カ所は直接に行政区域であった社寺を含めて、古刹がその対象であった。しかしそれ以外に、化政期ごろから、歴代の堺奉行がその任期中に、前述のように、大鳥・泉両郡の山手の村々を巡見したことが、史料的にたしかめられる。

文化九年三月、堺奉行の依田豊前守政明の上泉地区の巡見に際し、下達された触書がある。それは、(1)巡見に際し、道路・橋梁等の清掃を念入りにすべきで、また、新規に、休泊宿の畳の表替えや障子の張替等は禁止する。(2)巡見の

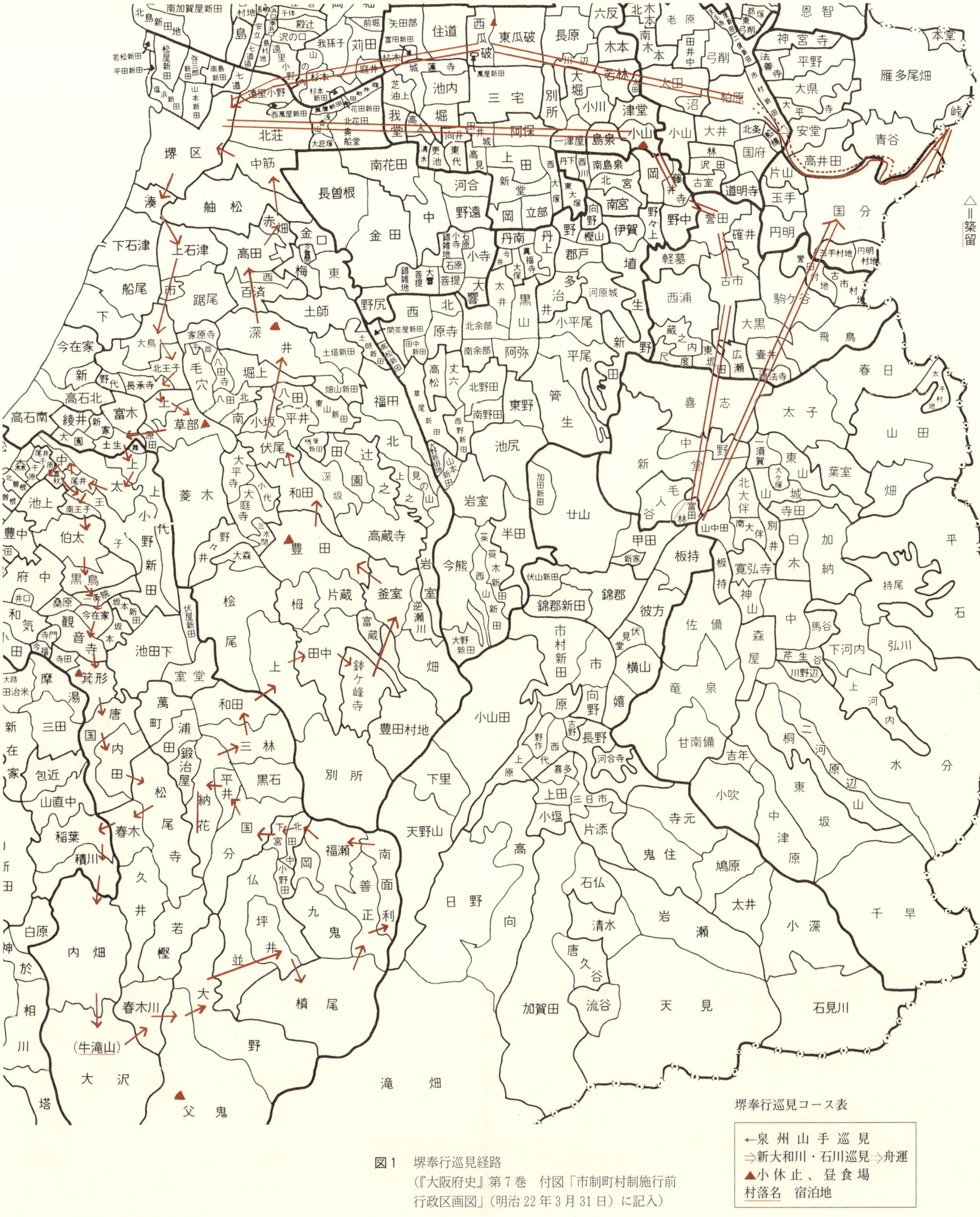

図１　堺奉行巡見経路
（『大阪府史』第７巻　付図「市制町村制施行前行政区画図」（明治 22 年 3 月 31 日）に記入）

表1　堺奉行泉州山手村々巡見

巡見年月日	奉　行　名
文化9・3・4～6	依田豊前守政明
文政4・4・3～5	松平石見守正人
文政7・閏8・16～18	水野遠江守信行
天保2・2・18～20	久世伊勢守宏正
天保4・3・9～11	矢部駿河守定謙
天保5・3・4～6	跡部山城守良弼
弘化2・10・10～12	柴田日向守康直

（『堺市史料』6幕政4「沙堺年鑑」及び堺市美木多上和田泰次家文書による。泉州浜手巡見は対象にしなかった。）

道筋にあたる河川出水等に際し、川越人足の要求を差し出さぬこと。(3)休泊の旅宿に際しては、一汁一菜を旨とし、馳走の禁止や禁酒等を徹底する。以上の如き心得書をその内容としたものであった。同時に、奉行所からの先触として、奉行一行の長持運搬に二人、両掛り荷物に三人、合羽籠七荷に七人、駕二挺に六人で合計一八人の人足が必要で、巡見先の村落で用意すべきことを命じ、さらに増人足として、与力渡辺又八郎の名前で二人の増員を要求し、村々で準備してほしいと令達している。(11) 以上の触書の形式と内容は、堺奉行のときの達書として、後年の巡見のときも同様な形式をとっている。文化九年の覚書には、宿泊所として三林村辻林喜右衛門であり、御見分所として松尾寺と国分村滝山であり、休息所として伏尾新田の惣治宅がそれぞれそれらの一部であったことが記され、巡見のコースも、宿泊・休止の村には、若干の異動はあったが、後年のものと全く大差がなく同様であったと思われる。

つぎに文政七年閏八月十六～十八日の、堺奉行水野遠江守信行の巡見をとりあげてみよう。閏八月三日に堺奉行所からの廻状では、今回の巡見では、村々の道路・橋等の破損箇所を修築し、居村の内で塀・垣等の破損し見苦しい箇処は目隠し等で囲み、後日、通行筋の見分のため役人を派遣するから、取繕うようにと布達している。閏八月十日には刻付廻状と言い、幕領・私領を問わず緊急に廻達され、触状の村への発着時刻を書きそえた、緊急度の高い触状が出ている。それには前回の触書と同様に、堺奉行巡見の通行筋の見苦しい場所の補修と、通行筋に被差別部落民等の立入禁止及び、巡見使一行の通過に際し「往来留」を命じ、一時的に通行禁止を命じていると言ったきびしい内容である。なお、奉行所からは、各村落の村境には必ず「何村領」と書き記した建札をたてて置くよう下達し、同じく刻付廻状で命じている。これらと前後して、奉行所の与力堀山権八郎の名で、以下のように触れ流している。その内容は⑴奉行巡見のとき道路・橋梁等は清掃すべきであるが、休泊の宿の畳の表替や障子張替等の如きは、新規に修理することは禁止、⑵道筋の河川等に洪水がないとき、用意のため川人足等使用することは禁止、⑶休泊に際し旅宿の食事はあくまで一汁一菜で、馳走は厳禁する。禁酒であることは言うまでもない。以上の条項は、文化九年の触書と内容が類似している。その際巡見のとき、村々で「両掛持」人足と、「合羽籠持」の人足とを二人ずつ用意せよと命じている。なお、閏八月九日、奉行の下の横田吉郎兵術ら三人は、巡見に際し村々で用意すべき人足として、長持一棹で人足二人、両掛六荷の荷物に対し六人、合羽籠六荷で六人、ほかの荷物で一四人、あわせて二六人が必要で、そのほかに夜間の提灯持で一三人をあげている。翌十日には、奉行の用達の和泉屋忠兵衛・紀伊国屋利兵衛・茶碗屋市兵衛・岸本屋次三郎らは、さらに増人足として合計二五人の用意を求め、その了解を求めようとし、先触の村継順達を令しているのである。[12]

　さらに弘化二年十月の柴田日向守康直の泉州山手巡見に際しての触書留帳がある。同年九月二十五日づけで、用達の一人紀伊国屋治郎兵衛の名前で触れ流している。これまでの用達一同の連名で下達したのを、簡素化したと言う。しかし、通行筋や休泊所、小休止所等は用達の方からあらかじめ下見として、出張する予定であると述べている。巡見の心得書として下達した内容は、⑴道筋の清掃は不必要。⑵河川の仮橋等も平常の状態でよい。⑶休泊の家屋敷の畳替や障子の張替等の修理は無用である。⑷接待に当っては、有合せの品で一汁一菜でよい。⑸休泊に際し菓子等のもてなしは禁止。⑹村方用意の人足は、先触で示した以外は不必要で、入用の時はまた差図をする。以上の内容を繰返し、その年の心得書には簡素化と、村方への負担の軽減をねらった点が注目される。そして「諸事手軽ニ取斗自然仕来ニ而取繕不致候而ハ不敬ニ相当リ如何ニ存候とも左様之儀有之候ハヽ、却而思召ニ不相叶候……（後略）」と記し、「決而無心配」くあるがままの情況でよいと強調している。十月二日付の、この地域の支配領主の一人である関宿藩久世氏の伏尾役所からも、重ねて、同様の趣旨を記している。柴田日向守康直からも、それまでの堺奉行から触書と共通する条項が多いが、「一、巡見先又ハ休泊等ニ而所々産物菓子差出候向も有之由、右者旧格ニハ可有之候得共、一切可為無用事」と述べ、休泊先での菓子等の差出し接待を禁止している条項が目新しい。また、奉行の与力斎藤甚右衛門ら三人から、巡見のときの人足につき先触を廻達して用意させているが、以前の文政七年のばあいが二六人であったに対し、一九人と軽減しているのに注意したい。尤も、夜間の提灯持は一三人で同様である。同時に与力伊藤吉左衛門は巡見筋の村々に対し、各村で、駕籠人足三人と合羽籠持人足一人と計四人の用意を命じている。一汁一菜で禁酒を厳守し、馳走接待を禁止するが、索馬のため、休泊の村方に牧草や飼葉の用意を命じている。同日に用達の和田屋平兵衛以下五人の達書には、巡見一行が通行するとき、村境まで村の役人が出迎えること、村の領境に村印のある建札をたて巡視の対象の村落を明確ならしめること等は、以前通りの同じ内容である。(13)弘化二年の巡見に際しては、簡素化がはかられ村方の負担の軽減が現われている。これは恐らく対象の村方から巡見による村方の経済的負担の増大を理由として、苦情を申し立て、巡見の継続実施に支障がある状勢が考えられたので、領主側の方で配慮した方向を打出した結果と思われる。

以上の巡見に際し対象となった村落は、泉州大鳥、泉両郡七〇カ村で都市堺に比較的近隣の村落である。そのコースは堺から熊野街道を通り、大鳥郡の村落を巡見し、泉郡に入り熊野街道に近辺の村落を経て伯太村から、松尾谷を通り、松尾寺から西へ、南郡の数カ村を通過して、牛滝山で一泊、翌日は父鬼村に出て泉郡の南部の奥地の村落を巡見、槙尾山に詣で池田谷の納花村で一泊し、大鳥郡に出て上神谷の諸村を巡見し、豊田村から伏尾村を通り、上神谷街道を深井村から百舌鳥の諸村を廻り、堺へ帰るというコースであった（図1）。また、こうした泉州山手村々巡見に際しての小休止、昼休、宿泊地はどうであったか。弘化二年の柴田日向守康直奉行のときの事例をあげてみよう。それは表2の通りである。

堺奉行は、その支配区域として特定の行政村落をもたないが、その巡見地村落は多くの支配領主を含んでいた。徳川氏代官領から始まり、御三卿田安・一橋・清水の三徳川家、関宿藩久世氏、伯太藩渡辺氏、大和小泉藩片桐氏等を始め、施福寺や大威徳寺領まで、広く異なる支配領主の村落であった。

堺奉行の上泉地方の巡見は、以上の叙述からも明らかな通り、巡見先の村落から多くの人夫を徴発して、多いときは総勢四～五〇人という規模で実施された。而も、幕府の全国巡見使・幕領巡見使の事例にならい、触書を堺奉行から下達し、実際の通行に際しては、先触を刻付触状で廻達して、村からの人夫を用意させると言った形式をとって、実行されたのである。幕府の全国巡見使・幕領巡見使は、監察事項の具体的な目標として、(1)居村民政の様相、(2)庄屋の非法その他見分、(3)一般農民の再生産構造の維持、(4)年貢の適正化、(5)御普請場・自普請場の再検討、(6)隠田摘発田畑高入等をあげ、代官支配の農民の訴願を申し出させている。また、村方帳簿たる検地帳・人別帳・年貢割付状等を始め、その他の書類の査察をうけ、それらにもとづく査問も実施されたという(14)。堺奉行の上泉地方の巡見使の場合は、こうした内容をもったか否かは不明確であろう。しかし、その目的の一として「平常有姿ヲ御見出候ニ付、其趣意可相心得」と奉行からの触書にあるように、堺に近接した大鳥・泉両郡の村柄一般を奉行として、熟知することにあったのではないかと考えられる。この場合、巡見使の派遣が形骸化した行事でなかったことは、たとえば、弘化二年十月の巡見使派遣に当り、村方の負担を軽減し簡素化の方向がとられていた事実からも明らかな処である。

表2　泉州山手巡見休息宿泊

	初日	二日	三日
建場	草部村	父鬼村	豊田村
小休	富秋村 奥野武兵衛		
建場	箕形村		伏尾新田村
昼休	稲葉村 森三郎右衛門	仏並村 池辺三郎右衛門	深井中村 外山彦三郎
建場	大沢村	国分村	
宿泊	牛滝山本坊	納花村 森武右衛門	

第三節 新大和川石川の河川巡見

享保三年七月から、堺奉行は新大和川・石川を管理支配し、河川流域の巡見を実施すると言った役目をもった。堺奉行浅野壱岐守長恒の時で、そのため組下の与力から一人を川役に任命し、のち与力を二人増員し、同心二名とともに河川支配・巡視の実務を担当させた。この時の川方与力は上条文右衛門、川役同心は柏木仁右衛門・羽根田忠太夫の二人であった。(15) 享保初年の時期は、いうまでもなく、幕府の河川支配行政の上で、大きな変革のあった時期であった。すでに、川奉行が貞享四年に設置され、大坂町奉行の川筋支配が決定されている。その範囲は淀川・木津川・大和川・石川等を中心に摂州河州枝川筋不残という広い範囲のもので、城州にまで及び広い地域であった。のち、享保三年と元文二年の両度に改正があった。具体的には享保三年では城州を基準としてみた場合、宇治川淀小橋までと木津川淀大橋までは伏見奉行、淀川大坂川口までは大坂町奉行、新旧大和川及び石川は堺奉行が管理することになったとされる。(16) 堺奉行が河川支配に関係をもつことになったのは、近世中期以後の畿内を中心とする幕府の河川行政の複雑化・多様化のなかで、新しく職務分担の一部を担うことになったことであり、宝永元年に新大和川が開通して堺の北部で大阪湾に入ることになった現実と、無関係ではなかろう。堺奉行がその行政区劃たる堺市中や、また和泉国とは離れ、南河内の村落と接触をもつようになったのである。

享保三年八月堺奉行から現地の石川筋の新町村への触状によると、川筋堤以外にある田畑や人家等については、河川の水行の妨げになる箇処は、古田・新田ともに耕作を禁止する。その他の箇処は従来通り作付してよい。川筋で河川の水行の妨げになるべき処は、追って吟味調査した上で申し渡したい。以上の内容の触書を触れ流している。(17) 約一カ月あとの同年九月二十一日付の堺奉行の川役与力上条文右衛門の触状によると、石川筋の漂流物の処置につき大坂町奉行と相談した上で、人や牛馬等が漂流してきた場合は、大坂町奉行へ届け出て、その処置をまつこと。そのほかの竹木類等については堺奉行まで申し出よ。堤奉行まで訴願することは、是迄通り訴願した上で、堺奉行へもその旨申し出よと、村方へ申し渡したので、以上のことを、重ねて堺奉行から周知させよとの事であるから、改めて触れ流すという内容であった(18)。堺奉行の分掌する職務につき確認させることを目的としたものであった。同年閏十一月十九日付けで、上条文右衛門から石川筋の国府村から富田林村までと、玉手村から山中田村までの両岸の村々の村役人あてに、石川筋川掛りの村々で出火したとき、その村から堺奉行所まで届けることを申し渡している(19)。

川方役人としての堺奉行の活動の実態については、安永四年五月、奉行石野筑前守範至のときの、川筋巡見に当っての触書及び道筋と、与力の添書がある。これらについて述べてみよう。安永四年五月十八日から二泊三日で新大和川筋・石川筋の奉行巡見が始まった。実施に先立ち奉行触状が出されている。それは、(1)このたびの両川巡見につき、道・橋の清掃のほか新しく修理し、休泊のときの宿畳の表替、障子張替等新規の取繕は禁止する。(2)与力同心や家来等の休泊は一汁一菜で、馳走や酒の饗応等は禁止。(3)奉行や与力への音物は一切厳禁する。以上の内容であった。そのほか、奉行石野筑前守内の原田左次馬は、先触の形式で一行の荷物等の運搬のため、長持一棹の村人足三人、供駕籠一挺の村人足二二人、夜間の提灯持七人で合計三二人の村人足の用意を命じ、以上のほかの入用はまた申し述べるので、自分に連絡せず馬・駕籠人足等を差出すことは禁止すると述べている。また、組与力掘山多太夫は添書し、このたびの巡見に際し、奉行所家来与力・同心一同の接待については、一汁一菜を守り、飲酒を厳禁し、馳走がましいことを用意しても差戻すので、触状の旨をよく守ることと廻達している(20)。

つぎに五月十八日から実施された大和川筋・石川筋の巡見のコースを記述したい。五月十八日朝六ッ時に奉行所を出発し、花田口より長尾街道を通過し、両小山村で小休止する。それから藤井寺・誉田・古市の各村で休息しながら、富田林村に至り、ここで宿泊する。翌日、石川の対岸に渡り東堤に出て、通法寺・壺井の各村で小休止し、国分村で昼休みとなる。大和川を対岸に渡り北堤に沿い峠村まで行き、立野から船に乗り大和川を下り、築留で宿泊、三日目は新大和川北堤を通って西瓜破村で昼休み、ひきつづき西進し堺の北の大和橋まで巡見して奉行所へ帰ったのである(21)（図1）。年により、宿泊所休止の村につき若干の相違はあったと思われるが、略々同じコースであった。

以上の叙述から明確な通り、堺奉行の大和川・石川の両川筋の巡見は、毎年つづけられ幕末期に到ったようである。享和二年六月の河内狭山藩領の「河州錦部郡錦郡村明細帳」・「同郡彼方村明細帳」には、堺奉行・与力衆らの石川筋巡見につき、つぎのように記述している。前者には「一、川筋御支配、堺御奉行様毎年春夏秋三カ度ツ、御見分御座候、幷苅捨御断四、五、七、九月、年ニ、四ケ度ツ、罷出候(22)」と見え、堺奉行が毎年三回にわたり、川筋見分のため現地へ出張することを記し、河川の通水をよくするため、年に四回、川中の草木の苅捨を行うことをのべている。また、後者には、「一、西条川筋堺町御奉行懸ニ而毎年春秋与力衆見分有之候(23)」とあり、前者と記事の相違はあるが、石川の上流たる西条川に対しても、毎年、春秋の二回、堺奉行の与力衆の現地見分があることを伝えている。

在郷町たる富田林村の富商たる仲村家は、幕末期に商家としての家日記を残している。「仲村家年中録」と言われる記録がそれで、文政十一年に始まり、安政五年にわたる何カ年分が残されている。元禄期以来、代表的酒造家として発展し、富田林村の名家でもあった同家の記録日記には、在郷町商家の日常生活の多方面についての実際を、窺い知られる好記録でもある。而も、そこには、河南地域をおとずれる知識人以外に、幕府の代官・奉行や与力同心衆の、同家に立寄った記録を残してくれている。堺奉行や与力等の石川筋巡見に際し、同家の記録を拾ってみたい。

天保十年四月十二日に堺奉行の与力で川役の岸市九郎が、石川筋巡見に際して仲村家に宿泊している。同家の奥座敷に岸市九郎がとまり、中座敷・大床之間に同心衆と供廻りの者が宿泊したとある(24)。同十四年四月十日には、堺奉行の伊奈遠江守忠告らが石川筋巡見のとき、小休止のため立寄っている。仲村家では一行を、奥座敷・中座敷・大床之間・玄関等に調度品をかざり、迎えたことを記している(25)。嘉永元年八月二十二日には、堺奉行中野石見守長風が石川筋巡見のとき、仲村家が小休場となった。尤も、この時には、杉山家や杉本藤兵衛家もその対象となったが、郷宿の紀伊国屋十助から是非仲村家にという事で、休息場として引請けたという。この時も奥座敷や中座敷、大床間にそれぞれの道具調度品をならべ、一行を迎えた。与力岸一《(市)》九郎のほか同心衆があり、一行はすべて五〇余人を数えた。同心から「御茶料」という名目で一両の下賜があった[26]。嘉永三年八月十五日には、堺奉行石谷因幡守穆清一行が、石川筋巡見に際して、その休息場となった。今回も仲村家には取込みがあるとの理由で辞退したが、やむを得ず引受けた。今迄の慣習で、奥ノ間・中座敷・玄関と調度道具を揃えて、一行を接待した。組与力岸一九郎と同心衆らをあわせて五〇人余りを数えた[27]。嘉永七年四月には、堺奉行川村対馬守修就が、大和川・石川巡見で出張し、錦郡村で小休止し、富田林村では、仲村家で休息という道程であった。以前からのしきたりで、奥の間・中座敷・大床の間・玄関などに道具・調度品をならべ、一行を迎えた。川方与力伊藤弘助と同心衆、近習等供廻りの者ですべて四〇余人であった。以前からの先例通りで、金壱両を村方へ賜わった[28]。一行は、古市村から乗船し堺へ帰ったという事である。このことは、巡見の行程が、かなり簡略化されたことを物語る。このようにすでに、享保期から幕末嘉永の末期ごろまで、堺奉行が新大和川・石川筋を巡見し、和泉国以外の他国の川筋を検分し、富田林村の仲村家等に宿泊や休止するということがみられたのである。

第四節　むすび

以上で堺奉行の上泉地方の山手村々巡見と、大和川・石川等の河川支配による南河内地方への川筋巡見につき、略述してきた。前者は化政期ごろから弘化期にかけ、泉州大鳥・泉両郡の農村約七〇カ村以上を対象とし、その村柄を認識することを一つの目的としたものであった。堺市中との近接地域の地方行政に関心をもち、掌握しようとする方向を示した。後者については、すでに享保初年からの幕府の河川行政の多様化にともない、川筋支配という形態で、大坂町幕行とその職務分担を協議調整しながら、すすめられた。担当の河川を通じ、それまで関連のなかった他国の農村地域と接触をもち、河川行政の一端を担った事実を指摘してきた。前者と相違して村柄を掌握することを第一義としたのでなく、河川の水行の監視、水行の妨害の除去等の目的をもったにせよ、広く農村地域と接触をもったことは事実であった。前者は、堺奉行の発意の内から、恐らく出たものであろうし、後者は、幕府の河川行政の職務分担の内で出現した事実であった。これらの方向は、ともに町奉行的な日常の市中行政とは違った次元の政治に、関与することに考えた結果でもある。今後は、近世後期の堺奉行の市中行政の実際を分析し、関連する農村地域の政治社会の動向を考察する内で、綜合的に考察を進めていくべきであろう。ともあれ、近世後期の堺奉行の政治活動の一面として、その事実を紹介するにとどめておきたい。

注

（1）幕藩初期の堺奉行は「政所」「代官」という呼称が使用されていることが多い。歴代堺奉行については、「歴代奉行表」（『堺市史』第三巻　一八七～九〇ページ）。なお、中田易直校訂『糸乱記』（『日本史料選書』一七巻）の巻末、「堺奉行一覧」が便利である。

（2）『堺市史続編』第一巻　五二七～八ページ。

（3）『泉佐野市史』五二九ページ（史料編藤田家文書）。午霜月廿六日とあるが、恐らく寛永十九年十一月二十六日のことと思われる。

（4）『堺市史』第五巻　二八一～八ページ。この二八カ条掟書は奉行で代々筆写して伝えられ遵守が要求された。ここでその綱文をのみ記しておく。①公儀可相守御法度之事　②訴訟対決之輩臨評定場事　③町屋売買之事　④切支丹宗門御制法之事　⑤売掛買掛之事　⑥質物取置出入之事　⑦諸証文之事　⑧火事出来之時之事　⑨町屋買立建立新寺之事　⑩往還之旅人一宿

之事　⑪死後之書置披露之事　⑫親子兄弟等久離事　⑬問屋江入置荷物之事　⑭博奕停止之事　⑮従他所誂鉄砲可記員数事　⑯町屋作事之事　⑰牢人之事　⑱自身番之事　⑲古手商売之事　⑳夜中町々往還之事　㉑町以手形女江戸へ下事　㉒芝居見物之事　㉓傾城町幷揚屋之事　㉔無主諸道具拾物之事　㉕浜辺流寄諸色之事　㉖従堺方方々廻船之事　㉗大坂江廻ス荷物川内ニ而破損之事　㉘好婬悪酒所等へ参不行跡之事

(5) 藤井譲治「家綱政権論」(『講座日本近世史』第四巻「元禄享保期の政治と社会」) 六一〜三ページ。

(6) 森　杉夫「老圃歴史」㈠(『堺研究』第九号　七六ページ)には、「御預リ所御代官所ニ成候聞江有之ニ付、江戸御勘定所訴訟之所、御呵品々罷帰候様被仰付候、七月三日帰村」とある。

(7)『堺市史』第三巻　二二二〜三ページ。

(8)『堺市史』第三巻　一八四〜五ページ。

(9)「堺市史史料」六、幕政四「沙界年鑑」等堺奉行関係の史料による。(堺市立中央図書館所蔵)

(10)『堺市史』第三巻　二三〇ページ。

(11)「文化九年申七月、御役所江御断書幷為取替一札写、堺御奉行様就御巡見後規録定書」(堺市美木多上、和田泰次家文書)及び「文化九年申三月、御順見御先触留帳」(所蔵家は前に同じ)による。

(12)「文政七甲申壬八月吉日、堺御奉行様御巡見廻状□泉州江御先触幷諸廻状留」(和田泰次家文書)には、巡見に際しての触書、廻状等くわしく記録している。

(13)「弘化二年巳九月、堺御奉行柴田日向守様泉州山手御巡見ニ付御触書留帳」(和田泰次家文書)。この史料は本文中に叙述したように、記事内容に於て、それまでの文章と対照して相違する内容をもっている点に、注意すべきである。なお、巡見先の村落名を記入せず、建場・休止場・昼食場・宿泊所の名称が、具体的に記載されている。以上のほか「天保二夘年二月、堺御奉行様御巡見ニ付諸廻状幷御先触人足書覚帳」(和田泰次家文書)がある。内容については文政七年壬八月の前掲史料と、形式・内容等に於て同じものが多い。巡見先の村々の名称も記されている。

(14) 大館右喜「江戸幕府の諸国・御料巡見使について」(『徳川林政史研究所研究紀要』昭和四八年度)二二五・二二八〜九ページ。

(15)『堺市史』第三巻　一九八ページ。『羽曳野市史』第五巻　三一〇〜一ページ。

(16)　村田路人「近世摂河における河川支配の実態と性格――堤奉行と川奉行を通して――」(『ヒストリア』八五号)。のち、同氏著『近世広域支配の研究』に集録。本文に叙述したように堺奉行内の川方役所は、石川・大和川の河川支配を行っていて、その実質的部分を担ったのは、堺町人の川方役所出入の川筋用達《ようたし》であった。川筋用達は川方役所の意思の両川沿岸村々への伝達、堺奉行が川筋巡見を行う際の世話、石川・大和川筋の水論の調停などを行っていた。村田路人氏は「奉行所用達の諸機能について――堺奉行所川筋用達の分析を通して――」(『花園史学』)一二号、のち改稿されて同氏著『近世広域支配の研究』(前掲書)として、具体的に分析されその実際を明らかにされた。

(17)・(18)　享保三年八月「堺奉行触状」享保三年の九月二十一日「堺川役与力触状」(『羽曳野市史』第五巻　三〇ページ)。なお、後者については、「堺市史史料」五七、土木六の「大坂城代大和川巡見手扣」に

　石川大和川

　一、竹木筏之類者堺御支配

　　但変死幷劒先舩難舩其外大坂捌

　　(大和橋下者堺
　　 松屋新田川中ゟ南之儀者堺)

　一、三月下旬ゟ用水引　　堺江断出

　　川中草木苅捨断

　一、四月五月七月九日　　堺江断出

とあり、大坂町奉行と識務の分担につき協議の上決定したことが記されている。

(19)　『羽曳野市史』第五巻　三〇六ページ。

(20)　『羽曳野市史』第五巻　四、街道と水運3河川と堤の支配19「国役堤・大川筋支配一件控(抄)」三一二ページ。

(21)　『羽曳野市史』第五巻「前掲史料」三一二〜三ページ。

(22)　『富田林市史』第四巻、近世之部Ⅰ村勢一、享保二年六月「錦郡村明細帳」一九八ページ。

(23)　『富田林市史』第六巻、Ⅷ補遺、三、享和二年六月「彼方村明細帳」三二二ページ。

(24)　『大谷女子大学資料館報告書』第一四冊『仲村家年中録』㈠(山中浩之氏解題)一〇ページ。この時は経費七拾九匁壱分

弐匣と庵料三拾匁を必要とした。

(25)『仲村家年中録』(一)　二九ページ。この時の経費は不明である。

(26)『仲村家年中録』(一)　八一～二ページ。各部屋の調度品や接待の茶菓等につき記事が詳細である。

(27)『仲村家年中録』(二)　四七～九ページ。前年と同様に接待の具体的な記事が細かに記載されている。また、諸経費等につき「此度相改、席料諸入用共御上ゟ被下候外金壱両被遣候様同人取斗致、再三頼越候ニ付、右入用ニ（助試）不拘、不得止事仕合承知致。（下略）」とある。

(28)『仲村家年中録』(三)　四七～八ページ。

第二部　幕府撰国絵図・国郷帳の基礎的研究

第一章　天保国郷帳・国絵図の調進と在地村落
——御三卿上方領を中心として——

第一節　先学の諸研究と問題点

江戸幕府の諸国国郷帳・国絵図の調進事業は、現在までの処、諸先学の研究によると、慶長九年（一六〇四）、寛永十五年（一六三八）、正保元年（一六四四）、元禄九年（一六九六）、及び天保二年（一八三一）の五回にわたり実施された。五回にわたる事業のうち、最終回の天保期の事業については、正保・元禄期のそれに比して、発表されている業績は必ずしも多くない。杉本史子氏の言葉を借りるならば、天保期の事業の特色として、以下の三つの点にまとめられると言える。すなわち、①それまでは国絵図・郷帳がワンセットとして同時提出であったが、天保期は郷村高帳の提出が最初に命ぜられ、提出後に国絵図の改訂があった。②それまでの仕法は、各国の領主が国絵図・国郷帳を完成させ、幕府におさめられたが、天保期では、清帳や清絵図は、各領主から提出された領分限りの郷村高帳をもとに、幕府の手で一括作成され、また、国絵図の方は、領主が元禄国絵図の写に懸紙で変更箇処を示し、幕府はそれにもとづき清図を完成するというプロセスをとった。③正保・元禄期はいずれも拝領高（朱印高）の記載が要求されたが、天保期では、拝領高と新田改高が要請され（実高）、その上で見取場・反高場・流作場・林等の書き出しを求めた。以上の三点に要約される。(1)

さらに、天保国郷帳・国絵図についての、諸先学のいくつかの研究の内容と、その問題点を紹介したい。

最初に川村博忠氏「天保国絵図・郷帳の成立とその内容」[2]があげられる。天保国絵図・郷帳の成立過程とその内容の特色を解説し、事業の性格を考察した最初の本格的研究とも言うべきである。天保二〜三年の数回の幕府の通達があり、諸国生産力の実情を知り、実高にもとづく調査が目的であったと述べられる。諸藩の対応として、秋田藩と長州藩の場合を明らかにし、秋田藩では独自の徴租法、石高の問題と凶作中で一揆の可能性等をあげ、郷村高辻帳を以て郷村差出帳にかえたいと願出で、幕府との数回にわたる交渉の結果、やっと元禄郷帳をもとにその後の新田高を書き上げ、済ませたと言う。長州藩の場合は、一村ごとに丹念な調査を実施し、村高・国高を書き上げるという手続きは、幕府からの再三の督促で変更した。江戸藩邸から寛政四年に国目付に指出した石高八九万四二八二石を書き出すよう指示あり、各村の調査集計実高を二度にわたり修正したが、結局、総石高を寛政国目付提示高たる八九万四二八二石余として提出した。かくして、天保五年ごろまで諸国の高帳が揃ったが、諸国生産高の正確な台帳とならなかった。国絵図も天保六年十二月の改訂通知で始まり、天保九年すべて完了する。元禄以来の変動箇処に懸紙をかけ修正提出した。元禄国絵図に比較し、絵図目録末尾の記載が一律的なのが、その特色とされる。幕藩封建体制の立て直しのため、幕府が最後の力をふりしぼった事業であったと結論されている。

藤田覚氏「天保国絵図の作成過程について」[3]は、全国各地に残るいくつかの天保国絵図の製作過程の事例につき、紹介考察を加えたものである。たとえば、毛利藩の防・長両国や、前田藩の加賀・越中・能登三国の事例、南部藩の陸奥国、島津藩の薩摩・日向両国の場合など、いずれも、幕府の渡した元禄国絵図に対し変地の箇処に、懸紙による訂正をはりつけ、彩色も簡単にし差し出されたと述べている。また、作成過程が文献史料の上から具体的に考察できる新発田藩や、仙台藩の場合は、藩と幕府担当者との交渉経過を中心に、記述している。両藩とも幕府の申し渡しに対し、さまざまの疑問点が出され、幕府の指示をうけながら、簡易な調査でよいから「御渡絵図」と相違する箇処に、懸紙で異同のみを照合し微細を示さず提出したと結論をされる。結局「至而御手軽」の調査で終ったとされている。

以上の諸研究に対し、杉本史子氏「国絵図」がある。[4] 主として江戸幕府の「元禄」「天保」両国絵図の事業経過とその性格についての、総括的な考察である。天保国高調について言えば氏は、天保国高調の有高（拝領高と改出高・新田高）の記載は、国役金徴収の基本台帳の数値として位置づけられるとし、高外地や御林地記載の意味は、高外地は「公儀」であるという幕府姿勢が示されていると述べる。なお、天保国絵図の作成の時期は、幕府にとり北方図・海辺図・諸街道図・江戸図・世界図さらに伊能図のような、さまざまの日本全国絵図が作成された時期でもあった。それは、空間把握の一つの歴史段階に到達した時代でもあると、結論づけられる。杉本氏は既述したように、「天保国高・国絵図改訂事業の基礎過程」なる論稿で、国高調査につき、天保二年十一月と天保三年四月の幕府法令、天保三年七月の法令等を中心に、詳細に追求している。そして作成の目的と諸藩の対応を記し、代官等を先頭とした高外地への注目、新田可能地の書上げが、天保国高調査の特色であると強調される。国絵図改訂の場合も、天保六年十二月の二種類の改訂の法令にふれている。各国の状況として、関東の武蔵・下総・上総・安房の諸国につき検討し、幕府の四代官が担当した武蔵では、天保七年六〜八月にかけ指令が下り、代官が部下とともに廻村したと述べる。下総では関宿藩と代官が協力し現地を廻村するなど、両者が共同で当り、廻村先の村々から村絵図を提出させている。関東地域の事例につき、村落レヴェルまで検討を深めていることは、興味深い。

小野田一幸氏の「天保郷帳・国絵図の改訂調査とその問題――近江国の事例を中心に――」（『千里山文学論集』三九）は、近江の蒲生郡の三旗本の入組地たる一村落に於て、幕府法令をうけ現地の取調べの中で、枝郷の問題と入組の寺地をとりあげ、現地の戸惑いと困惑につき述べている。[5] 国絵図改訂につき、村絵図作成調査の内容に及んでおり、「郷」という一単位や近隣村の合議制により実施され、国絵図取調所へ差し出されたとされている。

以上のような諸先学の研究に立脚して、拙文は、幕府担当者同志の意向や、幕府と国々の担当大名、また担当大名相互間の対応や交渉を対象とするのではなく、主として領主と現地村落との関係にまでほりさげ、領主の指令と領知村落側の対応を眺めてみたい。従って、ここでは国郷帳の領主別の領知高や国高等高の内容や、国絵図の記載内容等にあらわれた実際を対象とするのではない。具体的には「非領国」の一事例として、御三卿の上方領の村落史料を素材としてみてゆきたい。そして、天保の国高調査と国絵図の調進が全国的に実施されるが、それが、天保改革のときの御料所改革につながる一面をもつことを、検証してみたい。

つぎに対象とする御三卿の上方領、とくに一橋徳川家の泉州領と、清水徳川家の泉州・播州領の分布につきふれておこう。

周知のように、吉宗将軍の四男たる一橋宗尹は、延享三年九月九代将軍家重から、田安宗武とともに一〇万石の領知を下賜され、それは、翌年、播磨国印南・加東・加西・飾西・多可・揖東の六郡で六四カ村、二万〇九九〇石余、和泉国大鳥郡・泉郡の二郡で五四カ村一万八五五〇石余、下総国葛飾郡・結城郡の両郡で一三カ村四三八五石余、甲斐国で三万石、武蔵国と下野国で二万九二〇二石余の領知であった。その後、寛政六年九月、甲斐国の領知三万石余は遠江国に移され、ついで文政六年七月、遠江国一万石を摂津国へ引替えられ、同十年十二月には遠江国の残り二万石余も、武蔵・下総・下野等の一万石とともに摂津・備中・越後の三カ国に移された[6]。和泉国の一橋領知は、大鳥郡九カ村、泉郡四一カ村、二新田・二出作であって、当初はこれらの村々を、大鳥・信太・浜方・府中・下村・万町の六向寄に分けられていたが、のち、大鳥・信太・下条・府中・山方の五組に再編された。個々の組村の村名や村高は、表1の如くである。

清水徳川家は、九代将軍家重の次男重好にはじまる。将軍家治は宝暦十二年五月、領知一〇万石を武蔵・上総・下総・甲斐・大和・播磨・和泉の七カ国で下賜した（表2）。ところが、寛政七年七月、重好が死去し嗣子がないので領知は収公されたが、将軍家斉の一三男斉明が、文政六年十月あとをつぎ、再度一〇万石の領知を与えられ清水徳川家は復活した。領知の内訳は、武蔵・上総・上野三国で五万九四二六石余、大和一万八六九五石三六九四、播磨一万八一八〇石五八一八、和泉一万四〇二〇石八三九四五、計一一万〇三三二石余となっている（表3）。泉州領清水領知は、一橋領知と同様にいくつかの組村に分れ、上・浜・山方・山直（南郡）の四組があったらしい。天保四年現在では、表4の通りである。播州領の加東・加西両郡の清水領知の村名・村高については、同じく表5で示した。

表1 泉州一橋領知の村名・村高（天明2年）

組	村名	村高
大鳥組（九カ村）	草部村	石 154.4290
	菱木村	1361.2342
	長承寺村	586.7800
	原田村	362.4710
	大園村	269.9880
	南出村	206.3496
	新家村	148.8214
	冨木村	737.3380
	土生村	140.4900
	小計	3967.9012
信太組（一〇カ村）	上代村	334.1170
	千原村	185.6371
	冨秋村	194.8160
	尾井村	215.0370
	中村	409.1712
	王子村	322.5428
	太村	424.2120
	上村	332.1180
	舞村	31.8560
	綾井村	93.3760
	小計	2542.8831
下条組（一一カ村）	二田村	250.1027
	宮村	95.2590
	池浦村	486.6010
	辻村	125.8580
	穴田村	78.3720
	長井村	287.8700
	虫取村	257.6800
	南曾根村	179.3963
	北曾根村	184.1084
	森村	292.3959
	森村	101.8040
	小計	2339.4473
府中組（一一カ村）	府中村	石 1327.0586
	軽部出作	94.8118
	府中上泉	52.5670
	忠岡村	1001.23937
	下馬瀬村	68.9506
	小田村	714.7824
	観音寺村	239.8945
	上馬瀬村	107.2850
	宮村	138.7180
	黒鳥村	306.5510
	南王子村	143.1330
	小計	4194.99127
山方組（一三カ村）	池田下村	1359.6125
	寺門村	111.9700
	万町村	617.4370
	今福村	129.6420
	箕形村	469.6713
	寺田村	210.1793
	内畑村	1230.9491
	浦田村	418.1130
	伏屋新田	66.2100
	坂本新田	46.7050
	坂本村	490.5925
	桑原村	136.2260
	今在家村	314.9283
	小計	5602.2360
合計		18647.45887

（『高石市史』第1巻より引用）

表 3　清水領知(B)（文政年間）

国　名	石　高
武　蔵 上　総 上　野	59,426石余
大　和	18,695 〃
播　磨	18,180 〃
和　泉	14,020 〃
合　計	116,580 〃 (110,322)

（高林家文書「覚書」による）

表 2　清水領知(A)（宝暦年間）

国　名	石　高
武　蔵	10,902石余
上　総	12,821 〃
下　総	16,553 〃
甲　斐	20,545 〃
大　和	14,875 〃
播　磨	13,571 〃
和　泉	10,917 〃
合　計	100,213 〃 (100,164)

（『高石市史』第 1 巻より引用）

表 4　泉州清水領知の村名・村高（天保 4 年）

組	村　名	村　高	組	村　名	村　高
		石			石
上	下石津村	1074.68800	山方	善 正 村	137.04500
	上石津村	1213.74700		南面利村	128.68800
	赤 畑 村	351.73500		福 瀬 村	311.70200
	夕 雲 開	289.90700		岡　村	88.52100
	大 鳥 村	717.22875		北田中村	205.03800
	野 代 村	190.87000		仏 並 村	413.27800
	新　村	217.16900		坪 井 村	236.17600
	市 場 村	342.44780		大 野 村	205.03600
	一条院村	231.07800		父 鬼 村	135.97800
	小　計	4628.87055		若 樫 村	332.87000
浜	高石北村	573.49360		大 沢 村	441.69800
	高石南村	1354.64200		小　計	2812.15170
	助 松 村	815.50910	南郡（山直組）	積 川 村	314.00640
	蓮正寺分	70.19710		中　村	460.60810
	大津出作	49.27440		稲 葉 村	670.82560
	宇多大津村	688.07160		包 近 村	226.36090
	肥子出作	59.57320		三 田 村	898.14820
	小　計	3610.76100		摩 湯 村	399.10700
	三 林 村	177.12170		小　計	2969.05620

（『高石市史』第 1 巻より引用）

表5　播州加東・加西両郡清水領の村名・村高

郡	村名	村高	郡	村名	村高
		石			石
加東郡	河合中村	790.01300	加西郡	下若井村	504.37800
	下曾我井村	468.22800		上万願寺村	424.51400
	上曾我井村	375.29200		下万願寺村	249.52000
	野村	160.68480		東鴨谷村	168.73200
	社村	994.77800		西鴨谷村	308.44000
	西古瀬村	820.41800		小計	3222.21100
	小計	3609.41380		東南村	169.14400
加西郡	常吉村	385.34500		西南村	336.33800
	繁昌村	989.81500		野条村	128.94800
	別府村	701.37500		琵琶甲村	122.18800
	又蔵新田	9.85400		東長村	117.41300
	九兵衛新田	6.41300		玉野新家村	68.84300
	牛居村	146.70000		西野々村	264.57800
	田原村	125.68800		池上村	269.34500
	上野村	426.44200		満久村	307.86900
	東笠原村	335.83700		嶋皮多	164.68400
	野田皮多	178.75000		篠倉村	314.24600
	西長村	249.58200		桑原田村	367.40100
	中山村	93.90800		河原村	293.83700
	大柳村	91.66000		五領新田	25.53700
	中西村	159.89000		朝妻村	706.52500
	戸田井村	192.39100		豊倉村	527.64300
	段下村	160.01300		鶉野新家村	190.87100
	東劔坂村	742.94800		下宮木村	240.43700
	小計	4996.61100		玉野村	552.44600
	南殿原村	255.50900		都染村	474.70200
	殿原村	486.05400		中野村	458.68400
	大内村	320.74900		大村	255.95300
	佐谷村	319.05500		小計	6357.63200
	上若井村	185.26000	合計		18186.26780

（山崎善弘「近世後期における領主支配の転換と取締役制」関東近世史研究会編『近世の地域編成と国家―関東と畿内の比較から―』）

第二節　国高調査への幕府法令

天保の国高調査についての幕府側の指令につきながめてみる。この点については杉本氏子氏の論稿に要領よく整理されており、それを参照しながら略述したい。天保二年末から四年にかけ、国高調の法令が下達されたが、天保二年十一月と同三年四月の法令がもっとも基本的なものであると言う。それらと関連して出された指令があり、注目しながら述べてみたい。天保二年十一月の法令は老中水野忠成と、勘定奉行村垣定之が下達した。その条文は左の如くである。[7]

　諸国惣御国高之儀、元禄享保之度御調有之候処、年暦(幕本作歴)も相立増減も可有之儀ニ付、猶又此度取調被　仰出候ニ付、銘々一領限村高ハ(帝本作一)村毎ニ認分、御朱印地寺社領除地共認出(加)、並新田高之分も廉限に取調、早々御勘定所江可被差出候、委細之義者、御勘定奉行江可被談候
　右之趣、万石以上以下領分知行給地有之面々並寺社領共、不洩様可相触候
　　右之趣可被相触候
　　　十二月

　条文の要旨は、諸国惣国高のことは元禄と享保両度の調査から相当の年月が経過し、増減もあるので、今回の調査となった。元禄と享保両度の調査と言うのは、前者は「元禄郷帳」の作成であり、後者は享保六年全国の「田畠町歩人数帳」をさす。法令の内容は①各自の領分ごとに高を記す。②村高は村ごとにそれぞれ記録する。③朱印地寺社領は除地を含めてかき上げる。④新田高も一件ごとに取調べること。そして提出は勘定所へ、何か問題があるときは、勘定奉行まで照会相談のこと、と言うのであった。十二月三日に幕臣・幕府代官・諸藩に、同四日には寺社にふれられた。ところが、十二月八日には国高差出帳の案文が諸大名留守居等に渡され、記載様式とその内容が具体的に示された。[8]そこでは所領内の総石高の基礎となる村高の書上げ方法に重点がおかれ、改出高や新田高を村高に参入することが指示されている。すなわち、①各領主でとくに支配の総村数と石高及び内訳、②一村ごとの村高とその内の新田高、改出高とその開発年数をかき上げる。③一村ごとに相給分をすべて書き出すこと、とある。

さらに天保三年四月になり老中水野忠成と村垣定之の死後、勘定奉行に昇進した明楽茂村が、万石以上・以下・寺院に対し指令を出し、内容と主旨をくわしく強調して、書類の提出方の促進をはかったと思われる。それはつぎのようである[9]。

天保三辰年四月　日御書付

諸国御国高御改被仰出候ニ付、銘々領分知行其外一村限、新田高等不洩様書出可申旨、先達而被　仰出候処、只今迄不書出、新田高等書出候而者宜ケ間敷哉与、万一心得違之向も可有之哉、畢竟年久敷御改も無之候ニ付、此度御改被仰出候事ニ候間、是迄書出相洩候新田並改出等書出、前々之郷村高帳与相違之廉有之候而も不苦候間、銘々新田高者勿論、高外ニ而も、作付等いたし収納有之場所者、高帳之末江一村毎ニ反別認分ケ、不洩様委細ニ相糺、御勘定所江可被差出候、時宜ニ寄、村々糺方被仰付候儀も可有之、其節書出相洩候場所有之候而者、不容易儀ニ付、急度御沙汰も可有之間、兼而其段相心得候様可被致候、其外相分兼候儀も有之候ハヽ、明楽飛騨守大久保讃岐守館野忠四郎江（帝本作と）申談候様可被致候

右之趣、万石以上以下領分知行給知有之面々並寺社領共、不洩様可被相触候

四月

その要旨は従来もれていた新田高改出書を書き出すことで、それまでの郷村高付帳との相違があってもかまわない。新田高以外の高外地があっても作付し収納あるとき、高帳の末尾にくわしく面積をかき、勘定所へ提出することとのべられている。この法令は四月二十一日づけで、大目付・目付・三奉行・御三家城附・御三卿家老衆等をはじめ、駿府城代から長崎奉行等へさらに京・大坂・甲府・山田・佐渡等諸奉行に下達された。同月二十四日には大目付廻状で諸藩にふれられた。つづいて、石高書上の案文に加え、見取場・反高場・流作場や林等の書上げの案文が示されたと言う。同年五月には、明楽勘定奉行からさきの天保三年四月の指令は、私領を対象としたものであるが、御料所につ

いても同様であり、見取場・反高場・流作場等も郷村帳の末尾に、一村ごとに調査し提出することを命じていると言われている。(10)

天保三年七月になり、当初の指示では寺社領の取扱い方が明確ではなかったので、大目付廻状によりつぎのような通達がふれられている。(11)

天保三辰七月

此度御国高御改ニ付、諸国寺社領之分、是迄御代官又者領主地頭ニ而、国役金取立相納来候振合を以、国役不懸国々ニ有之寺社領之分共、一同御料者御代官御預所　私領者領主地頭より、夫々及通達高帳取集メ、御代官領主地頭より御勘定所江差出候様可被致候

右之趣、領分知行有之面々江可被相触候

七月

すなわち、諸国の寺社領については、各寺社が独自に寺社単位で、高帳を作成するのではなく、国役金徴収を受持つ代官または、大名領主で取りまとめて提出すべきことが、改めて指示されたのであった。

第三節　国高調べと清水領泉・播村落

御三卿の清水徳川家では、上記の国高調査関係の幕令をうけて、泉州・播州の在地の村落はどんな調査を実施し、どんな書類を作成したか、具体的にのべてみたい。御三卿領は大名領とは違い、領知朱印状・判物や領知目録は与えられていなかった。所領はいわば賄料と言ったものであり、独自の家臣団はなく、多くは幕臣がそのまま、人事交流などで任用されていた。権力構造等からみて、幕領の延長であり、幕領に準ずべき性格をもつものであった。(12)従って、

幕令がそのまま家老等を経て領知内の村落へ布達されたと思われる。

天保の国高調査の指令が発布された天保二年十一月、御三卿の田安家と清水家との相給地であった泉州大鳥郡大鳥村では、田安領庄屋保五郎、年寄勘兵衛の連印で同年十二月づけで早くも田安領長柄役所あて、取調書が提出されている。それは表紙はなく、「村方御改ニ付書付を以奉差上候」と書かれた一綴の書類として差し出された。形式と内容については幕府の定めた形式に沿い、相給地たる清水領をも含んでいる。具体的に記すと、大鳥村の田安領の村高全体と、元禄七年の新田高、元文三年の改出高を記し、浄土真宗西本願寺末専光寺と、氏神社の高と境内規模が書かれている。そして、相給領主清水家領の村高全体、元禄七年の新田高、元文三年の改出高と、西本願寺末の超円寺と道場のほか、大鳥社の境内面積四町一反一畝余と規模百三拾間 九拾五間と記し、神宮寺の神鳳寺の面積・規模、境内地の建物等を列記する。支配領主ごとの差出書のため、清水領側の村役人名は無い。(13)

清水領の場合は少しおくれ、泉州領・播州領ともに翌三年正月の提出で、川口役所あてとなる。泉州領泉郡助松村の事例をみよう。助松村の村高と貞享四年及び・延享四年の両年の新田高・除地高を書き、寺社は高外の除地として「往古ゟ御除地ニ御座候」と記し、観音堂・専称寺・氏神社・天神社ほか、牛滝塚・堂塔地・墓所三昧などをあげている。(14) 播州領加東郡河合中村の「村高書上帳」をみよう。泉州領助松村の場合と同様に村高を書きあげている。つぎに江戸時代の始めから「年暦不知」を含めて、新田畑の高を年次を問わず、細かに列記している。承応二・万治元・寛文十二・延宝五・貞享二・元禄三・七・十三・正徳二・三の各年にわたっている。年代の不明の古田畑四・七六七石等をあげ、検地帳等はないが、村方帳簿と対照して間違いがないので書いたと、綿密に述べているのが目につく。助松村と違い詳細である。その他寺社については、慶徳寺をはじめ新宮社・王子社・薬師堂・観音堂・地蔵堂などと除地高を書き述べている。(15) 助松村の方は新田の高入れの年代につき欠落している事例があり、天保八年六月、国絵図調進にともなう村高の再調査に際し、元禄三・六・十二・十六・正徳元と各年の明細をかき修正の上提出している。(16)

また寺社領についてはその取扱方が明確でなかったが、天保三年八月の大目付廻状によりその方向が決定した。播州清水家領で、天保三年十月の年記のある「御国高御改ニ付御奉行所江差上候書付扣」なる史料がある。[17] 内容は播州領加東・加西両郡五三カ村の村々の、寺社領御朱印地除地等の明細書上げであり、村役人から奉行所あてに提出した書類の控である。たとえば、加東郡社村の場合は、佐保明神社、権現田畑、阿弥陀田、伊勢田畑の四カ所はすべて除地であり、石高で表示している。山氏権現屋敷や若宮屋敷の二カ所は、石高表示はないが、すべて除地で高入地ではない。勿論、作付等は一切なく、佐保明神社領の分郷があるが、すべて御朱印地で除地の旨を記し、除地・朱印寺社領や村高等については、先達って領主へ報告した通りであると奉行所あてに差し出している。同郡の河合中村でも、先年の村高書上帳に記載の、慶徳寺以下六カ所の寺社領は、すべて除地で高入地でなく、作付等一切ない旨を再度奉行所あてに差し出している。このように寺社領ごとに除地に関する調査は、再度にわたり、厳格に、周到綿密に実施され、除地であっても作付等あり生産力の増大につながる土地を再調査し、現実の村落の生産力の実態を把握せんとしたのである。

また、泉州領赤畑村では取締役清左衛門が管轄している大鳥・泉・南三郡三三カ村内の寺社領につき、再度調査すると、赤畑村の伊勢講田の帳簿が、提出の際に欠落していたことが判明し、赤畑村の村高調に「除地高弐斗八合、伊勢講田除地高」と再度確認した上で、奉行所に差出した一件があった。[18] 天保四年九月のことで、天保三年十一月に、すでに「和泉大鳥郡之内郷村高帳」として提出した書類であった。そこで「赤畑村之内伊勢講田之分帳面壱冊差落」したので報告する。他の村々には「上ケ残」(提出洩れ)の帳簿はないと、川口役所あてに申し出ている。村々からの帳簿をそのまま受領するだけでなく、調査吟味し点検して、証拠資料と照合して綿密に把握しようとした方向の一端を示すもので、国高調査に対する領主や村役人側の、意欲と、在地側の反応を示す一件でもあった。

播州清水家領の村々に於ては、天保三年十月の年記のある「御高調ニ付村々差出書物差戻帳」なる史料がある。[19] 天保の国高調べと関連ある史料で、末尾に播州加東加西両郡惣代として、社村年寄儀兵衛、大内村庄屋作兵衛、別府村庄屋久平、玉野村庄屋久右衛門、池上村年寄喜八郎、玉野新家村庄屋平八のほかに、庄屋・社倉見廻役として、常吉村庄屋太右衛門、西野々村同善太夫、河合中村同五郎兵衛、南殿原村同源左衛門、西古瀬村同理兵衛ら十一人が、大坂西町奉行あて報告し、その写書を領主たる清水家川口役所にも差し出している。大坂西町奉行はこの時国役金徴集を担当していたと思われる。具体的には、同年十月十一日の日付で、繁昌村の御用場先で「高調再吟味」すなわち、各村々の提出した村高調査につき、再度調査があった。その結果は用済みとなった土地関係の調査史料を差戻されたので、村名の下に請取印形を押したと言うのであり、あわせて、各村々の提出した史料名と指摘された誤謬につき、具体的に記述したものであった。村高調査と関連して、対照点検のため土地・貢租関係の史料の提出を求めたことは、天保の国高調査の基礎資料の提示を形式的なものとして終らせず、格別に綿密周到な調査を実行しようとした意図の現われでもあろう。泉州領の村々については不明であるが、播州加東・加西両郡の清水領五三カ村を対象とし、そのうち、新田高・改出高などの何らかの誤植が指摘されたのは、約半数に近い二二カ村であった。各村落から提出した史料は土地関係の簿冊があげられる。元禄年間万年長十郎代官の田畑新開帳をはじめ、正徳・享保年間の姫路藩榊原氏のときの新田改帳、延享二年・明和六年・安永二年の代官平岡彦兵衛新田検地帳や、享和年間代官木村周蔵検地帳などである。つぎには、元禄・宝永・正徳・享保と各年代にまたがる年貢割付の帳簿等がみられ、新田畑・新開等の村高を直接知りうる土地関係の史料が欠除しているとき、貢租関係史料で対照・検証しようとしている。そのほか、村明細帳がみられ、各村落の村高や新田畑の高の推移をあとづけようとしたものであった。表6からいくつかの具体的な事例をあげてみたい。

　加東郡の上曾我村は享保元申年新田高一・〇一六石と報告があったが、享保元年と言うのは書損じ誤記で、正徳三年姫路藩榊原氏の藩役人の年貢割付《(符)》状で訂正した。同郡の河合中村の場合は検地帳・割付状はないが、村方名寄帳で

表6　御高調ニ付村々書類返却

村名・村高	年代・新開高	記　事
上曾我 石 375.292	享保元・申 石 1.016	享保元年は書損 正徳3年姫路藩榊原役人之割付状あり
社 石 994.780	延享2 石 33.170	同年2月奥谷半四郎様検地帳所持
下曾我 石 468.228	正徳2辰 石 0.111	同年2月榊原様連判之新田畑帳にあり
河合中 石 790.013	正徳3巳 石 1.853	検地帳・割符帳なし、村方名寄帳等で年代判明
玉野新家 石 68.843	享和元 石 2.380	同年9月木村周蔵代官検地帳所持
大柳 石 91.660	明和5、新田 石 0.086	明和5子年は誤り、明和4年平岡彦兵衛代官検地帳あり
別符	安永2 石 4.851	同年俣野品右衛門代官検地帳あり
上万願寺 石 424.514	年暦不知酉戌新田 石 0.660	検地帳なし、村明細帳に正徳2年榊原検地の由記すが、証拠となる書類なし、正徳3～4年頃の新田か。
都染 石 474.702	元禄12夘 石 1.698	検地帳・割符帳なし、村方新田、畑反別帳にても年暦一致せず、元禄元辰万年長十郎検地1.066石、同3、同検地0.427石とある。
繁昌 石 994.943	享保4亥 石 1.045	享保4年8月新開畑検地帳あり、同年前後割符取調（仙石越前守役人奥書連判）には、 0.478石　享保元高付御取米上納 0.405石　〃〃3　〃　〃 0.52 石　〃〃4　〃　〃

村名・村高	年代・新開高	記　　　　事
	宝暦7 石 0.175	検地帳はない、前領主仙石越前守御役人連判には0.246石当丑発増高とある。0.175石は書誤り
	宝永5子新田 石 5.781	検地帳はない。割符帳に高5.711石当子新田とある。0.07石多い。
豊　倉 石 527.643	享保14、酉 石 0.995	検地帳はない。同割符帳に高0.997石ある。
郭野新家 石 191.902	宝暦10未新田 石 1.113	宝暦13年3月新開田畑反別帳あり、領主名不明。関新兵衛様印形付之帳あり。
下宮木 石 240.437	年不明 石 1.200	検地帳なし。同年割符帳に高・取米共記す。
西　南 石 336.338	元禄年中 石 0.948	検地帳なし。元禄6年割符に高0.945石未新田とある。0.03石が相違。
	元禄年中 石 0.103	元禄8の割符帳に高0.106石の新田とあり、同7年戌新田らしい再検証が必要。高0.003石相違。
牛　居 石 146.700	宝永元、申 石 0.080	検地帳なし。同年割符帳に当改出とある。
	〃 石 0.010	正徳3仙石越前守検地帳に高0.011石とある。0.001石誤り。
	〃 石 0.775	享保12、村方書上帳に奥あり。当分無年貢地で高取米はない。
殿　原 石 486.054	年暦不明 石 0.181	宝永2酉年とあるは書損誤り、村明細帳に正徳2、榊原御検地帳とあるが照合の史料はない。結局年暦不明。

村名・村高	年代・新開高	記　　　事
南殿原 石 255.509	宝永 2 石 0.095	宝永 2 酉年とあるは書損で検地帳なし、村明細帳には年代不明。正徳元年榊原御役人割符帳に西口新田とあるが照合書類なし、結局年代不明。
佐谷 石 319.055	明和 7 寅 石 1.973	明和 7 寅は書損誤り、同 6 丑年平岡彦兵衛様検地帳現存。
琵琶甲 石 122.188	安永 3 石 0.255	安永 3 午は書損誤り、同 2 巳年平岡彦兵衛様検地帳現存。
中西 石 159.890	元禄 7 石 0.188	元禄 7 、長谷川久兵衛検地帳紛失、写書あり同年同人様割符に当戌新開。
西長 石 249.582	明和 7 石 0.822	年暦書損誤り、明和 6 丑年平岡彦兵衛様御検地帳所持。
	安永 3 石 0.212	書損誤り、安永 2 巳年同人検地帳有り。
常吉 石 386.110	元禄 3 石 0.112	検地帳なし、同年万年長十郎代官割符に午高入新田とある。
	元文 2 石 0.503	元文 2 年は書損誤り、同 3 年御検地之由、村方名寄帳にある。

（「天保 3 年10月　御高調ニ付村々差出書物差戻帳」三枝家文書による）

正徳三巳年という年代が判明した。また、加西郡大柳村の場合は、明和五子年○・○八六石の新田とあるのは、明和四年の誤植であり、同年の平岡彦兵衛代官の検地帳が存在すると記している。同郡上万願寺村については、「年暦不知酉戌新田○・六六石」と見えるが、検地帳は不明であり「村明細帳」には正徳二年榊原検地の由、書かれているが証拠は不分明、正徳三〜四年ごろの新田かと推定している。繁昌村の事例については享保四亥年一・○四五石は、新開畑検地帳があるが、同年前後の割符帳の数値と合致せず、宝暦七未年○・一七五石とある高も、検地帳に見当らず、ほかの史料によると「○・二四六石当丑新開増高」と記されている。なお、「宝永五子新田五・七八一石」とあるが、検地帳はなく割付帳に、「高五・七一一石当子新田」とあるので、○・○七石の誤差があり、書き誤りであろうと記されている。その他の村落の場合につきとりあげることは、煩雑になるので、表を参照していただきたい。誤謬の対象として指摘されている事項は、村高全体に比して、僅かな零細な新田畑・新開等の土地の高であり、高入れの年代も一年か数年かの誤記にすぎない事例が多い。しかし、たとい村高全体に比して零細であっても、高入れの年代とともに、証拠史料等で、正確に領主が把握しようとしたことの、政治の一端を示すものでもあった。天保の国高調査は、このようにして、幕領とともにそれに準ずべき村落については、きわめて終始、厳格にすすめられていたと言える。

第四節　国絵図調進の指令と泉・播村落

天保の国絵図改訂事業については、杉本氏の研究によると、幕府からの指令は二種類出されている。それは、天保六年十二月国絵図作成を命ぜられたので、他から調査のため掛合がある筈であるという通達（A）と、元禄国絵図・郷帳の作成後年数が経過したので、改訂に着手する。国絵図の写を渡すので、現状にあわせて、懸紙をつけて訂正することという通達（B）があり、老中大久保忠真の下知による勘定所申渡の方法をとった。御三卿一橋・清水両家から、それぞれ領知の村々へは（B）の通達の文言を使用した触書が出されている。[20]

（A）天保六未年十二月申渡

元禄度出来候御国絵図郷帳年暦（幕本作歴）相立候ニ付、去ル卯年御国高取調被仰付候処、御調出来候（城幕本補）ニ付、猶今般御国絵図之儀も御改被　仰出候間、右取調ニ付夫々より掛合可有之間、差支無之様可被取斗候

右者、大　加賀守殿下知ニ付、飛驒守殿被仰（幕本作中）渡之

十二月

（B）天保六未年十二月

元禄度出来候御国絵図郷帳年暦（幕本作歴）相立候ニ付、去ル卯年御国高取調被　仰付候処、御調出来候ニ付、尚今般御国絵図之儀御改被　仰出候、依之元禄度御絵図写相渡候間、往還幷河岸通川筋其外新田村ニ至迄、不洩様当時地模様ニ古絵図江掛紙ニ而相直、尤私領入交り之場所者、其向々江相達置候間、夫々掛合早々取調可被差出候、

右者、大　加賀守殿御下知ニ付申渡之

清水家川口役所では、天保七年八月十四日付で泉州領村々につぎのような廻状を布達している。元禄年間調製された和泉国絵図と郷帳が、今般、改正され調進されることとなり、元禄と同じく岸和田藩が担当した。それは「元禄以来御領知之内往還幷川岸通川筋其外新田村ニ至迄」すべて「地模様之変化」を調べ明らかにするのが目的である。また、天保三年に提出した村高に相違なきよう書き出すとともに、岸和田藩岡部氏のもとまで提出してほしい。この一件で岸和田藩担当役人から、村方へ問い合わせがあるのでよく心得えてほしいと言うのであった。[21]

清水家の播州領では天保八年正月、天保国絵図取調べのため、上方領の和・泉・播三カ国村々の絵図取調べと地模様調査で、大庄屋取締役のものが現地の担当を引受けることになった。播州加西郡南殿原村庄屋で、清水領取締役・社倉見廻役青山源左衛門が中心となり、主管した。これに播州領村絵図取調役として、同じく取締役・社倉見廻役の

加東郡西古瀬村岸本理兵衛、河合中村三枝五郎兵衛、加西郡常吉村太右衛門の三人が、青山源左衛門のもとで協力し引受けることになった。(22) 泉州領の方でも、取締役高林清左衛門、沢久太夫、深江弥太郎らが中心となったと思われるが、詳細はわからない。

八年三月十日、泉州領では取締役の者から、このたびの和泉国絵図調製について、岡部氏担当役人から連絡があり、岸和田藩役所へ清水領村々から出張し、同役所から差図をうけ絵図作成に取りかかること。そして「絵図出来次第村方ゟ当御役所江差出、一応見届候上内膳正役場江差出候様」とあるように、村絵図が完成の上は、一応、清水領役所まで提出し内見を受けた上で、あらためて岸和田藩役所に提出して貰いたい。本年三月十五日まで、村々役人が藩役所まで出張したいが、了解の上で村々役人のうち、代表として両三人が出かけるようにするという申渡書を岸和田藩泉州国絵図担当の、堀佐太夫と渡辺四郎左衛門両人あてに差し出している。(23) その結果は、取締役たる赤畑村清左衛門は同じ清水領稲葉村三郎兵衛同伴の上で、三月十四日岸和田藩役所に出頭し、絵図作成方につき委細承り帰った。一村限絵図の作成を義務づけられ大変むつかしく、精細につくる必要がある。在来の村絵図に取調べた結果を、懸紙でしたためてほしい。三月二十日まで清左衛門組は自分まで、深江組は深江弥太郎まで持参すること。三月中に岸和田藩役所へ提出の予定なので、必ず二十日までそれぞれへ差し出すことと申達している。このたびの村絵図作成の要点はつぎの如くである。

一是迄在来之絵図ニ領境此所何村領此所何村領と隣村境不残御張紙ニ御認可被成候
一絵図ニ東西南北之方角無違様ニ御改之上御認可被成候
一隣村里口迄之町数何町何拾何間と御改之上御認書可被成候尤其村之高札場ゟ道法打候而御改可被成候
一村高ハ七ケ年前夘年御改之節書上候村高ニ不違様ニ御認書可被成候
　但元禄以来村高増減有之候村高ハ内何程何之村斗ニ新田増とか又ハ何程流失減地と御認有候

一相給有之村方ハ御領知之村高相認候外書ニ外ニ何程何之誰殿御領分何程何之誰殿御知行所与相認可申候
一出郷有之村方ハ本村と枝郷との有所絵図之張紙を以御認可被成候尤本村ゟ枝郷ハ東か西か南か北ニ当リ候様方角無間違御改御記可被成候猶又本村ゟ枝郷迄何拾何間と申儀町数御打被成候而御認書可被成候尤本村家数何拾何間(軒)枝郷家数何拾何軒と御書記可被成候
一元禄以来道川等付替ヘ候所有之者新古之図張紙ニ御認御差出可被成候
一寺社有之分ハ此所ニ何社何寺と張紙を以委敷御記可被成候

要約すれば、

①村絵図に他村との領境を明確に書くこと。
②絵図には東西南北の方向を記すこと。
③隣村との距離は町・間まで精密に計測し、村の高札場を起点にすること。
④村高は七年以前の高調べのときの村高を間違わぬよう記すこと。元禄以降の新田の増加や、流失地の明細をそえる。
⑤相給領は相手方の領主名・村高を記すこと。
⑥出郷ある場合は、本村からの方向と距離及び、本村と出郷の家数をかくこと。
⑦元禄以来の道路・河川の付替えは、張紙して記載すること。
⑧寺社はその名称と位置を記入のこと。

この内容の廻状を、三月十七日の日付で夕雲開から一条院村まで、刻付廻状で順達させている[24]。

かくの如く一村限絵図と村高帳の作成がすすめられたが、その後の具体的な経過はどうであったか。四月十八日の取締役清左衛門から川口役所への上申書には、清左衛門管轄下の村方の分が八枚出来上り、村高下調書も完成したので提出したいと申べ[25]、村絵図のみならず、同年同月の村々高調書が加えられている。赤畑村四カ村については、申渡書の指示通りの形式と内容で書かれている。すなわち、赤畑・夕雲開・大鳥・下石津の四カ村の村高及び新田と、寺社の除地・面積・分米が列記されている。大鳥・下石津両村は相給領のため、田安領と旗本小出領の村高がのせられている[26]。以上のように公儀に提出するまでの各領主ごとの領分調査につき、詳細な村高の答書、一村限りの綿密な絵図を徴収し、さらに近隣の組合村単位の調査などを実施し、元禄期以降の土地の変化・地域の変貌などを掌握しようとしたことが窺える。而も重ねて、村高の再度確認を強調し、村絵図に記入させていることや、村高帳を再度提出させているのである。

清水領播州加東・加西両郡の村々については、国絵図徴収の具体的な経過が判明する史料に接しないが、恐らく、泉州領と同じ方法で実施されたことであろう。国絵図取調を主管した青山源左衛門が、清水領の村々と人夫らと廻村して村絵図の作成に当ったようである。三枝家文書の内、天保八年三月の年記のある彩色画の村絵図があり、いずれも天保国絵図の調進のときであり、上述の申渡書の箇条に沿い描写されている（図1）。加東郡を中心に幕領や姫路藩酒井氏、小野藩一柳氏、関東の古河藩土井氏等、また諸領主の入組支配の村々がその内容で、清水徳川家の領知村々は含まれていない。しかし恐らく同様な内容で作成されたと思われる。一村ごとに村高と新田高の明細をくわしく書き、村落と他村との境界線を黒色で記している。また、隣接する村落との距離やその方向を、村内の高札場を起点として明記しており、高札場が公儀の権力の誇示と上意下達の場として、幕領・私領をとわず明示されたことを物語るものであろう。

また、天保八年七月朔月の年記ある「御国絵図分間仕立諸入用書出帳[27]」がある。天保国絵図の基礎となる各村落の村絵図の作成のため、必要な諸経費を記述したものである。社倉見廻役で取締役たる青山源左衛門が人足をつれて廻村し、各村の実際を測量していた。人足の賃銀を一人六匁として九〇人で総計五四〇匁であるが、再度にわたる支出

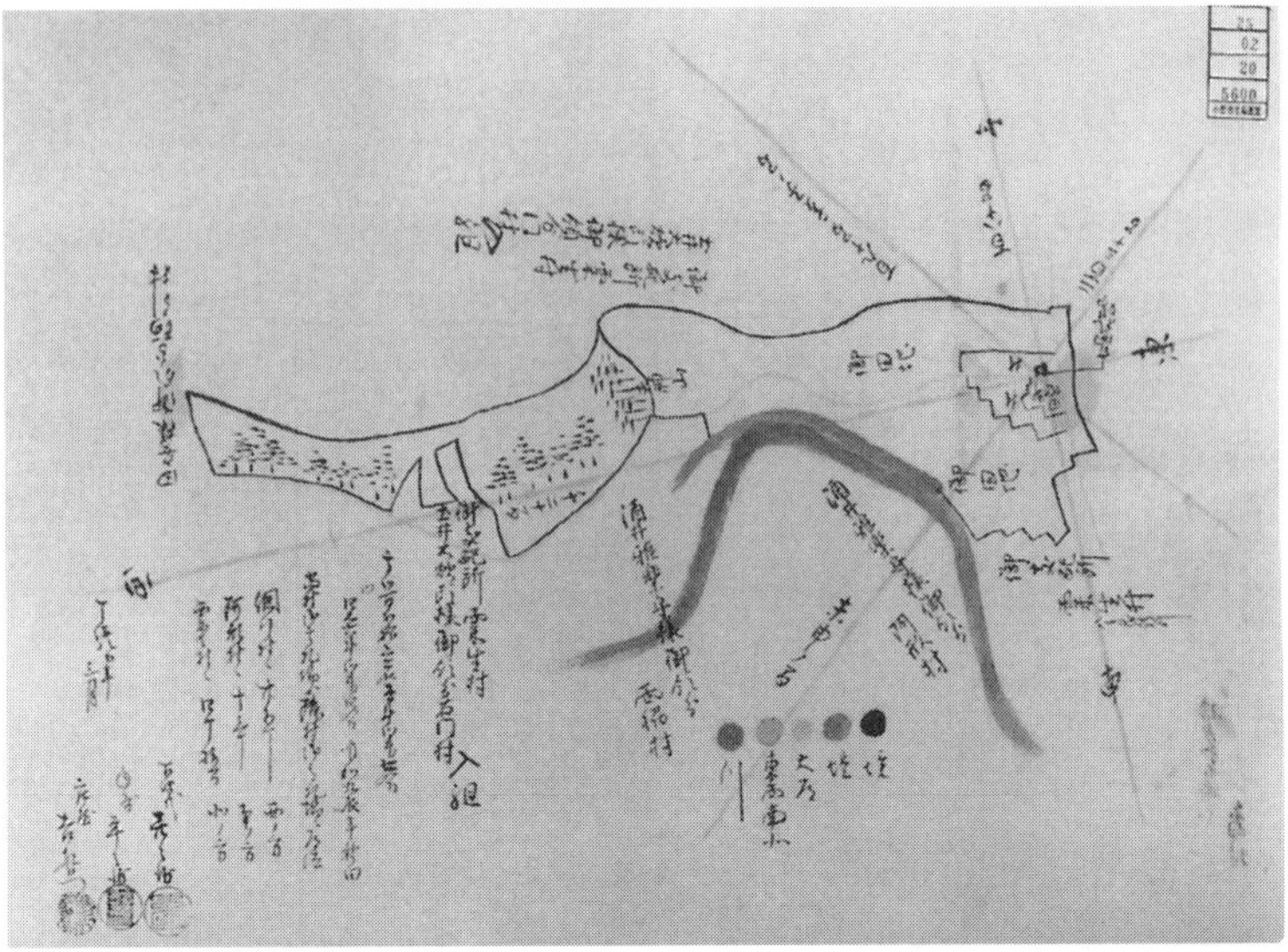

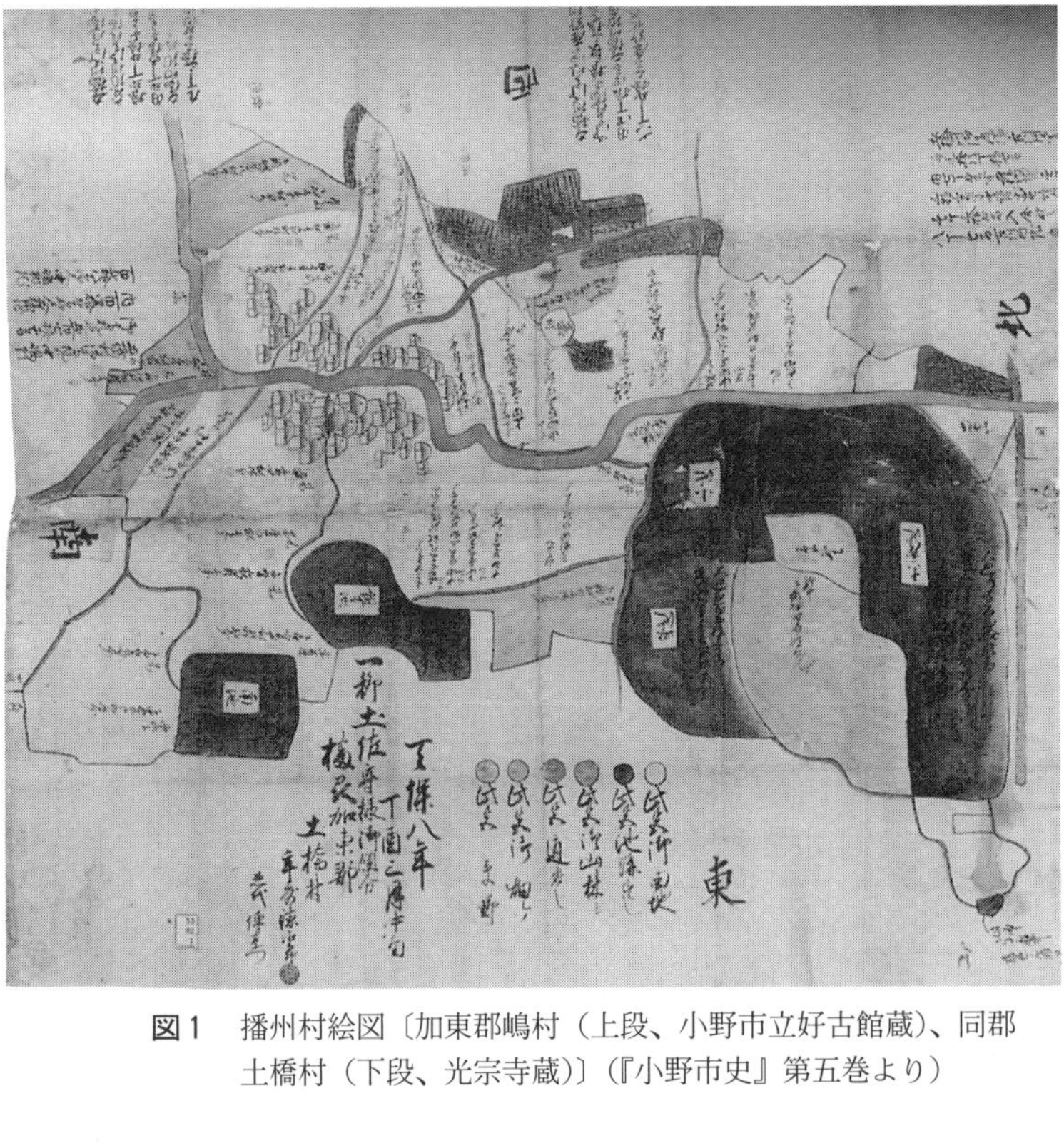

図1　播州村絵図〔加東郡嶋村（上段、小野市立好古館蔵）、同郡土橋村（下段、光宗寺蔵）〕（『小野市史』第五巻より）

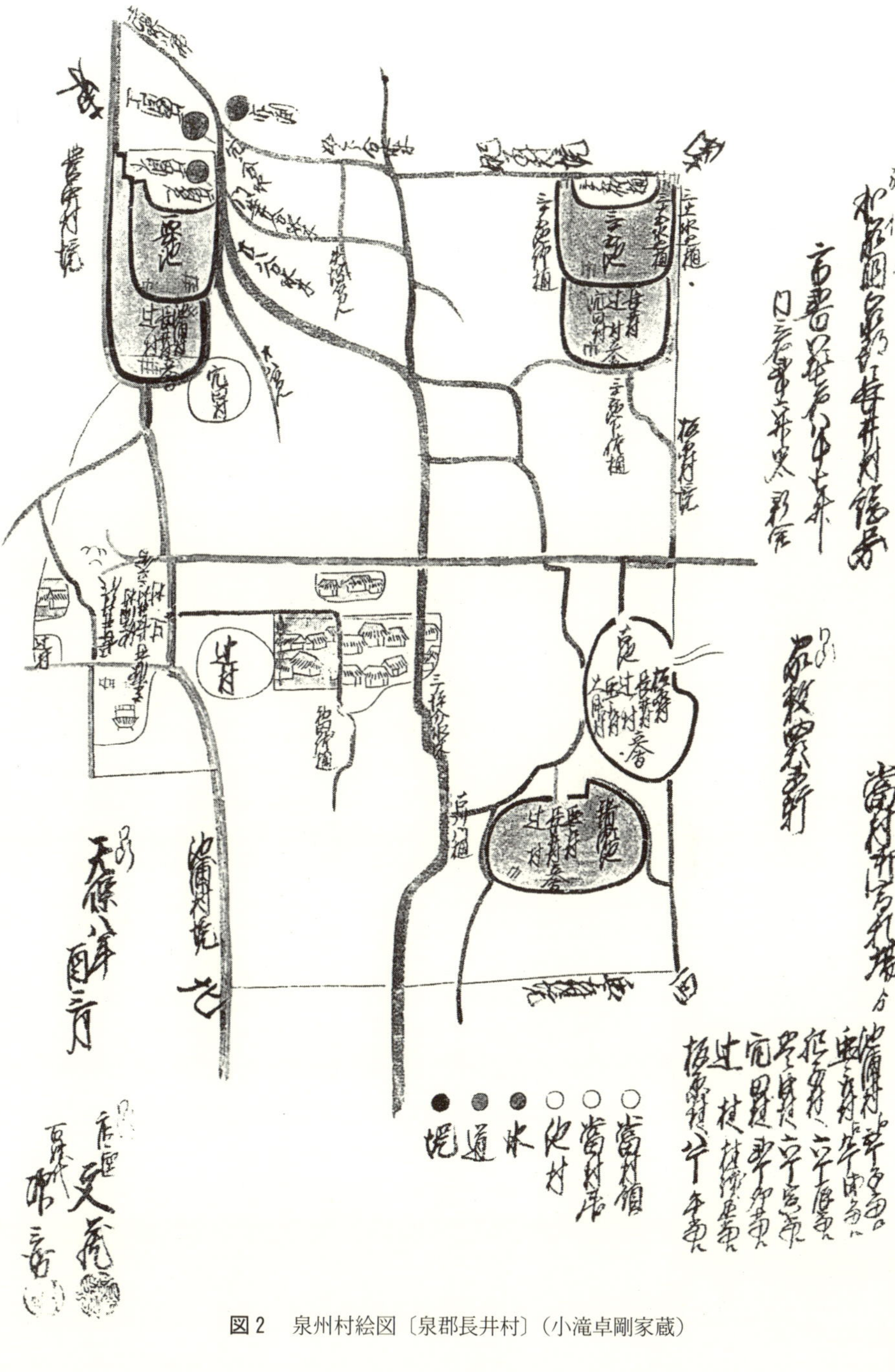

図 2　泉州村絵図〔泉郡長井村〕（小滝卓剛家蔵）

銀が合計一八六匁で重複するので差引き、残額三五四匁が人足賃となった。実際は絵図の作成には、青山源左衛門支配下の二七人を始め、総勢五三人が夜仕事を含めて村絵図を完成さすため努力した。彼等に払った賃銭は三一八匁であった。そのほかに、測量器具の見盤の修繕費（牛居村）・縄枠の修理費や寺社等への謝礼、地元姫路藩への連絡の人足賃、藩役人への手みやげ代、また、大坂町奉行所からの御用状の持帰り賃銀、出張のときの中飯代、宿泊費等各方面にわたるさまざまの支出で、計九二一匁三分を必要とした。諸経費の合計が一貫五九三匁三分と計算している。清水領知播州五三カ村に割当てると、高一〇〇石当りで銀八匁七分厘余となる。清水領の領知加東郡の割当一四八匁を差引くと、加西郡村々の正味の負担は一貫四四五匁三分となるが、今回は、青山源左衛門がすべて自己負担することになったのである。

さらに進んで、御三卿の和泉国一橋領のばあいを、在地の史料から、天保国絵図調進の経緯をたどってみたい。(28) 清水領の場合と同様に、岸和田藩の国絵図掛りの堀佐太夫と渡辺四郎左衛門の両人から、一橋領の役人に対して和泉国天保国絵図の調進につき照会があったのは、天保七年八月十日のことであった。詳細は不明であるが、一橋領では七年冬ごろから絵図作成の準備にとりかかっていたが、翌八年三月づけで川口役所の担当者から、泉州領一橋領知の内で、富木村（大鳥組）与市、上村（信太組）吉兵衛、長井村（下条組）新右衛門、忠岡村（府中組）藤一郎、寺門村（山方組）八郎兵衛に対して、絵図差出につき催促状を廻達している。

長井村文蔵自身も絵図を十四日まで作り、十五日に提出できるよう村々に重ねて通達したと言う。ところが絵図調進のことで、地図下書を携えて岸和田表に照会したが、一橋領村々で考えていた実際と相違していることが、明らかとなった。提出期限の延期を願い、各組村の中心となった村々で内覧相談する方向に決着した。その間に協議して絵図の雛形を作成し、尾井村嘉右衛門が岸和田藩役所まで照会のため出張した。同月二十一日、府中村で参会し田城甚右衛門、西川久右衛門、小滝文蔵、麻野藤一郎、河津為太郎等領知の主要な村々の庄屋が協議し、絵図の雛形と諸事を取まとめ、翌日、泉州一橋領の大鳥・信太・下条・府中・山方の各組に対して、雛形を示し絵図作成方につき通達した。その結果、三月晦日になり一橋領泉州村々絵図・郷帳が揃ったので、惣代として尾井村嘉右衛門と長井村文蔵両人が、川口役所へ出頭すると報告されている。

以上で煩をいとわず、一件の経過を眺めてきた。清水領の場合とは違い、村絵図作成の具体的な基準項目の内容等が明らかでない。しかし、提出された長井村絵図の写を見ると、長井村の集落と村の耕地や溜池・水路・隣村との境界等が明白に記され、長井村高札場から近隣村々への距離や方位等も、具体的に記している（図2）。さらに、長井村だけではなく、長井村とくに関係深い近隣村たる穴田・辻両村の村絵図を含んだ範囲まで拡大され、描かれている。この三カ村は検地帳では一冊であったとされ、枝郷ではないが、村高は長井村の帳簿から分れた村と言い伝え、[29]三カ村は密接な関係があった。長井村のみではなく、穴田・辻両村を含めた三カ村を描いているのは、このような事情があったと思われる。

同時に提出された天保八年酉三月の年記のある「和泉国泉郡長井村郷村高帳」の内容も、清水領の村々の事例と同一の形式でつくられている。[30]しかも、泉州一橋領知では播州清水領とは違い各村々の組村組織を中心とし、近隣村々で連絡をとりながら進めてきたのであった。

第五節　国郷帳・国絵図の調進と御料所改革

天保の国郷帳・国絵図の事業に示されている村高の実態把握という幕府の意図は、天保十二年五月からの、天保改革の農村政策にひきつがれる。幕府は寛政改革とそれ以降の農政に於ては、天保十二〜三年にかけ新田開発の可能の土地のおおまかな測量、新田検地、荒地や年貢率の低い取下場の見分、年貢率の低い耕作地の免引上げ等が、精力的に行われていたのである。これらが、さらに改革事業の実施進行とともに、天保十四年六月からの御料所改革として結実する。それは、老中水野忠邦の「沙汰」として実施され、彼の失脚とともに中止を余儀なくされた幕領村々の御取箇改正の事業であった。その指令は「当卯より一際出精、古来之御取箇ニ相復」することを目的とし、具体的方法を指示した。一一カ条からなるその条項の要旨は、藤田覚氏の研究によると以下の如くである。(31) ①起返地・取下場の本免入れ、②検見の厳重な履行、③反高場・見取場・流作場・切添地の検地と高請、④減免のときの充分な調査、⑤新田の免直し、⑥坪刈による実収量の把握、⑦慎重な破免検見の適用、⑧村入用の節減、⑨石代納値段の増加、⑩代官所諸役人の不正防止があり、さらに ⑪村々からの絵図・小前帳・御取箇付仕訳帳などを当年十二月まで提出すること等であった。七月から八月の始めごろ、摂・河・泉・播等を支配する代官は御料所改革を実施し、その中心は大坂谷町の竹垣三右衛門代官所と、大坂鈴木町の筑山茂左衛門代官所であり、彼等は、小前高反別帳や村絵図等の提出の案文や、雛形を村々に交付した。八月下旬ごろ江戸から勘定方、普請役、目付ら幕府役人が派遣され廻村して実施を督励した。

近江大津代官所の都筑金三郎の支配下にあった河内国丹南郡岩室村では、旗本水野氏との入組支配村落であったが、幕領だけに限っては御料所改革に際し、天保十四年九月の年記で「高反別小前帳」がつくられている。(32) 代官所からの雛形にそい、書類の作成が実施された。その内容の概略を紹介したい。最初に(1)家族・人数の調査であるが、具体的な記述として、寛政元年と天保十三年の数値を記している。(2)村全体の村高・反別・年貢等につき、本田畑を中心とし、田と畑及び寛政十一・十二・文政十四・天保四の各年にわたり、起返高と面積・年貢等にわたり、年次ごとに詳細に列記している。その他、池底・堤敷・郷蔵引・荒地など、高引地をこまかく分け高反別などを書いている。(3)以上の本田畑一五二・六四石の、各地目の一筆ごとにつき、地番の順番に従い高反別・斗代・保有者と書き並べる。(4)元禄十五年新田畑三〇・八九一石と、宝永七年新開〇・四九石については、本田畑の事例にならい一筆ごとに記すこと。(5)その末尾に、新田畑新開の地目別の石高・面積・斗代・年貢などを書いている。そして末尾には、この小前帳は村方で検地帳の名請人ごとに一筆限りで、田畑主と五人組及び村役人らの立会いのもとで相改め調査し、すべて「本免場幷起返取下荒地其他の新田畑」まで巨細に調べ、相違がないので、村役人の連印で提出すると総括している。

さて丹南郡岩室村ではこの書類作りに八月六日から取掛り二カ月余を要して、やっと閏九月十七日に、大和葛下郡穴蒸《穴虫》村に宿泊の幕府代官に差し出したと言う。代官手代衆の役人が岩室村に宿泊し、地押と同様な調査が実施され、廻村するまで「鎌入れ」が禁止されていたので、早稲・綿等の収穫が大幅におくれ当年は不作となったと添書している。総じて「村々庄屋共誠ニ心配此上もなき事ニ御座候」と書かれているように、幕府代官らの検査の厳重なことは、村民たちに一抹の不安を与えたことでもあった。[33] また、同じ都筑金三郎の支配下にあった錦部郡西代村でも、天保の御料所改革に際して、「高反別小前帳」がつくられている。[34] 同村庄屋仁兵衛は「小前帳」の末尾に、つぎのような感慨文をつけ加えている。このたびの一件（天保十四年の御料所改革）は日本国中六十余州検地改めのようで、国々ではいずれも大騒ぎであった。前代未聞の事ゆえ、村役人には日夜心労の余り、「白キ小便も赤く成申、中ニ者病気差発方ハ病死仕候仁も有之」と書き、村役人層をはじめ、村落に与えた衝撃の大きいことを物語っている。そして、水野の失脚で「御改革御差止ニ相成候大平ニ納」ったと結んでいる。[35]

つまり「御料所改革」の土地調査は、本田畑は勿論のこと、起返取下場とか流作場などの不安定でいまだ村高に結ばれていない耕地を含め、一筆ごとに書き上げるものであった。天保の国高調査がその基礎として、一村ごとに村高につき新田畑や新開の一々につき調査し、村内の寺社等の除地を対象とし書き上げたのに対し、さらに、一村ごとに「高反別小前帳」を作成して、全耕地の再把握を目的としたことは明白である。また、天保の国絵図の調進では、既述の如く、さまざまの観点から村全図を作成させ、村落の全貌を明らかにし、元禄期以後の「地模様の変化」を掌握しようとしている。それをうけて、これらの耕地が村内のどこにあるかを明確にさせたのが、御料所改革のとき提出を命じた村絵図であったと言いうるであろう。

注

（1）杉本史子「天保国高・国絵図改訂事業の基礎過程」（『人民の歴史学』一〇六号　東京歴史科学研究会　一九九〇年）

（2）『山口大学教育学部研究論叢』三〇　一九八〇年。のち同氏著『江戸幕府撰国絵図の研究』（古今書院　一九八四年）に収めている。なお同氏『国絵図』（吉川弘文館　一九九〇年）にも、第六　天保国絵図としてその概要につき解説している。

（3）『東京大学史料編纂所報』一五号　一九八一年。藤田　覚は別に「国高と石高——天保郷帳の性格——」（『千葉史学』四号　一九八四年）で、天保郷帳に記載された国・郷・村の石高の内実とその機能とを検討している。

（4）『岩波講座　日本通史12　近世2』（一九九四年）そこでは天保国絵図を「空間把握の展開」と総括している。

（5）小野田一幸は、別に「天保国絵図改訂事業の一齣」（『千里地理通信』二九号　一九九三年）でつぎのように述べる。先学の国ごとの変地調査に精粗があったとの指摘から出発し、非領国の畿内と周辺・関東をその対象とする。上総や安房の事例では交通路の精密な把握が、陸上・海上双方にわたって行われ、また摂津平野郷を中心に、河内和泉との国境引合作業が行われている。村落ごとに村絵図がつくられ、関東の安房や上総、上方の播磨・山城・和泉等の事例を紹介し、一村絵図を徴収して変地調査に資し、現地に赴き地模様の変化を確認し、「懸紙修正図」の作成に資したとしている。

（6）辻　達也『新稿一橋徳川家記』や、森　杉夫「泉州一橋領知の貢租」（『社会経済史の諸問題』黒羽兵治郎先生古稀記念論集　一九七三年）と『高石市史』第一巻（森氏執筆の箇所）などによった。和泉・播磨の所領村々は延享四年から幕末まで、その異動がなかったとされていた。播磨については文政三年ごろ、多可郡の西脇・下戸田二カ村が収公、東安田・田高・奥畑三カ村が与えられたらしいが（「摂津、和泉、播磨、備中、関東御領知高帳」一橋徳川家文書　茨城県立歴史館所蔵）後考にまちたい。

（7）『牧民金鑑』下巻　一二二ページの御国高調による。『御触書天保集成』下　一三三ページにも同文の史料がある。

（8）藤田　覚「国高と石高——天保郷帳の性格——」（前掲論文）によると、十二月八日に差出帳の案文が諸大名留守居に渡されたと言う。その記載様式と内容はつぎの通りである。

一郡一円之分者郡名之下へ一円と認可申事

何国何郡
何国何郡何ヵ村
高何程　拝領高
　内高何程　込高
　　高何程　改出新田高
　　右一村限内訳
何国何郡
高何程　何村
何年
高何程　新田高
何年
高何程　改出高
外
御料
高何程　誰支配所歟
御預所歟
高何程　誰領分
高何程　誰知行
御朱印歟
高何程　何社領
同断
高何程　何寺領

但、何ヶ村有之候共右之振合ニ候事、入会無之分者其訳一村毎ニ認可申事

右者何之誰領分高国郡村名書面通相違無御座候、尤右之外改出・新田等無御座候、以上

何之誰家来
天保二卯年　月　何之誰印
　御勘定所

（9）『牧民金鑑』下巻　御国高調　一二一三ページ。

(10)　杉本「前掲論文」

(11)　『牧民金鑑』下巻　御国高調　一二四～五ページ。

(12)　森　杉夫「前掲論文」・『高石市史』第一巻。
森　杉夫は①その領地は知行地でなく賄料で「素々御領所（幕領）」であること。幕府のいわば御寄人同様で、家としての独立性がない。②独立した家でないので、当主を欠いても家断絶とはならず、領知と屋形付属の職員がそのまま存続すること。③諸藩のような兵力をもっていない。④重立った役人は幕府からの付人であり、幕府役人とたえず人事交流があること。職制では家老が最上席であり、八人の重臣たちがあること。⑤直接民政の担当者は、幕府と同様に代官であること。⑥年貢徴収の方法は、幕府と同じ高掛り三役が賦課されること。⑦登城のときは、幕府の身内者として扱われること。等々の理由をあげている。なお、御三家に対しては、近世を通じ、慶長十三年八月尾張徳川義利（義直）に与えた尾張一国知行宛行の秀忠判物以外の領知判物交付はなかったと言われている（『寛文朱印留』上、国立史料館編、大野瑞男氏解題による）。

(13)　大鳥村の事例はつぎの通りである。

村方御改ニ付書付を以奉申上候

御領知泉劦大鳥郡
大鳥村

一高三百三拾七石九斗八升弐勺五才
元禄七戌年　新田
元文三午年　改出

高一斗六升六合五勺五才

内
高弐斗四升壱号五勺

寺社帳ニ［　　］

壱反弐畝六歩境内　弐拾七間壱尺
拾三間三尺
但し浄土真宗西本願寺流専光寺

六反四畝拾弐歩氏神境内　四拾六間
四拾弐間
但し同村分郷立会

外　同村
清水様御領知

一高七百拾七石弐斗弐升八合七勺五才

内

高三斗五升三合四勺五才　元禄七戌年新田

高五斗一升弐合五勺　元文三午年改出

壱畝廿四歩境内　九間 六間

但し浄土真宗西本願寺流超円寺

壱畝拾五歩境内

但し浄土真宗西本願寺流　道場

壱反七畝拾弐歩氏神境内　弐拾六間 弐拾間　同村明神境内

外

一四町一反壱畝弐拾歩　百三拾間 九拾間五　三拾四間 弐拾七間　真言律宗神鳳寺境内

四畝拾五歩　拾三間壱尺 拾間　御旅所

壱反四畝歩　百七拾間 弐百二尺四寸　明神馬場

右之通相違無御座候以上

天保弐年　年寄　勘兵衛㊞

卯十二月　庄屋　保十郎㊞

長柄

御役所

（土居家文書）

(14)

(表紙)
「　天保三年
　　村方書上帳
　　辰正月
和泉国泉郡
　助松村」
和泉国泉郡
　助松村

一高八百拾五石五斗九合壱勺
　内
　弐斗壱升三合　貞享四夘年　新田
　壱石九斗七升四合　延享四夘年　新田
　外
御朱印地寺領地外領入交無御座候
　外
壱石八斗三升七合七勺　元禄十五年小野半之助様御代官之節御除地ニ相成候
　内
六升七勺　観音堂
壱石七斗七升七合　神田
　高外
一六畝拾壱歩　往古ゟ御除地ニ御座候　観音堂境内
一五畝弐拾五歩　右同断　専称寺境内
一壱畝拾弐歩　右同断　氏神若宮境内

一弐反九畝拾八歩　　右同断　天神境内
一弐畝弐拾六歩　　右同断　牛瀧塚
一壱畝拾八歩　　右同断　堂塔地
一壱町壱反六畝歩　　右同断　墓所三昧
右之通り相違無御座候以上
　天保三年
　　辰正月
　　　　　　　　　　右村
　　　　　　　　　　百姓代　文右衛門㊞
　　　　　　　　　　同断　久左衛門㊞
　　　　　　　　　　同断　五郎右衛門㊞
　　　　　　　　　　年寄　南右衛門㊞
　　　　　　　　　　同断　与右衛門㊞
　　　　　　　　　　庄屋　覚右衛門㊞
　川口
　御役所

（田中愛家文書）

(15)

（表紙）
「　天保三年
　村高書上帳
　　辰正月
　　　　　　播州加東郡
　　　　　　　河合中村　」

一高七百九拾石壱升三合
　　　　　　播州加東郡
　　　　　　河合中村

内
高四石七斗六升七合　　年暦不知
　　　　　　　　　　　古新田畑年暦不知
　御検地帳無之村方扣帳ニ突合
高壱斗六升　　承応二年巳新畑
　同断
高四斗弐升五合　　万治元年戌新畑
　同断
高三斗弐升　　同　三年子新畑
高六升七合　　寛文十二年子新田
高弐石六斗七升四合　　延宝五年巳新田畑
高弐斗七升八合　　貞享二年丑新田畑
高壱石三斗八升　　元禄三年午新田畑
高三斗四升八合　　元録（ママ）七年戌新田畑
高壱斗四升　　同十三年辰新田畑
高九斗七升八合　　正徳二年辰新田畑
高八升　　〃　〃
　御検地帳無之ニ付村方扣帳ニ突合
高壱石八斗五升三合　　同　三年巳新田
　右同断
〆　書面之内□御検地帳之後年久敷相成紛方仕村々穿鑿仕候得共見当不申ニ付□御断奉申上候
外
反別拾三町歩余　　慶徳寺領
　村高之内　五石　此山林共
但
　元和五未年板倉伊賀守様御証文被下置罷仕候

証文　此反別

反別九反壱畝六歩	御除地 新宮社地
反別九反七畝拾四歩	同 王子社地
反別三畝廿七歩	同 薬師堂地
反別三畝廿歩	同 観音堂地
反別四歩	同 地蔵堂地

〆

但此外御朱印地御除地高分郷等無御座候

右御改ニ付奉書上候処相違無御座候以上

天保三年辰正月　　右村

百姓代　嘉兵衛㊞

年寄　平七㊞

庄屋　五郎兵衛㊞

川口

御役所

（三枝家文書）

(16)『泉大津市史』第三巻　三〇八～一〇ページ。そこでは新田新開につきつぎのように、詳細に記している。

弐石七斗七升

右者元禄三午年小野半之助様御代官之節、切添新開、御竿入ニ相成、当時本高入

弐升弐合

右者元禄六酉年小野半之助様御代官之節、切添新開、御竿入、当時本高ニ入

壱石弐升八合
　右者元禄十二卯年雨宮庄九郎様御代官之節、切添新開、御竿入、当時本高入
五斗六升
　右者元禄十六未年雨宮庄九郎様御代官所之節、切添新開、御竿入、当時本高へ入
八升六合
　右ハ正徳元卯年雨宮庄九郎様・雨宮源二郎様御代官所之節、切添、御竿入、当時本高へ入
壱石九斗七升四合
　右者延享三寅年石原清左衛門様御代官之節、切添新開、御竿入、当時本高へ入

とある。天保三年正月の村方書上帳の新田・新開の書上に対し、貞享四年・延享四年の新田高の書出しのほかはないが、元禄三・六・十二・十六、正徳元の新田新開の書上げが細かにあげられている。

(17)　兵庫県小野市河合中町　三枝家文書。小野市史編纂室所蔵のマイクロ引伸版で調査。内容はつぎの通りである。

(表紙)
「
　御国高御改ニ付御奉行所江差上候書付扣
　　　　播州　加東
　　　　　　　加西　両郡
　　　　　　　　五十三カ村
」

　乍惚口上
　　　　　　播州加東郡
　　　　　　　　社　村
此度諸国惣御高御取調ニ付御朱印地・御除地等可書上旨被　仰渡承知奉畏候依之左ニ奉申上候
　一佐保明神社領　　　高拾壱石弐斗五升九合
　一権現田畑　　　　　高壱石四斗六合

一阿弥陀田　　高弐石六斗五升六合
一伊勢田畑　　高三石八斗八合
　右四筆之分御除地高ニ御座候
一山氏権現屋敷　　壱ケ所
一若宮屋敷　　壱ケ所
右二筆之分御除地ニ候得共御高無御座作付之土地ニ而者一切無御座候
外
　高拾石　　御朱印地
　　　　　　佐保明神社領分郷
右之通御除地ニ御座候此外御朱印地寺社領等無御座候尤右御除地并村高之儀者先達而御地頭所ニ書上置申候依之乍恐此
段御断奉申上候已上
　天保三年辰十月
　　　　右村
　　　　　庄屋無御座ニ付
　　　　年寄
　　　　　□右衛門
　　　　同断
　　　　　儀　兵　衛
　　　　同断
　　　　　喜左衛門
　　　　加東郡
　　　　　河合中村
御奉行様

乍恐口上
此度諸国惣御高御取調ニ付御朱印地御除地等可書上旨被　仰渡承知奉畏候之左ニ奉申上候
一慶徳寺領山　　壱ケ所
一新宮社地　　壱ケ所
一王子社地　　壱ケ所

一薬師堂地　　　　　　壱ケ所
一観音堂地　　　　　　壱ケ所
一地蔵堂地　　　　　　壱ケ所
　右之分御除地ニ候得共御高無御座作付之土地ニ而者一切無御座候
右之通御除地ニ御座候此外御朱印寺社領等無御座候尤右御除地幷村高之儀者先達而御地頭所江書上置申候依之乍恐此段
御断奉申上候以上
　　　　　　　　　　　　　　右村
　　　　　　　　　　　　　　　年寄
　　　　　　　　　　　　　　　　平　七
　　　　　　　　　　　　　　　庄屋
　　　　　　　　　　　　　　　　五郎兵衛
　天保三年辰十月
御奉行様
　　　　　　　　　　　　　　　　　（三枝家文書）

(18)　「天保四巳年八月　御用留」にはつぎの通りである。

　　乍恐以書付奉申上候
　　　　　泉州大鳥郡
　　　　　　上石津村　　下石津村
　　　　　　赤畑村　　　大鳥村
　　　　　　野代村　　　新村
　　　　　　高石北村　　高石南村
　　　　　　市場村　　　夕雲開
　　　　　泉郡
　　　　　　助松村　　　宇多大津村
　　　　　　肥子出作　　大津出作
　　　　　　一条院村　　北田中村
　　　　　南郡
　　　　　　唐国村　　　三田村

包近村　中　村
稲葉村　積川村
右廿三ヵ村
惣代赤畑村
取締役清左衛門

御国高調ニ付　泉州御領知村々寺社ゟ先達而堺御奉行所へ除地高書上帳差出候分　其後御印ニ相成其儘当　御役所江差上
候處未タ不差上村方も有之哉ニ付　早々取調可差上段被　仰付承知奉畏候　依之右廿三ケ村之分初ゟ取調候処　赤畑村
之内伊勢講田之分帳面壱冊　差落ニ相成御座候ニ付　此度奉差上候　其餘村々上ケ残無御座候ニ付　乍恐此段奉申上候
右御聞済被為　成下候様奉願上候以上

天保四年巳九月廿五日

右
清左衛門
病気ニ付代
大鳥村庄屋
十郎兵衛

川口
御役所

和泉国大鳥郡之内郷村高帳

和泉国伊勢講田
村役人支配年寄
安左衛門

右ハ表紙雛形也

和泉国大鳥郡
赤畑村

高弐斗八合

外

清水殿領知
高三百五拾壱石七斗三升五合

八幡宮除地
別当重楽院
高壱石九升弐合

右者伊勢講田除地高国郡村名書面之通相違無御座候尤右之外改出新田并見取場高流作場林等無御座候以上

天保三辰年十一月

和泉国伊勢講田
村役人支配年寄
安左衛門

御奉行様

下ケ紙

此伊勢講田之義右田地作徳を以村方ゟ年々伊勢両宮江参詣仕候ニ御座候

（高林家文書）

(19)　前述した兵庫県小野市史編纂室所蔵の三枝家文書マイクロ引伸版から調査。加東・加西両郡惣代の庄屋年寄クラスのほか、社倉見廻役で取締役たる五人の在地有力者が関係しているが、国絵図の調進の場合も同じであった。

(20)　(A)・(B)双方の法令とも『牧民金鑑』下巻　御国高調　一二六～七ページ。

(21)　高林家文書「御触書廻状等留」には中八月十四日付の廻状で、左の如く述べている。

元禄年中御改有之候和泉国御絵図郷帳年暦相立候ニ付右改方今般従

公儀岡部内膳正江被　仰付　依之元禄以来御領知之内往還并川岸通川筋其外新田村ニ至迄　変地之模様被調尚又去ル夘年

差出候村高ニ相違無之様認　内膳正方江可差出旨達越　右ニ付村方同役場ゟ申談儀可有之由ニ付　兼而心得可被遣候

右之通内膳正方ゟ掛合越候ニ付相達候条得其意　同役場村々江相達等有之候而者　其時ニ可差出　此廻状村下令請印早々

順達留村ゟ可相返もの也

中八月十四日

川口
御役所

（高林家文書）

(22)　三枝家文書「国絵図取調の件　正月」であり、その内容はつぎの通りである。

取締役
社倉見廻役兼
播州加西郡南殿原村
青山源左衛門

此度国絵図取調被　仰出候ニ付大和和泉播磨国村々絵図其方江取調申付条廻村之上当時之地模様不洩様委敷取調可差出候

但於国々之取締役之もの差扣候儀可有之間其旨可心得事

（天保八）
酉正月

取締役
社倉見廻役
播州加東郡西古瀬村
岸本理兵衛
河合中村
三枝五郎兵衛
同州加西郡常吉村
太右衛門

（三枝家文書）

此度御国絵図取調被　仰出候ニ付其国村絵図青山源左衛門江取調方申付条得其意其方共之内ゟも差扣取調候様可致候

（天保八）
酉正月

三ケ（郡）村々
取締役共

（23）　高林家文書「天保六未年八月ヨリ天保八酉年十二月迄御用留」には、つぎのように記している。

当御領知和泉国村々絵図取調可差出去八月中岡部領内膳正役人ゟ懸合有之処　右取調之儀　此度掛合之上同役場江御領知村々のもの差出於同所取調方及差図儀　絵図出来次第村方ゟ当御役所江差出　一応見届候上内膳正役場江差出候様尤右絵図惣体当月中ニ取調出来筈之由ニ而　来ル十五日迄村々役人共罷出候様可致旨申越候間　得其意書□候もの共両三人　彼役場江右日限無遅滞可罷出もの也

酉三月十日

川口
御役所

泉州三郡
村々役人
右村々取調役

泉劦御国絵図御掛リ
岡部内膳正殿御内
堀佐太夫

渡辺四郎左衛門

（高林家文書）

(24) 泉大津市　横山喬家文書「天保八年　村方諸事留」の「国絵図御用ニ付廻状」。杉本史子の論稿によれば、「天保国高・国絵図改訂事業の基礎過程」には、武蔵国天保国絵図作成のとき、伊奈半左衛門忠信を含む四人の幕府代官が担当し、天保七年六月から八月にかけ指令を下した。とくに提出する村絵図については、伊奈忠信が案文をつくった。その内容には、村境・道（何往還）・川（舟渡から歩行渡カ）・居村（家）・朱印寺（何宗何寺）を図示し、村境は墨引で念入に表示するように命じたと言う。

(25) 天保六未十月「訴訟願書留帳」によると、つぎの通りである。

乍恐書付を以奉上候

泉州大鳥郡赤畑村
取締役
清左衛門

此度被　仰出候御絵図之儀私組合村方之分出来仕候ニ付別紙八枚奉差上候　猶又高帳下調書壱冊奉差上候右之段御聞済
被　成下候ハヽ、難有奉存候　以上

（天保八）酉四月十八日　清左衛門

川口
御役所

（高林家文書）

(26) （表紙）

「　天保八年酉四月
村々高帳下調書
泉州大鳥郡赤畑村組
四ケ村　」

一高三百五拾壱石七斗三升五合　赤畑村

外ニ壱石九升弐合　　　　　　　万代八幡宮神田除地
　高弐斗八号　　　　　　　　　伊勢講田除地
一高弐百八拾九石九升七号　　　夕雲開
一高七百拾七石弐斗弐升八合七勺五才　大鳥村
　内
　高三斗五升三合四勺五才　　　元禄七戊年新田
　高五斗壱升弐合五勺　　　　　元文三午年改出
　外ニ
　高三百三拾七石九斗八升弐勺五才　分郷同村 田安御知
一高千七拾四石六斗八升八合　　下石津村
　内
　高拾七石七斗九升七合宝永元申年雨宮庄九郎様御検地水帳壱冊ニ而開発
　除地弐反壱畝弐拾歩　　　　　浄念寺
　　分米壱石五斗壱升七合
　除地四畝拾弐歩　　　　　　　同寺境内
　　分米五斗七升弐合
　除地弐畝六歩　　　　　　　　西法寺境内
　　分米弐斗八升六合
　除地壱反歩　　　　　　　　　教蓮寺
　　分米七斗
　除地五畝四歩　　　　　　　　同寺境内
　　分米六斗六升七合
　除地弐畝拾五歩　　　　　　　慈光寺境内

分米三斗弐升五合
除地壱畝拾弐歩　　同寺境内
分米壱斗八升弐合
除地七畝弐拾壱歩　　願行寺境内
分米壱石五合
除地六畝弐拾八歩　　円浄寺境内
分米九斗壱合
除地壱反弐拾三歩　　恵美須社
分米七斗五升四合
除地壱反五畝歩　　天神社
分米壱石三斗五升
除地屋敷八畝歩　　恵美須神主
陸野出雲
分米壱石四斗
除地屋敷四畝弐拾弐歩　　末社天神神主
清水五郎左衛門
分米六斗壱升五合
〆九石九斗壱升四合　　除地
外ニ
高百五拾九石七斗四升弐合　　小出主水様御知行所
右者私組合村々高帳下調書面之通御座候以上
右村々取締役赤畑村
清左衛門㊞
川口
御役所

（高林家文書）

(27)　三枝家文書。長帳形式の簿冊で、細部にわたる項目につき経費を計算して、書き上げている。

(28)　泉大津市小滝家文書「天保八酉年三月　岡部内膳正様和泉国御絵図御改ニ付、村絵図并郷村高帳書上候諸事留、御掛役堀佐太夫様　渡辺四郎左衛門様　長井村」である。本文中にこの史料を利用して、和泉国国絵図改一件の事実経過を略述しておいた。

清水徳川家の場合と全く同様で、岸和田藩の国絵図係から一橋家役人に対し、出された達書も全く同文である。一橋泉州領知では組村単位に相談して、村絵図作成へと取組んだらしい。村絵図の仮本を岸和田藩庁に内窺いのため提出したが、相違する点を多く指摘された。その結果、府中村で組合参会し、その実際を伝え雛形を周知徹底させた。三月晦日、村々絵図・郷帳が揃い差し出すことになったのである。

(29)　宝暦元年十二月「長井村差上書付」には、

一当村（長井村）ニ聢と枝郷と申義ハ無御座候、併辻村・穴田村之事者村名ハ有来りと承候得共、御高之義者長井御帳面之内ゟ出候
　村方ニ御座候事
　（中略）
一古来長井村と辻村・穴田村ハ小名之様ニ有之候所、別ニ相分れ、依之三カ村御検地帳一冊と申伝候事
　但し水帳ハ長井村ニ預かり候所、紛失仕由申伝候、三ケ村高わかれ之事、年古キ故難相知候事

と三カ村の関係を述べている（『泉大津市史』第三巻　五六〜七ページ）。

(30)　小滝家文書には

和泉国泉郡
　長井村
宝暦申年新開
一高弐百八拾七石八斗七升
　内三石弐斗六升四合
一御朱印地寺社領無御座候
一人家四拾弐軒
一当村御高札場より隣村道法リ
　御領知　池浦村へ五丁　子ニ当ル

同　　虫取村へ九丁　　戌ニ当ル
同　　穴田村へ弐丁　　卯ニ当ル
同　　辻村へ村続　　丑ニ当ル
片桐石見守様御領分
　　豊中村へ六丁　　子ニ当ル
同　　肥子村へ六丁　　辰ニ当ル
渡辺備中守様御領分
　　板原村へ八丁　　午ニ当ル
右取調奉書上候通相違無御座候以上
　天保八酉年三月　　庄屋文蔵㊞
　　百姓代次兵衛㊞

(31) 藤田　覚『幕藩制国家の政治史的研究――天保期の秩序・軍事・外交――』の第二部第一章「天保改革と幕領支配――天保十四年御料所改革について――」に詳述されている。また、同『天保改革』(日本歴史叢書)の第五　天保改革の農村対策、天保十四年の御料所改革にも、要約されている。

(32) 「都筑金三郎代官所河内丹南郡岩室村高反別小前帳案」(大阪狭山市　中林晃家文書)

(33) 前述の「小前帳」の末尾に、

此書面之拵八月六日ゟ御掛リ閏九月廿六日御検見、廿五日(カ)阿弥村御泊リニ而、御代官様ハ高松・北村・狭山・甲田・毛人谷御泊リ、御手代衆中様方当村・今熊・西山・伏山ニ而御泊リ漸々相済申候、江戸御勘定所様御普請役様ハ五畿内江州御廻ニ而、河州志紀郡小若江村御泊りゟ江戸江御引上被　遊様ニ相成申候已来左様之御調有之候者此帳面之通ニ被成候

と幕府諸役の廻村の模様を伝えている。また「中林家累代日記」の天保十四年の箇処に、御料所改革にともなう幕領農村への、検地同様のきびしい調査及び村方一般の不安動揺と、幕府役人の廻村の情報を記している(『狭山町史』第二巻　二九ページ)。

(34) 河内長野市　田中貞二家文書。

(35)　錦部郡西代村の庄屋仁兵衛の一文はつぎの通りである。

誠ニ日本国中六拾余州検地御改之由ニ而国々大騒、前代未聞之うえ、村役人之者其日夜心配いたし、白キ小便も赤く成中、中ニ者病気差発方ハ病死仕候仁も有之、是全水野之仕業也然ル處[　　]而御改革御差留ニ相成候大平ニ納候事。

と記され、村方の情勢をよく伝えている。

第二章　河内国天保国郷帳・国絵図の調進

——村方史料を中心として——

第一節　はじめに

江戸幕府は元禄国絵図・国郷帳の完成の後、約一三〇年余を経て、天保二年から元禄国郷帳・国絵図の改訂事業に着手し、天保九年で事業の終了をみた。幕府による最後の国郷帳・国絵図の編纂事業となった。天保期の事業の特色は、従来と違って国郷帳・国絵図の調進を、一括して各国の絵図元から提出させたのではなく、まず、諸国の国高調で国高帳を差し出させ、幕府の勘定所で統一編纂して「天保国郷帳」とした。国絵図の場合も各国で国絵図担当御用掛が、元禄以降の変地調査を行ない、掛紙による部分修正図を作成して幕府に提出し、勘定所に於て全国にわたる「天保国絵図」がつくられたのである。筆者はさきに、畿内・近国の一事例として一橋・清水両徳川家の、和泉・播磨等上方の領地を中心として、天保国郷帳・国絵図の調進につき、在地村落側からその経過を明確にしてきた(1)。ここでさらに畿内の一国である河内国の事例を、在地の史料からあとづけることにより、畿内・近国の一事例を加え、天保期の事業の研究が、深化されることを望みたい。

摂河泉と一括しても、三ケ国とも同じような経過をたどったのでなく、若干、相違がみられる。和泉国では四郡全体の国高や国絵図の基礎調査については、元禄の場合と同様に、岸和田藩主岡部家が単独で総括し、提出物を幕府の勘定所に差し出した。また、摂津国の国絵図の場合には、在封の三大名、すなわち高槻藩主永井飛驒守直与、尼崎藩主松平遠江守忠栄、三田藩主九鬼長門守隆国がそれぞれに、摂津国内のいくつかの郡を受持ち、事に当った。[2] ここに紹介・考察をすすめる河内国絵図の場合は、大坂谷町代官池田岩之丞と、大坂鈴木町代官根本善左衛門の二名が担当し、河内国を南北に分割して事業をすすめた。和泉や摂津の場合のように、その国に城地をもった大名が単独か或いは数名の相持で、事に当った場合と相違し、大坂代官の両名が担当した。幕府のお膝元の武蔵国にあっては、幕府代官の四人、山田茂左衛門至意、伊奈半左衛門忠信、山本大膳雅直、中村八太夫利剛の四人が国絵図御用掛として、武蔵国のそれぞれの郡を担当し事業をすすめたのと、同様のケースであった。[3]

第二節　国高調査の指令と河内国

天保国郷帳の作成のための国高調査は、いかに進められたか。その具体的な経過については、先学がすでに明らかにしている。煩をいとわず記すと、つぎの通りである。天保二年十一月、国高調べの幕府法令が下達された。今回の国郷帳改訂の理由は、元禄及び享保度の調査以来、年数が経過したので今回の調査となった。各国の領主がその所領ごとに高を記し、村高も一村ごとにそれぞれ記すこと。朱印地寺社領高は除地を含め書きあげる。新田高も一件ごとに取調べること。提出先は幕府の勘定所であること等が述べられている。[4]『文恭院殿御実紀』の天保二年十二月三日の箇処には、「諸国総国高取調の事あり。所領あるともがらは大となく小となく、寺社領地まで残すなくつたうべしとなり」と記されている通りであった。処が同年十二月八日になり国高差出帳の案文が諸大名の留守居に渡され、記載の具体的内容が明白となったのである。

河内国交野郡甲斐田村の「天保三年辰正月二日御公義御役所御触書之留帳」[5]によると、前述の国高調べの法令にもとづき、大坂両町奉行から、村々の庄屋・年寄・寺社家に対し国高調べの触書を回達している。甲斐田村は小田原藩大久保氏の所領であった。触書とは別に郷村高帳の雛形をのせている。寺社の朱印地や除地まで含んだ内容のもので、村方から支配領主を経て勘定所に提出する雛形であろう。幕府の天保二年十二月の雛形よりも、寺社領を含めた詳細な書上げであった。

さらに天保三年四月、勘定奉行に栄進した明楽茂村が触書を下達し、実高にもとづく高帳の提出の促進をはかるため、その主旨をこまかく説明している。それは、従来脱落していた新田高改出書を書き出すべきで、今までの郷村村高帳との相違があってもよい。新田高以外の高外地があっても耕作し、収納あるときは、高帳の末尾にくわしく面積を書き勘定所へ提出するよう述べている。これは天保三年四月二十一日付で下達され、見取場・反高場・流作場や林なども、郷村高付帳の末尾に書上げることを命じている。(6)

河内国を管轄していた大坂両町奉行からは、明楽等が三年四月に下達した上述の法令の処置は不明であるが、寺社領の取扱い方を中心とした触書を、三年四月の年記で触れている。(7)小田原藩大久保氏や山形藩秋元氏等の河内領村落に、下達された法令を記しておく。

諸国惣御国高之義元禄享保之度御調有之候処年暦相立増減も可有之ニ付猶又此度取調被　仰出御朱印地寺社領除
地共認加并新田高之分も廉切ニ取調被　仰出候寺社領之分書出方之儀者都而本高江戸役高触頭ニ有之分者寺社奉行
ゟ通達有之候積りニ候間其分ハ当表ヘ書出候ニ不及其余領主地頭無之除地又者是迄領主地頭ゟ書出候分も御朱印地
并除地共此度之儀者其寺社之向ゟ不洩様書出し尤可申候　夫々書出候帳面之儘御勘定所ヘ差遣候間其段相心得右
帳面ハ程村紙ニ而別冊雛形之振合を以相認弐冊づゝ可差出候尤除地之儀ハ田畑ニ不抱高有之候除地之分者書出し可
中候無之分ハ書出し候ニ不及候間其段相心得来る六月中大坂番所ヘ可持参者也

伊勢印

（久世伊勢守広正）

（天保三）辰四月

参府ニ付無印分

日向

（曾根日向守次孝）

村々庄屋

年寄

寺社家

（雛形省略）

以上の触書にも明らかなように寺社領については朱印地や除地に当る高も、脱落することなく記載し、新田高と同様に項目をかかげ、雛形の通り、二冊ずつ勘定所に差し出すべきである。そこで、六月中に大坂町奉行所あて持参のことを、触れ流している。のち、大坂町奉行所から達書があり、朱印地寺社領の除地をもつ村方は、無高の除地であっても省略せず、くわしく書き上げ村役人が持参し、大坂両町奉行所まで、来る六月二十七日限りで、提出のことと記している。[8]

小田原藩大久保氏の河内領丹南郡半田村では、天保三年六月二十六日に年寄六左衛門が朱印地除地の寺社高など、残らず書き上げ大坂西町奉行所あてに提出している。半田村の除地は氏神牛頭天王・若宮屋敷地・舟乗明神宮留芝原・地蔵堂屋敷・狭山池守役人（樋役人）屋敷・三昧・聖屋敷の合計一二カ所である。除地であるが作付はなく、朱印地寺社領は全くないと具体的に報告している。同時に、領主たる大久保氏にも同様な書付を差し出している。[9] 前述した大坂町奉行所からの、二回にわたる達書によったのである。また、山形藩秋元氏は、河内八上郡の村々、すなわち、河合・野遠・中・石原・小寺・東大饗・西大饗・菩提・野尻・金田・長曾根・南花田の一二カ村の支配領主であった。処が、同じ天保三年六月、一二カ村は各村々に朱印地寺社領で、高入れの除地は全くないと、庄屋連印で報告している。しかし、前述したように同年六月重ねて出された達書で、秋元領の八上郡一二カ村は村庄屋の連印に、さらに、河内領の大庄屋日置五郎右衛門以下四人が連印し、各村々の除地たる寺社の境内地を前回の報告と違い、村ごとに列記した。「右之通大坂御奉行所江御断奉申上候ニ付、乍恐此段写書ヲ以、三郡共御答奉申上候、以上」と書き加え、大坂奉行所のほか、藩の役人に報告している。天保三年七月朔日の年記がある。(10) これは、続いて通達された法令の内容を無視せず、より詳細に具体的に記述したものである。奉行所からの指令を厳守する方向の現れと考えてよい。

錦部郡西代村は、天保年間、大津代官石原清左衛門支配の幕府領であった。庄屋仁兵衛と年寄栄三郎は、西代村の氏神たる天神社の森は、除地であるが作付はないので高入場として報告しないと記している。天保三年六月二十六日づけで、大坂西町奉行の寺社掛りあてに報告し、村高は先般に報告通りと結んでいる。(11)

さらに同年七月に大目付廻状で、寺社領の取扱いにつき通達があった。それは、各寺社が独自に高帳を作成するのではなく、国役銀徴収を受け持つ代官、又は大名領主にて取りまとめて差し出すことが、改めて下達された。去る三年四月の寺社領の高帳の提出方が、変更されたのであった。(12)

処で大坂両町奉行は三年八月に廻達を出した。さきの三年四月に明楽らの下達した法令を、正式に具体的に取りあげ、村高等を新田高等を入れた実高で報告することを、要請している。全文をかかげよう。(13)

諸国御国高御改被　仰出候ニ付銘々領分知行其外一村限新田高等不洩様書出可申旨先達而被　仰出候処只今迄不書出新田等書出候而ハ宜ケ間敷哉ト万一心得違之向茂可有之候哉畢竟年久敷御改も無之候ニ付此度御改被　仰出候事ニ候間是迄書出相洩候新田幷改出高等書出前々之郷村高帳与相違之廉有之候共不苦候間銘々新田高者勿論高外ニ而茂作付等いたし収納有之場所者高帳之末江一村毎ニ反別認分与不洩様委細ニ相糺差出候時宜ニ寄村々糺方被　仰付候儀も可有之其節書出相洩候場所有之候而者不容易儀ニ付急度御沙汰も可有之旨猶又被　仰出候ニ付来ル十月中

大坂御番所江可差出候尤先達而断相済候向者右被　仰出候ニ付相違之分者可断出候且此度再触ニ付可申出廉者別紙
雛形帳掛ケ紙之振合ヲ以認知可差出候

在府ニ付無印

（天保三）辰八月　備　前
（戸塚備前守忠栄）
伊　勢
（久世伊勢守広正）
村々庄　屋
年　寄
寺社家

（表紙）「
何国何郡何郡之内郷村高帳
何国何寺」

高何程　　何郡何郡何ヵ村
田高何程　　小物成高入
内高何程　　御朱印高
高何程　　込　高

高何程　　新田高

右一村限内訳

高何程　　何国何郡何村

高何程　　何年新田

内高何程　　何年新田

但是ハ前ニ書出相洩候分

外

高何程　　御　料

誰支配所歟

御預リ所歟

高何程　　誰領分

高何程　　誰知行

御朱印寺分

高何程　　何社領

但何ヵ在之候共右之振合候事

入合無之分者其訳一村毎ニ認可申事

外

一田畑合反別何程

内

何国何郡
何村之内
田反別何程
畑反別何程
田反別何程
畑反別何程
一反高場同断　右同何郡何村之内 林何ヵ所
一流作場同断　同断 林何ヵ所
一見取場同断
右之振合を以入合ニ而御朱印地之分斗書出候尤百姓持林之分者不及書出候事
右者御朱印寺社高国郡村名右書面之通相違無御座右之外改出新田外ニ見取反高流作場林等分書出候　以上
天保三辰年　月　何国何寺　印
御勘定所

その内容は、繰り返すことになるが、以前の郷村村高帳と相違してもよいからと、実高記載への強い願望がのべられる。大目付の廻状として触れられた本触と字句の相違点をあげると、つぎの通りである。末尾に近い文言には「来ル十月中大坂御番所江可差出候尤先達而断相済候向者右被　仰出候ニ付相違之分者可断出候且此度再触ニ付可申出廉者別紙雛形帳掛ケ紙之振合ヲ以認知可差出候」とある。提出期限を十月中と定め、提出先を大坂町奉行とし、再触であるので別紙の雛形の体裁にならうことを述べている点が、具体的である。処が本触の方は「其外相分兼候儀も有之候ハヽ、明楽飛騨守大久保讃岐守館野忠四郎江申談候様可被致候」と記している。一般論として、不明な点があれば勘定所の三人の主担者に照会してほしいとする点が、のべられている。また「再触……」とあるので勘定所の明楽飛騨守から天保三年四月下達した前記の指令が、大坂両町奉行所によってすぐに廻達されていたかも知れない。後考にまちたい。

その後、新田のみならず、見取場・反高場・流作場・林などを書き上げ、報告することが義務づけられた。これらの土地は、いずれも生産力の不安定等の理由で、高入れされていない土地であり、高外の領域に所属する。こうした高外の土地を私領のみならず、御料所についても同様であるとし、天保三年五月には勘定所の明楽から触書が下達された。「諸国御国高御改被　仰出候処……（中略）……御料所之儀も同様相心得見取反高流作場等迄も郷村帳之末江一村毎ニ取調可被差出候……（中略）……私領地先ニ而も都而御高入ニ可相成場所有之候ハヽ、得与相改御高入之積一村限取調有無共申立候様可被致候……」と記されている(14)。雛形書の形式の示すように、郷村村高帳の末尾に、一村ごとに、見取場・反高場・流作場や林等を調査し書き上げ、提出することを命じている。その上、幕府領でこれまで鍬下年季などで減作した分は勿論、たとえ私領地先であっても、よく調査し高入れになるような場所があったら、代官所まで上申するよう申し伝えている。高外地への注目、新田可能地域の書上げが、天保期の国高調査事業の一つの特色であると言われている所以である(15)。

つぎに河内丹南郡池尻村を本拠として立藩した狭山藩が、幕府の勘定所に提出した「郷村高帳」について、その体裁や内容の検討につき論をすすめよう。

第三節　河内狭山藩の郷村村高帳

天保の国高調査に際し、全国の諸大名家からの実高記載の「御領分郷村高帳」の提出は極めて慎重であり、互に他藩の様子を窺いその提出はおくれ勝ちであったらしい。その上、天保四年は全国的に未曾有の凶作であり、各大名領主ともその対策はおくれ、領民飢餓対策による繁忙さもあり、国高帳作成のための調査はすすまなかった。幕府による督促は天保四年から始まったが、提出はなく、翌五年五月に明楽勘定奉行による厳命で、領分村高帳の差出しは始まり、五年後半から六年にかけてやっと揃ったと思われる。[16] 狭山藩の「御領分郷村高帳」も、天保五年の年記がある。

狭山藩の幕末期の藩政史の事件を、年代順に、日記風に見出しをかかげた史料として、「公辺留見出し目録」「明治二己巳年仲夏　県令方日誌見出目録」[17]等がある。それによると、天保の惣国高調査の触書がでて、調査が各地で開始されるが、三年正月、狭山藩領村落の内で他領との入組村落では、相手側の他領主と掛合い、村高につき、双方の領主たちが確認したことを記している。また、同年七月には、藩領丹南郡丹上村・真福寺村両村が、国役高のことで幕府の勘定所に問い合わせたが、困難な問題があり、すぐに解決が至難のためそのままになった由記載がある。[18] 惣国高調べに際し、相給村落の相互の領主の村高や、国役高の具体的な内容を確認することが、重要な調査内容であった。

狭山藩の「県令見聞記」[19]によると、天保五年の年記のある史料がある。表紙には「河内国錦部郡・丹南郡・丹北郡・古市郡・大県郡・河内郡、近江国滋賀郡・野洲郡・栗太郡・甲賀郡之内郷村高帳」と記載され、明らかに天保の国高調べに対して、狭山藩から勘定所に提出した「御領分郷村高帳」である。末尾に「右者北条相模守領分高同郡村名書面之通相違無御座候尤右之外改出新田并見取・反高場・流作場・林等無御座候以上」と書かれている。提出者は北条相模守家来　亀井弥六」とある。郷村高帳の内容は、領主の所領の所在国郡、総石高と村数、一村毎の村高、見取場・反高場・流作場・林等の書上などから成り立っている。[20] 幕府の天保郷帳の原本に対して、各領主が提出した郷村高帳は、記載内容が異なるものであった。つぎに、その体裁を紹介し、あわせて村高をはじめ各種の高の内容につきのべてみたい。

（表紙）「　河内国　錦部郡　丹南郡　丹北郡　古市郡　大県郡　河内郡

之内郷村高帳

近江国　滋賀郡　野洲郡　栗太郡　甲賀郡

北条相模守家来
亀　井　弥　六」

高壱万千六百拾六石四斗七合六勺三拾七箇村

高壱万石　　拝領高

高九百八拾四石壱斗壱升七合　　込　高

高六百弐拾五石三斗五升壱合六勺　　改出 新田高

高六石九斗三升九合　　小物成高

右一村限内訳

高弐百三拾壱石五斗六升　　河内国錦部郡 瀧畑村

外

高六拾三石本多下総守御領分

但右之外

御朱印地除地高寺社領等無御座候

（中　略）

一 見取場 田畑 芝地 合反別四反五畝拾弐歩三分弐厘

畑反別壱畝拾九歩　河内国錦部郡 小深村分

田反別弐拾七歩五分　同国同郡 小塩村分

芝地反別弐拾七歩八分二厘　同国同郡 廿山村

（中　略）

一 反高場田畑藪池山地 合反別三百三拾四町七畝弐拾六歩弐分

藪山反別弐反壱畝拾八歩　河内国錦部郡 石見川村分

藪地反別三反六畝八歩　同国同郡 嬉　村分

松山反別拾町六反九畝弐拾八歩　右同村

（中　略）

山地反別百八拾八町六反弐拾壱歩五分　近江国滋賀郡 途中村分

山地反別八反五畝歩　同村野洲郡 辻　町　分

山地反別七拾五町五反七畝拾五歩五分　同国甲賀郡 田代村分

一反別拾七町五反三畝九歩　同国滋賀郡途中村之内 林壱カ所

一反別弐拾五町六反三畝弐拾五歩　同国甲賀郡田代村之内 林三カ所

右者北条相模守領分高同郡村名書面之通相違無御座候尤右之外改出新田并見取反高場流作場林等無御座候以上

天保五甲午年　月　北条相模守家来 亀井弥六

御勘定所

郷村村高帳は大体、同一の体裁であり総石高は拝領高と込高、改出高、新田高の合計である。一村の高は元禄郷帳

見取場（田畑芝地）		
村名	面	積
小深	畑	1畝-19歩
河合寺	畑	2-3歩
小塩	田	27-5分
廿山	芝地	27-8-2厘
池尻	田	1反-0-12
今井	畑	8-20
大県	畑	1-5-12
平野	畑	3-13
神宮寺	畑	1-14
途中	畑	20
計		4反-5畝-12歩-3分-2厘
	反高場（田畑藪地山地林）	
村名	面積	
石見川	藪山	2反-1畝-18歩
小深	藪山	3-1-12
太井	藪	9-9-19
鳩原	藪山	2町-1反-0畝-22歩
河合寺	藪地	24
小塩	藪地	1-3-12
嬉	藪地	3-6-8
〃	松山	10-6-9-28
向野	藪山	9-2-15
錦郡	田	2-17-2分-5厘
廿山	芝地	4-0
池尻	田	3-10-19-5
〃	畑	3-2-5-5
矢田部	池葭	28-2-5
軽墓	松山	1-0-5-13
	前ノ山	2-2-4-9-20
	池堤	2-5-13
西浦	芝山	1-9-9-4
	松山	5-2-7-15-7
大県	山地	20-1-8
平野	山地	9-4-8
神宮寺	山地	11-2-1-16
途中	山地	188-6-21-5
辻町	山地	8-5
田代	山地	75-5-7-15-5
途中	林	17-5-3-9
田代	林(3ケ所)	25-6-3-25
計		334町-0反-7畝-26歩-2分

に記載の村高と、改出高・新田高の合計で、新田高には検地高入れの年代を付記させる。なお、見取場・反高場・藪・林等の反数も記入されている。狭山藩の領地高全体は、河内・近江の両国を通じ一万一六一六石四斗七合六勺を数える。内訳は拝領高（朱印高）は一万石、込高は九八四石一斗一升七合、改出新田高は六二五石三斗五升一合六勺、小物成高は六石九斗三升九合と記されている。天保五年から約三〇年以上経過した慶応三年の「河江御領内高附帳」（神奈川県立博物館所蔵）では、藩領総石高が一万一六一六石四斗一升一合六勺とあるので、両者の数字は殆ど同一である。天保の惣国高調べで提出した総石高が、幕末の藩の公式帳簿の数字と僅少の誤差で、そのまま使用されている。天保の時点で幕府の方針に沿い、厳密に実高の村高を設定して差し出したと言ってよい。表1は郷村村高帳の数字を図表化した。

表1　狭山藩郷村村高・見取場・反高場・林（天保5年）

国	郡	村名	元高(A)	新田高(B)	新田高(B)	実高	相給領村高	相給領村高
			領地村高					
			石		石	石		石
河内国	錦部	滝畑	231.56			231.56	膳所藩本多家	63.0
河内国	錦部	石見川	43.00			43.00	〃	17.8
河内国	錦部	小深	46.62			46.62	〃	15.284
河内国	錦部	太井	86.90			86.90	〃	10.000
河内国	錦部	鳩原	202.05			202.5	〃	19.567
河内国	錦部	河合寺	154.81	改出	0.004	154.814	〃	0.896
河内国	錦部	嬉	219.6			219.6		
河内国	錦部	向野	145.86	正徳3改出	17.2787	163.1387	〃	101.59
河内国	錦部	彼方	49.08		48.00	97.08	〃	478.7
河内国	錦部	錦郡	358.48			409.928	甲斐庄領	1220.66
河内国	錦部	（錦郡新田）			51.448			
河内国	錦部	廿山	38.25	宝永7	22.3186	88.7163	神戸藩本多家	6.533
				享保5	2.48		旗本水野家	1156.089
				享保5	25.5677			
河内国	丹南	池尻	640.00	元禄12改出	449.256	1119.0341		
				享保9改出	1.706			
				天明4改出	28.7129			
河内国	丹南	郡戸	445.24			445.24		
河内国	丹南	丹上	601.88	正徳3改出高	15.443	617.323		
河内国	丹南	真福寺	264.65	正徳4改出高	4.4612	269.3112		
河内国	丹南	今井	316.41			316.41		
河内国	丹北	東我堂	317.706			317.706		
河内国	丹北	西我堂	311.714			311.714		
河内国	丹北	芝	303.293			303.293		
河内国	丹北	南枯木	150.286	除外地	2.25	150.286		
河内国	丹北	北枯木	109.011			109.011		
河内国	丹北	矢田部	988.489			988.489		
河内国	古市	西浦	455.557			455.551		
河内国	古市	軽墓	303.余	享保7新田高	5.222	308.651	大久保家領	665.219
							土岐家領	500.
河内国	大縣	大県	432.	延宝7	6.939	439.422		
河内国	大縣	平野	100.954			100.954	大久保家領	296.944
河内国	大縣	神宮寺	333.			338.955		
河内国	河内	出雲井	20.			20.	大久保家領	168.2
河内国	河内	福万寺	52.7			52.7	旗本曾我家	1131.87
近江国	滋賀	途中				499.136		
近江国	野洲	欲賀				1063.719		
近江国	野洲	辻町		享保6	0.9	313.952		
近江国	栗太	野				324.625	旗本岡部家	500.
近江国	栗太	川原				474.782		
近江国	栗太	蜂屋		宝永4	1.198	195.224	矢橋家 渡辺家領	502.3 132.927
近江国	甲賀	田代				130.66		

高外地として見取場（田・畑・芝地）は藩領全体では、四反五畝拾弐歩三分二厘の面積で、個々の村落では表1の通りである。地目は畑地が多く、池尻・小塩両村が田と言う地目である。両村のほか、小深・河合寺・廿山・今井・大県・平野・神宮寺・途中等の諸村と、山間部農村から平野部農村にまで広くみられる。大県村が畑一反五畝十二歩と最大で近江領滋賀郡途中村が畑二〇歩とあるのが最小である。

反高場や林等については、総計で三三四町七畝二六歩余と計上している。藪山の地目で丘陵地諸村から広く山間部村落に及び、石見川・小深・太井・鳩原・河合寺・小塩・嬉・向野の諸村がある。芝地や松山という地目では嬉・廿山・軽墓・西浦の村々である。田や畑という地目で、平野部農村の錦郡・池尻の各村にみられる。面積は二畝一七歩余から四〜五畝、三反余までの面積できわめて零細である。長州藩や松代藩等が幕府に問い合わせ、その回答によれば、見取場などは現実にいくらかの年貢を取り立てできる程度に、安定した耕地であり、高入れしていない耕地の面積を調査し、書き上げることを指示していると言う[21]。別に山地という地目があり、生駒山地に間近い大県村で約二〇町、平野村で約九町、神宮寺村で約一一町、近江領の途中村で一八八町、辻町村で八反余、田代村で約七五町余と近江領村々がかなり大きい。林として途中村と田代村では、それぞれ一七町五反三畝余と二五町六反三畝余と、かなりの面積を記している。この両村については、途中村が京都からの若狭街道により朽木谷方面へ抜ける道筋にある山間部農村であり、高地で山地勝ちの地形である。田代村も甲賀郡の田代川に沿う山間に位置する村落であった。山地や林の面積が多いのは、以上の理由による処が大きい。しかし「林」については「山林」をさすのではなく、平野部にあって「林」と称されている場所か、低い山で運上銀をとりたてている林が対象で、高い山で百姓持山は不必要と幕府は回答している[22]。狭山藩が「郷村高帳」を作成するに当り、前述したように、疑問点や問題となる事項につき、終始、勘定所に問い合わせたか否かは、史料的に明らかでない。幕府と交渉して「林」などを省略してもこの「山地」などの数字は、もっと減少したかも知れない。

第四節　天保国絵図の作成と郡絵図

天保の国絵図は天保の国高調べが終結した天保六年十二月に、幕府から二種類の法令が出され、国絵図の作成が始まった。先学も明らかにしているように、二種類の法令のうち一つは、天保国絵図の作成を命ぜられたので、他から調査のため掛合がある筈であるという通達と、他の一つは、元禄国絵図・郷帳の作成後かなりの年数がたち、今回、改訂に着手する。国絵図の写を渡すので、現状にあわせ懸紙をつけて訂正することという触書であった。この通達は具体的に訂正の方法にも及んでいるが、老中大久保忠真の下知による勘定所申渡の方法をとった[23]。

河内国の村々ではそれぞれの支配領主から、この法令の主旨に沿い、国絵図作成の通達があったと思われる。錦部郡三日市村は、幕府領と膳所藩本多氏領との入組支配の村落であったが、幕府領の支配代官で近江大津に役宅のあった石原清左衛門から、つぎのような触書があった[24]。

元禄年中御改之御国絵図・郷帳年暦相立候ニ付猶今般御国絵図之儀被　仰出河内国一円大坂御代官根本善左衛門・池田岩之丞両人共大坂御役宅ゟ調方被　仰付候ニ付其村々役人共大坂御役宅ゟ早々呼出取調又ハ御手付手代廻村いたし川幅幷往還里数其外相改候儀も可有之旨善左衛門・岩之丞も□候条得其意都合差支無之様可取斗候此廻状早々順達留リ村ゟ可被返者也

（天保七）申十一月十日　　大津御役所

甲田村

伏山新田

西代村
三日市村
錦郡新田
□

この内容は元禄国絵図と郷帳とが調進されてから、相当の年月が経過したので、このたび国郷帳についで河内国絵図を作成することになった。河内一国は特定の大名ではなく、大坂代官根本善左衛門と池田岩之丞の二人が担当する。そこで村々諸役人を代官所に呼び出し、代官所の手代らとともに廻村し、川幅や街道の長さ等を取調べ、元禄期とは相違する地域の変貌を明らかにしたい。二人の代官はこの旨を承知し、村々に支障がないよう取斗らい、この触書を村々に廻達してほしいという内容であった。さらに、八日間ほど経過して、同年（天保七）十一月十八日には池田岩之丞・根本善左衛門両人から、新大和川筋から以南の村々に、つぎのような廻状を下達している。すなわち、河内国国絵図の提出につき、支配領主の如何をとわず、一国内に通知洩れの村々がないように、一〇カ村から二〇カ村の村落が組合をつくり、代表者は新大和川を境界として、河内北部の村々は鈴木町代官所の根本善左衛門役所に、河内南部の村々は谷町代官所の池田岩之丞役所に、それぞれ来月（十二月）に出頭するように命じている。[25] 河内国絵図の調進に際し、より具体的な方針が決定し、河内国村々に指示を与えた。

錦部郡瀧畑村庄屋の大谷家は天保七年十二月、池田岩之丞役所から、国絵図の作成につき呼出しがあり、錦部郡絵図の件で覚書を差出した。はじめに郡絵図作成の要項を書き留め、これは、後述する某家史料と殆ど一致している。次に郡全体の支配領主ごとに、その領知村落の村名を記している。それは膳所藩本多氏の支配村落一九カ村、伊勢神戸藩本多氏は一一カ村、旗本甲斐庄氏は五カ村、旗本三好氏は二カ村、同水野氏も同じ、狭山藩一三カ村、旗本小出氏三カ村のほか、観心寺の寺領と寺元村、幕領石原代官四カ村とそれぞれの領地村落を確認する。錦部郡絵図の作成のため、基本的な必須事項であった。また、国見城、仁王寺古城、観心寺、金剛寺、天野山、見坂之峠、光瀧川、西条川等の古城址や名所旧蹟河川等を挙げているが、郡絵図の仕上げに際し、地域絵図に脱落せず記入すべき重要な地点である。村方側の惣代として、三日市村庄屋五郎兵衛、小山田村年寄右市、原村年寄源兵衛の三人が引受けた。郡絵図で何か用件があるとき、三人の惣代がその任に当ることを池田岩之丞役所に報告している。錦部郡絵図の作成に当り、重要な諸事項を列挙したものである。郡内の村落が大きな関心をもち、村方側の惣代ではないが、事業に取りくんだことを、池田代官に示す一件として興味深い。

天保七申年十二月の年記ある某家史料は、その標題を欠くが、郡絵図作成の具体的な事項を記している。全文を述べよう。

一惣代之もの共引請罷出村々絵図面一紙ニ認山川曲直不違様いたし居村之小判形之内江村名相認枝郷ニ而茂民家有之分ハ同様小判形ニ村名之内何与認入民家無之ニ而茂境目別廉ニ相成一村立之新田ハ本村同様可認事
一何村者何村ゟ何ノ方ニ当リ方角ニ引当一里を凡弐寸位ニ見積候而絵図面可認事
一御朱印寺社之分不洩様堂社鳥井(居)之形を相認何宗何寺与相認
一御朱印地ニ無之とも右地之分ハ同様可認事
一郡境者墨引致し右ニ故墨引之内ニ何郡与可認事
一往還之筋者朱引ニふとく村往来道者同細可認事
一山ハ萠黄川者青也堂社屋根鳥井(居)建柱者たいしや鳥井(居)者朱ニ而可認事
一古城跡者名所旧跡等不洩様可認事
一渡候舟場者歩行渡場所とも其訳川はゞ間数可認事
一絵図面之外画候村々往来来引所ニ何国何村ニ移候認入事

図1　丹北・丹南・八上・志紀　四郡絵図（大阪狭山市・田中俊夫家蔵）

一往来筋村々凡里数ニ而茂可認事
一元禄以来川筋ニ付違またハ新田開発等ニ而も変地致候場所ハ其儘可認事
一御国絵図儀ニ付尋之儀有之せつ者何時誰を呼出名前書出可致事
右之通相心得絵図面相仕立来ル正月十八日無相違可差出事
（天保七）申十二月
絵図面三十六町壱里壱尺之申合可相心得候事

以上の諸事項は郡絵図の作成に当って具体的な事柄に即し、詳細に、表記上の要点につき述べられている。この全文に基づき郡絵図が作成された。

河内国郡絵図には管見の及ぶ処、数郡あわせた郡絵図（石川・古市・安宿部）三郡絵図、(26)丹北・丹南・八上・志紀四郡絵図と、一郡だけの郡絵図（河州錦部郡絵図・河州茨田郡絵図・河州交野郡絵図）(27)(28)(29)がある。いずれも天保河内国絵図の調進に際して作成された。例えば四郡絵図が、「天保七申年十二月大坂御代官池田岩之丞様被　仰渡翌天保八酉年三月十五日差上候御国絵図」と書かれている。一郡限り「河州茨田郡絵図」では「此度江戸表ヨリ御国絵図御改之節差上候村扣之写」と記され、天保八丁酉年三月十三日の年記があり、鈴木町根本善左衛門様役所鯰江幸蔵様山崎治郎太郎様とある。ここで丹北郡等四郡絵図と、茨田郡絵図との両者をとりあげ、郡絵図に記載されたさまざまの具体的諸事項につき、検討をすすめたい。

第五節　丹北・丹南・八上・志紀四郡絵図

四郡絵図は郡内の村落から、支配領主ごとに惣代が出て協議しながら郡絵図の作成に当ったらしい。表2は惣代の一覧で、合計一三人で構成されていた。絵図師は大岡藤次であった。四郡絵図は『羽曳野市史』別巻古絵図・地理編にくわし

表2　丹北・丹南・八上・志紀四郡絵図惣代

支配領主名	郡・村落名	惣　代
秋元但馬守領分	丹南郡茱萸木村	庄屋定右衛門
〃　〃	八上郡金田村	庄屋易右衛門
〃　〃	丹北郡立部村	庄屋又次郎
高木主水正領分	丹北郡向井村	庄屋定助
〃　〃	丹南郡北余部村	庄屋与兵衛
石原清左衛門代官所	丹南郡河原城村	庄屋直八郎
〃　〃	丹北郡田井城村	庄屋庄兵衛
永井飛騨守殿御預所	丹南郡岡村	庄屋伊左衛門
大久保加賀守殿領分	丹南郡平尾村	庄屋藤右衛門
渡辺備中守殿領分	志紀郡林村	庄屋猪三太
北条遠江守殿領分	丹南郡丹上村	庄屋庄右衛門
戸田大学殿知行所	志紀郡小山村	庄屋又助
水野六之助殿知行所	丹南郡草尾新田	庄屋永助

（「丹北・丹南・八上・志紀四郡絵図」による）

い解説があるが、必要とする限り、簡単にふれてみたい。

国境や郡境については、西高野街道の中央が河泉国境となり、同時に丹南郡と和泉国大鳥郡との郡境にもなり南の方へ続いている。八上郡の北西部にも「従此墨引西ハ和泉国」と国境小書がある。集落は小判形で黄色地の処に、黒色で村名を記入している。本村と出在家や出郷との関係は、○○之内、○○村出在家、○○村出郷等と記入され、複雑な関係を示すものがある。在地の狭山藩の陣屋は□で白く、狭山と記す。丹南藩の陣屋は丹南村と同一の場所で一致するから、丹南村の表示であらわしている。河川は新大和川以外に、南部の地区に狭山池を描く。池から流出する用水路――西除川と東除川――の二河川を記入し、終末は新大和川に合流している。狭山池については、池内の池内新開に注目し、「狭山池床之内新開五町二反五畝、享保六丑年御検地御見取場」と書き、新田として高入れし、見取場であると位置づける。

交通路は朱線であらわし、重要度に応じて線の幅により軽重の割合を表現している。郡絵図の東西に走る太い実線の二本の街道は、北は長尾街道であり南は竹内街道である。南北に走る街道は石川の近傍を走る東高野街道であり、志紀郡と丹北・丹南両郡の郡界に沿い巡礼街道がある。なお、郡絵図の中央をほぼ南北に通ずる中高野街道と、河泉国境を通過する西高野街道の四本が描かれている。こうした街道が河川をわたるときの渡し場は、たとえば、長尾街道では石川筋で「舟渡し七十五間」と記し、また、別に新大和川筋では「歩行百間」「舟渡し百間」等々と書いてい

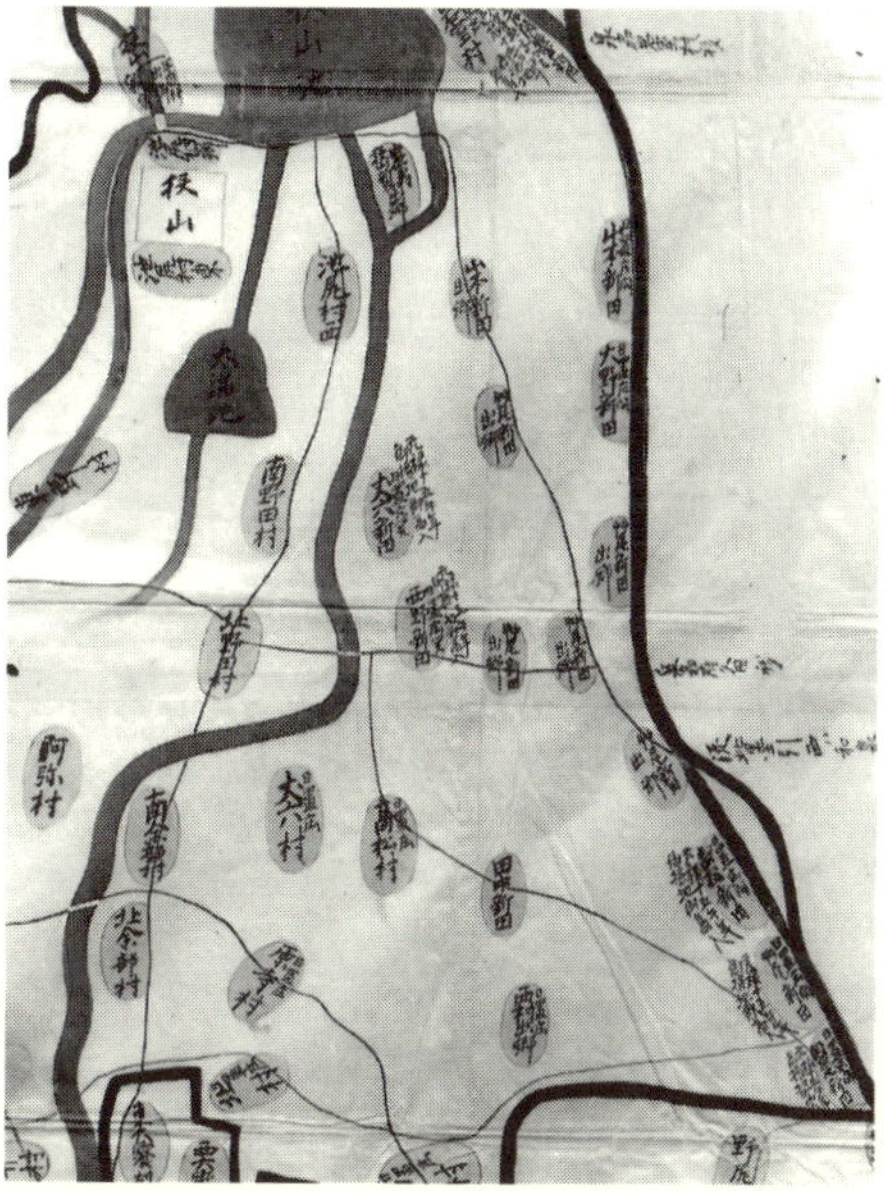

図２—(1)　四郡絵図の新田（吉村堯家文書）

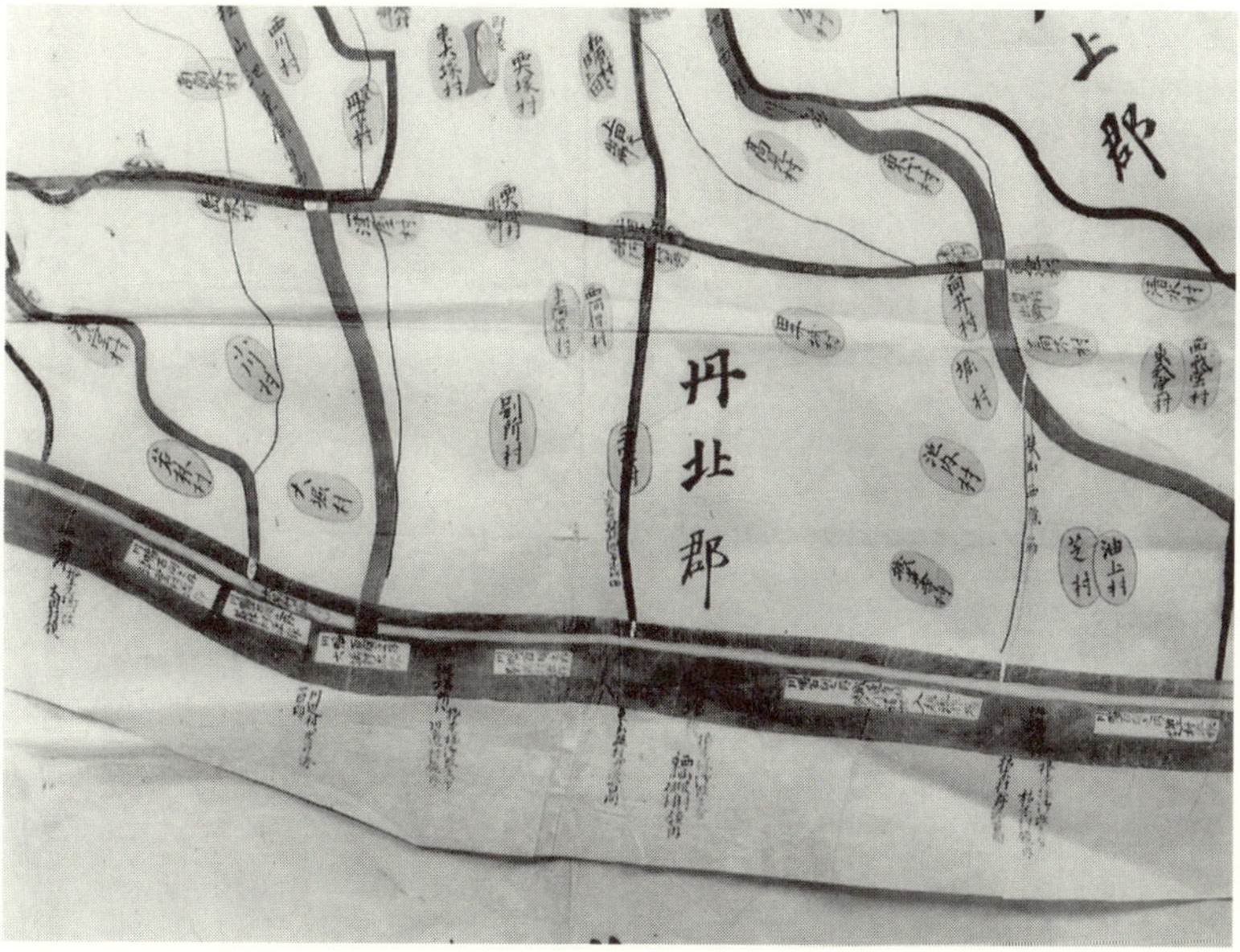

図２—(2)　四郡絵図の流作場（同上）

表3　河泉丘陵日置庄関係新田高

名　　称	新田高
日置之庄開大野新田	石 53.959
〃　〃　高松新田	54.73
〃　〃　関茶屋新田	33.617
〃　〃　岩室新田	184.025
〃　〃　今熊新田	29.203
〃　〃　西山新田	15.414
〃　〃　狭山新宿	50.000
〃　〃　丈六新田	6.425
〃　〃　西野新田	122.011
〃　〃　草尾新田	503.289
〃　〃　山本新田	71.811

表4　新大和川筋流作場

流作場村名	村高
舟橋村流作	石 0.844
大堀村流作	14.792
別所村流作	4.464
油上芝村流作	11.25

る。既述の諸街道には、その出発点と行先の村落等への距離が書かれており、「往還里数訳」として符号を設け、四郡内での、それぞれの両端の村落間の距離にふれている。こうした郡絵図を基礎とし作成された河内天保国絵図は、交通路関係の記述が、簡略化された元禄国絵図と比較して、詳細で充実していることが、その特色であるとされている(30)。

寺社関係は簡略化され神社の記載はなく、寺院は藤井寺と道明寺のみである。陵墓も「陵」とあるのが三基のみで、ほかは大塚山古墳が記されているに過ぎず、くわしく調査したのでなく形状も粗雑である。

天保の河内国絵図の調進に際して、もっとも強く求められたのは何か。言うまでもなく支配領主の総石高――拝領高と改出高・新田高などの合計高――の確認であった。そして、個々の村落の村高（実高）と、見取場・反高場・流作場等の総反別と、林の反別であった。こうした新田や改出高が郡絵図のなかで、而も個別村落のどこにあるかを示すことが、郡絵図の提出に際し何よりも緊急の事柄であったと考える。新田等は、河泉丘陵の国境に沿い郡絵図上に記され、その場所が明らかで新田名が記されている。高入れの年代も書かれており、元禄十五年である。新田の位置・名称・石高が判明する（図2―⑴・表3）。また、流作場は新大和川の河原に、村落ごとに符箋をはりつけその位置を明示する（図2―⑵）。東の方から「川幅百間之内舟橋村流作」「津堂村流作」「若林村流作」「大堀村流作」「城蓮寺村伝右衛門請地入組流作」「油上芝村流作」等とあるが、その内新田高の判明する四カ村を

表4で図示した。四郡絵図にまで見取場・反高場・流作場をたとい零細な高であっても記入させたことは、幕府当局が新田のほか、高入可能地を把握するのに、いかに躍起となっていたかを如実に示すものである。四郡絵図には、あわせて、新大和川以南の四郡村々高附帳が、一緒に提出されている。天保八丁酉年正月の年記ある「河内国大和川南八上郡丹南郡丹北郡志紀郡四郡村々高附帳」(31)は郡内の支配領主ごとに郡を単位とし、各村の実高記載の村高を書き、流作場等も個々の村落の村高に添書し記入している。さきの天保五年の国高調べのときの各村落の村高を、再度、確認差出しを求めたものであった。

第六節　茨田郡絵図

つぎに北河内の「河州茨田郡絵図」（図3）をとりあげ、検討してみたい。茨田郡の地域は淀川左岸の低湿地であり、郡内の各種の大小の村落連合は、淀川に対する洪水防禦や、淀川から引かれた用水の管理や配分及び悪水の排除を、共同で行う範囲にもとづくものであったとされている。この地域の特色でもあった。具体的には、茨田郡の村落を八つの組村に分け支配領主ごとに惣代庄屋を一〜三人ずつたて、郡絵図の作成に当った。組編成は牧方組、上庄組、門真庄組、友呂岐組、九ケ庄組、五ケ庄組、大庭庄組、八ケ庄組であり、表5は組村編成を示したものである。

郡絵図の内容を眺めよう。東海道の延長である京街道は赤色で太く描写され、淀川の堤防上を牧方宿を経て伏見方面につながっている。守口は宿駅であったため在町的な景観が発達しており、街道に沿い街村風にえがいている。「守口町」と記され行政的には村落ではなく、町場に位置づけられている。また、守口町の北の出口には「一里山」の標識が見え、樹木が記されている。京街道をさらに進むと大庭一番村となる。街道に沿い家並があり、美濃加納藩永井肥前守尚佐の陣屋がある。佐太天満宮の所在地で鳥居が描かれ、大会仏宗の来迎寺も記載されている。そのほか、

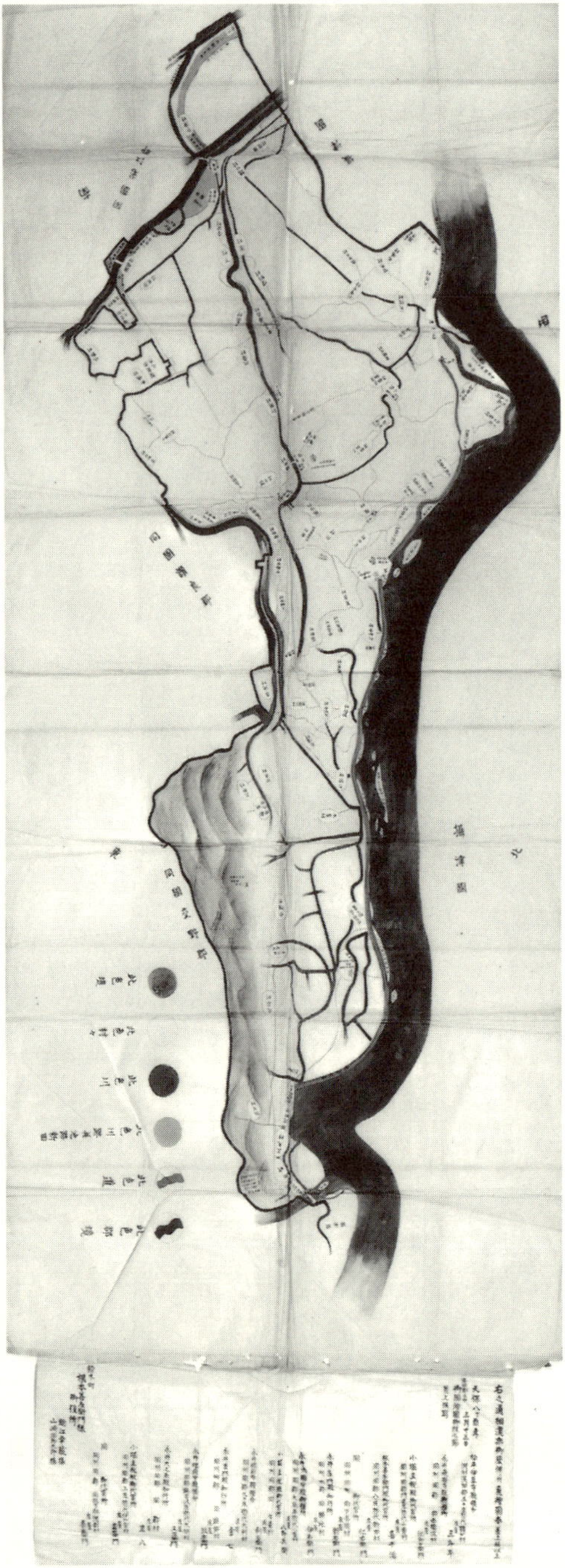

図3　茨田郡絵図（大阪歴史博物館蔵）

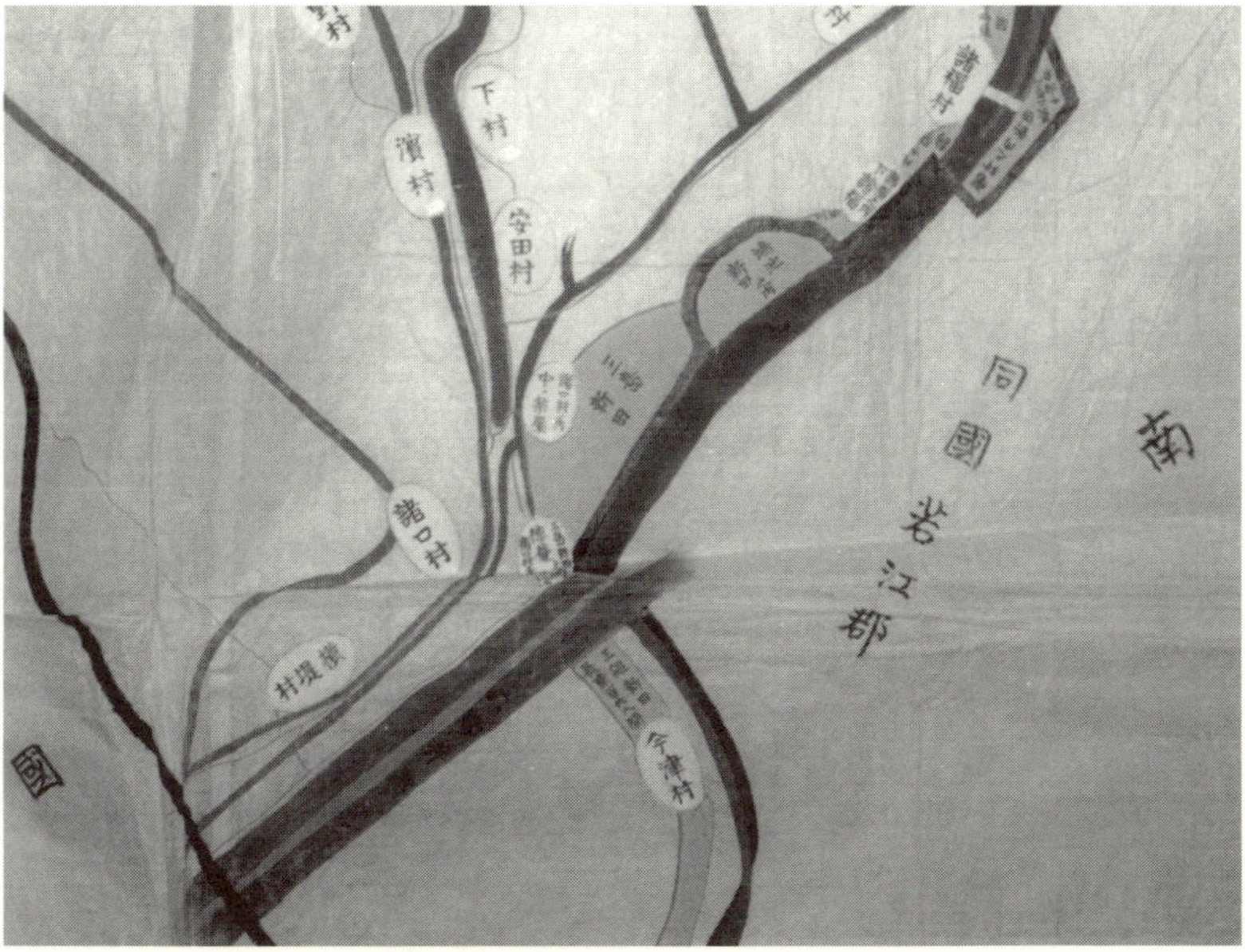

図４―(1)　茨田郡郡絵図の新田（大阪歴史博物館蔵）

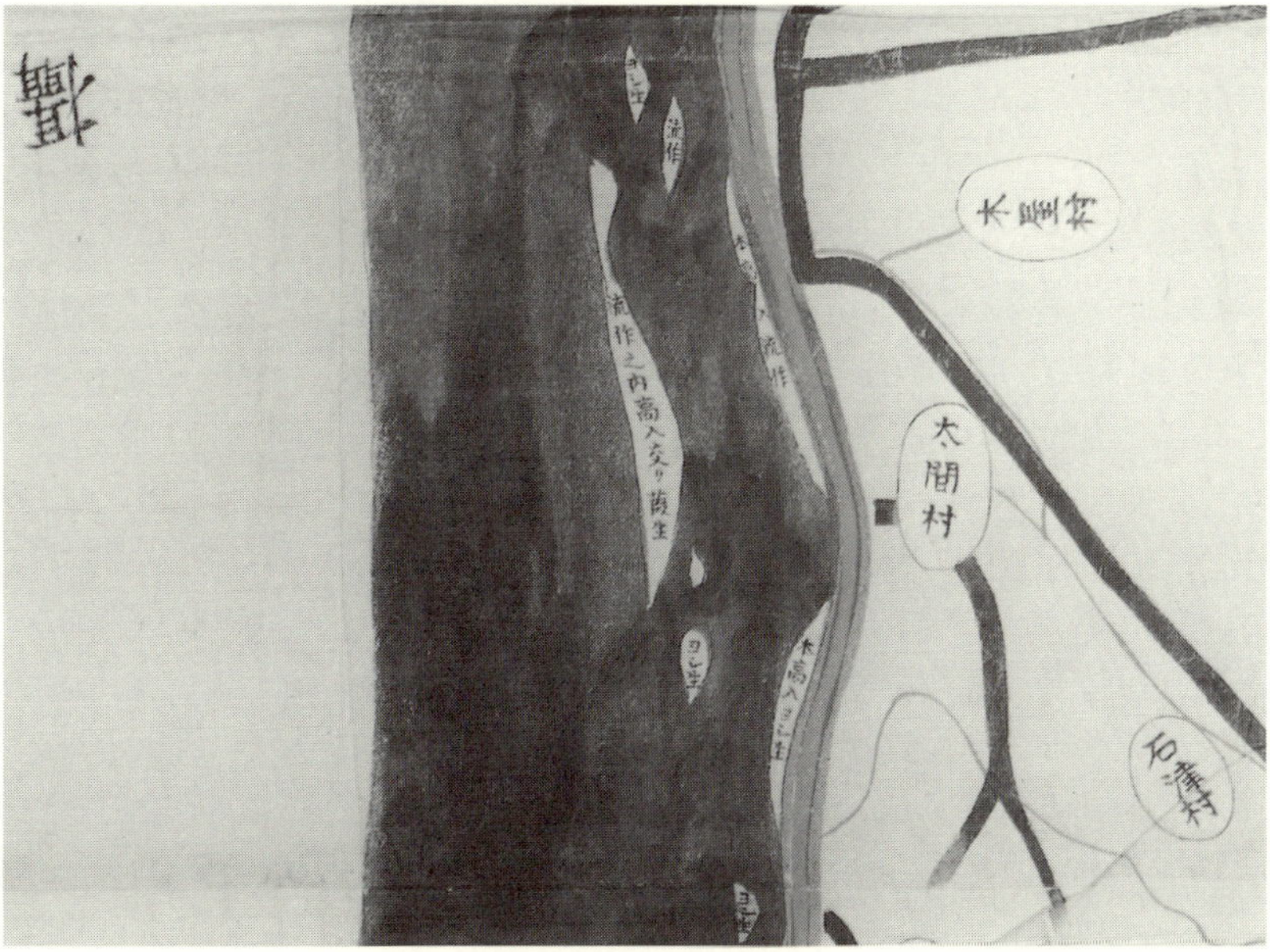

図４―(2)　茨田郡郡絵図の流作場（同上）

天保８年）

郡絵図負担(B)	平均割(C)	合計 (A)+(B)+(C)
匁 46.5	匁 75.0	匁 分 厘 132－3－7
46.5	75.0	166－1－7
46.5	75.0	176－6－0
46.5	75.0	171－7－5
46.5	75.0	210－7－3
46.5	75.0	243－8－6
46.5	75.0	212－2
46.5	75.0	276－7
匁 372.0	匁 600.0	匁 1590.38 (1598.34) (13.4不足)

門真一番古橋村の近辺に、浄土真宗東本願寺派の願徳寺や中振村氏神の天満宮の本殿がえがかれ、出口村の光善寺も除地一石九斗八合と記され、本殿を描いている。岡村の氏神社山王大権現は除地として下田二畝七歩と、小書きしている、寺社の名称や殿舎を模式的に表現するだけでなく、除地の有無や面積を記していることは、寺社の高調査が、天保の国高調査の重要な問題であるからであろう。

村落の名称は小判形の内に記されており、その枝郷・出在家などは「…之内」という表現で、四郡絵図のような複雑性はない。郡境は黒色で太く、丘陵山地は薄い萌黄色で描いているのは、郡絵図作成の基準通りである。淀川は藍色で濃く書かれ、「巾凡三百間船渡り」と淀川の川幅と、渡しの状況を述べている。

なお、四郡絵図に特別に書かれている新田や流作場の問題である。茨田郡絵図にもそれらの所在地を具体的に記入し、幕府の方針に合致しようとしている（図4―⑴⑵）。守口町の近辺の淀川には、川堤に沿い、「外島」として「本田新田入交なり」と書かれ、赤褐色でその場所をしめしている。上馬伏村から巣本村にかけ、その近辺にも、用水路に沿い新田が描かれている。

若江郡との郡境の諸口村には「三島新田」が寝屋川に沿い、「諸福村之内新田」として、その場所が明示されている。流作場は淀川筋の京街道に沿う村落の近辺にみられる。大庭二番村から點野村、さらに太間村の淀川沿いに「本高入流作」「流作之

表5　茨田郡郡絵図諸経費負担

支配領主	組名	組惣代	村高	組村掛り(A)
			石	匁 分 厘
小堀主税代官	牧方組	泥町村庄屋　喜右衛門	679.4	10－8－7
小堀主税代官	上庄組	伊加賀村庄屋　喜右衛門	2791.6	44－6－7
小堀主税代官	門真庄組	二番村庄屋　喜平治	3443.7	55－1－0
永井肥前守	友呂岐組	太間村庄屋　又左衛門	3140.5	50－2－5
永井兵次郎	〃	郡村庄屋　直八		
永井肥前守	九ヶ庄組	大利村年寄　金七	5582.84	89－2－3
永井左門	〃	點野村庄屋　政右衛門		
松平伊豆守	五ヶ庄組	諸口村庄屋　三郎平	7647.35	122－3－6
永井飛驒守預り	〃	西橋波村庄屋　治郎右衛門		
永井飛驒守預り	大庭庄組	八番村庄屋　八郎兵衛	5668.7	90－7
小堀主税代官	〃	七番村庄屋　利右衛門		
根本善左衛門代官	八ヶ庄組	新田村庄屋　仁右衛門	9392.6	155－2
根本善左衛門代官	〃	下島頭村庄屋　新右衛門		
永井左門	〃	横地村庄屋　伊右衛門		
合計			石 38346.69 (38346.34)	匁 618.38 (613.24)

（「天保八酉年四月御国絵図ニ付茨田郡中割惣代立合」（関西学院大学図書館所蔵）により作成。
（　）内の合計は本史料の数字、但し文中の数字と合計等あわない所がある。）

内高入交り葭生」、また出口村にかけ、「本田新田流作入交り」「附寄洲」等の文言で、新田や耕作中の高外の地に対する、現実の村落側の関心を示している。

さて、郡絵図作成に際しその諸経費が、郡内の村落の負担として計上されている。それは、「天保八酉年四月御国絵図ニ付茨田郡中割、惣代立合」（関西学院大学図書館所蔵）なる史料の分析からわかる。郡絵図作成のため、惣代一同が人足を引きつれ、郡内を廻村した。

惣代一行が途中で小休止や宿泊をするが、席料や飲食・宿泊等の諸入用や、淀川筋の川船に乗船し、船中での飲食に際し菓子や酒肴代や人足への諸手当等が、諸経費として必要であった。そのほかに、大坂代官へ提出の郡絵図は絵図師大岡藤次が清書したので、六両（三七二匁）を謝金として支払っている。大庭庄八番村から絵図師大岡藤次へ数回相談の事があり、一六匁を支払った。他方、菱江村彦五郎が森河内村で絵図の取調べのため、二泊したので、七〇匁九分三厘を負担支払ったが、河内国全体の惣郡割となり、茨田郡の負担額であった。また、丹波屋文蔵一行の二日間の食費・休息席料等で、一一五匁九分を必要とした。合算すると郡絵図の提出のための諸費用は、一貫五九八匁三分四厘であった。

こうした諸経費は茨田郡内各組の負担する処となる。近隣の讃良郡惣代（郡絵図惣代）の四人が、牧方村で支払う中飯代を茨田郡全体で負担し、一三匁一分を必要とした。前述した郡絵図の清書代として絵図師大岡藤次への六両（三七二匁）は、各組の平等負担とし、四六匁五分を支出したので、諸経費の残額は一貫二一三匁二分五厘となった。そのほか、全体として郡絵図作成のための諸雑費につき各組の均等分担費の六〇〇匁（各組は七五匁ずつの負担）を引き去ると、残額は六一三匁二分四厘となる。これを各村の村高割の負担とし、郡全体の村高三万八三四六石三四に割付けると、村高一〇〇石につき一匁六分ずつの割当てとなる。結局、各組ごとの分担額は表5の示す通りである。こうした郡絵図上の記載が国絵図の作成に当り、具体的にどのようにして、掛紙修正図に記入され、地模様の変化を表わしたかは、明確ではない。

第七節　おわりに

以上で河内国天保国郷帳・国絵図の調進を、在地の史料から眺めてきた。勘定所の直営で幕府代官の指令のもとに実施され、数年前に提出した郡高・村高を確認のため再記させ、新開や高入場の位置を郡絵図上に記載させたことが明らかになった。河内国の場合には、天保の国郷帳・国絵図の作成の事業が、幕府により一つのモデル・ケースとして極めて厳格に統一基準により、実現したと言える。さらにこれらの諸点につき、天保期の事業の個別的な分析事例を加え、総合的な考察をなすことが要請される。また近年、化政期を中心とする幕府の地誌編纂事業研究のなかで、たとえば当時の勘定所が展開した「諸街道分間延絵図」の編纂、「地名仮名付帳」の調査事業と、天保国郷帳・国絵図徴収との比較検討が求められる。[32] なお、天保期の事業は、幕府が調査内容を抽出した上で一国単位の郷帳を作成しており、地誌編纂とのプロセスが類似するとの意見もでている。[33] それらを含めた天保国郷帳・国絵図をめぐる研究は、やっと始まったばかりであると言ってもよい。

注

(1) 拙稿「天保国郷帳・国絵図の調進と在地村落――御三卿上方領を中心として――」(『本書第二部第一章』)

(2) 『尼崎市史』第二巻　四六四～六ページ。

(3) 杉本史子「天保国高・国絵図改訂事業の基礎過程」(『人民の歴史学』一〇六号)。のち同氏『領域支配の展開と近世』所収。

(4) 藤田　覚「国高と石高――天保郷帳の性格」(『千葉史学』四号)。十二月八日に差出帳の案文の記載様式にもふれる。杉本論文にも幕府法令等を整理しながら、詳細に追求している。

(5) 枚方市　竹内家文書。枚方市役所情報政策課に保管中の紙焼写真によった。

(6) 『牧民金鑑』下巻　一二三ページ御国高調、天保二年四月御書付。

(7) 前掲の竹内家文書のほか、松原市中山家文書にも同文の触書がある。

(8) 「竹内家文書」には次の如く記している。

以廻状得貴意候然者先達而町御奉行所ゟ御触書ヲ以御朱印地寺社領知除地高有之村方之分被書上候様被　仰渡候ニ付来ル
廿七日迄書上度奉存候間御朱印等有無ニ不抱高付之領地ハ不及申氏神境内并寺地無高之除地ニ而茂委細御書記右日限迄□
方迄一村御壱人宛庄屋年寄中之内御出可被　成下候尤書上方之儀ハ私方ニ而相認〆可申候間此段得御意候条御承知之上
此廻状早々御順達留村より御戻し可被成もの也

（天保三）
辰　六月

（9）大阪狭山市　吉川家文書「天保三辰年六月廿六日天保国高調ニ付半田村乍恐口上」。書上げた除地のうち狭山池樋役人屋敷が除地であり、半田村に半分の一五軒があった。北側の一五軒は池尻村に属する。

（10）松原市　中山家文書。

（11）河内長野市　田中貞家文書「文政十一年ゟ天保九年　諸願届書扣」に次の様に述べている。

乍恐口上　　　　石原清左衛門代官所
西代村

一此度諸国御国高御取調ニ付御朱印除地之寺社領不洩様可申旨被仰触之趣承知奉畏候然ル処当村氏神之森除地ニ御座候へ共作無之御高入場ニ而も無御座其外［　　］御除地寺社領田畑等一切無御座候且村高之義者先達而地頭所ゟ書出候乍恐此段御断奉申上ヶ候以上

天保三辰年
六月廿六日
年寄　栄三郎
庄屋　仁兵衛

西御奉行様掛り寺社方

また、同年十月二十二日づけで西代村庄屋・年寄は、今回、再触を拝見し現地調査の予定も聞いている。西代村氏神の森は以前に届けたように除地で、作付場でなく御高入場でもない。新田には見取場や流作場及び高外作付地で収納ある場所は一切無い、と重ねて断り大坂町奉行寺社方へ報告している。

（12）『牧民金鑑』下巻　一二四〜五ページ。

（13）大阪府美原町　脇田家文書「天保三年辰正月吉日御触書扣帳」による。

（14）『牧民金鑑』下巻　一二四ページ。

（15）杉本史子「前掲論文」参照。

（16）川村博忠「天保国絵図」（同氏『江戸幕府撰国絵図の研究』所収）によると、秋田・萩・金沢三藩の事例を紹介される。結局、秋田藩は天保五年九月、萩藩は同年十一月、金沢藩は同年四月に、それぞれ石高帳を幕府勘定所へ提出したとされる。

（17）（18）いずれも大阪狭山市　田中家文書。同藩と幕府勘定所との交渉については、現在までの処、一切不明である。「明治二年仲夏県令方日誌見出目標」には、天保三壬辰年の箇所に、「一諸国御国高御調旧冬被　仰出正月以来相給村々其外江戸表へ懸合三月朔日之所ニ有之猶又外掛合者公辺留ニ委敷有之」とあるが、現在までの処、関係史料等見当たらない。また「公辺留見出し目録」によると、天保三辰年「一正月諸国御国高御調被仰出候付御相給御領主召追々村高取合之事」「一同月(七月)諸国御国高御調ニ付丹上村真福寺村御国役高者村高ニ相違ニ付公辺江相調候処甚六ヶ敷趣ニ付願下ヶいたし是迄通ニ相成事」とある。

(19) 大阪狭山市　田中家文書。

(20) 藤田　覚氏の研究によると、天保の国高調べで各領主の提出した「御領分郷村高帳」の体裁・記載内容は、字句に多少の異同はあるものの、記載の様式は大略同一であるという。氏は国立史料館所蔵の真田家・土屋家・蜂須賀家等の大名家の史料から立論されている。

(21)(22) 藤田　覚「前掲論文」。文中にもふれたが、幕府は、松代藩・長州藩等の林の書上げや山地の取扱い等の問い合わせに対し、具体的に事例を示し回答している。

(23) 『牧民金鑑』下巻　一二六〜七ページ。

(24)(25) 河内長野市　南家文書「天保六未年九月御番所御役所土砂留御触書之控」。なお、申年(天保七)十一月十八日づけで大坂代官二名の名前で河内大和川以南の村々庄屋・年寄にあてた廻達は、つぎの通りである。

河内国御国絵図改被　仰出右取締方ニ付申談儀有今般御料堂上□御領私領寺社領無差別一国内不洩様最寄拾ヵ村弐拾ヵ村得と申合相進代表候もの其両人者大和川を境北之方村々ハ大坂鈴木町代官御役所右川南之方村々ハ同谷町岩之丞御役所へ来月十日罷出可申候尤別紙帳面□　□領主地頭村名具書記令請印此廻状早々順達留候村ゟ岩之丞御役所へ可返却候以上

申十一月十八日　池田岩之丞
根本善左衛門
(宛名略)

(26) 富田林市　平井家文書のほか、千早赤阪村村役場、建水分神社、羽曳野市乾家等に所蔵されている。『羽曳野市史』別巻古絵図地理図にくわしく行届いた解説がある。

(27) 河内長野市　大谷家文書。

(28) 大阪歴史博物館所蔵「旧鬼洞文庫」の「大阪コレクションの内地図」にある。

（29）枚方市情報政策課保管　三宅家文書写真の「河内交野郡絵図」

（30）小野田一幸「天保国絵図改訂事業の一齣」（『千里地理通信』第二九号）。そこでは小野田氏は天保国絵図改訂の特色として、交通路の把握、国境引合作業、村絵図の徴収の三つをあげ、陸上、海上を問わず交通路の事項に綿密な調査がなされ、特筆すべき事項としている。

（31）松原市　中山家文書。

（32）白井哲哉「近世政治権力と地誌編纂」（『歴史学研究』七〇三号　一九九七年十月大会報告　近世史部会報告）

（33）前号（七〇三号）における杉本史子氏の発言。

第三章　「和泉一國之圖」についての基礎的考察

第一節　はじめに

和泉国正保国絵図として、学界によく知られている国絵図に、神戸市立博物館の所蔵になる「正保和泉国絵図(写)」(延宝二年～貞享三年)がある。この国絵図はもともと古絵図・古地図の蒐集で著名であった故南波松太郎氏の所有にかかり、その後、南波氏から神戸市立博物館へ寄贈になり、各方面でよく紹介されている著名な国絵図である(図2・以下神戸市博本)。すでに、南波松太郎・室賀信夫・海野一隆共編『日本の古地図』(創元社　一九六九年)には、和泉国絵図としてのせられ、巻末に簡易で明快な解説が記されている。(1)また、筑摩書房刊行になる『江戸時代図誌』別巻Ⅰ(一九七八年)の和泉国の箇処に、同じ和泉国正保国絵図として掲載された。(2)大阪府下の自治体史で『新編泉佐野市史』第十三巻絵図・地図編(泉佐野市役所　一九九九年)(3)には、その絵図の図版を見開きで掲載し、また、泉佐野市域を中心に、南郡・日根両郡の読取図を詳細にえがいている。その解説の主要な部分を中心に引用しておこう。

> 村々を小判形の村形で表わし、その中に村名と石高を記すとともに、村形に接するように「い」から「へ」まで、領主の区分として記されている。村形は、大鳥郡は薄藍色、泉郡は橙色、南郡は薄紫色、日根郡は桃色にと郡別に色分けをし、郡界を太い墨色で示し、郡名に添えて石高を記しているが、郡枠はない。写すときに落ちたためか、大鳥郡の名称が欠落している。道は主要な街道を太い朱線で、その支線や脇道を細い朱線で描き、道を挟んで二つの黒点で一里山を示し、一里山と村落、あるいは村落と村落の距離などが記され、国境には到達注記が、

海岸部には船掛かり、湊間の海上距離などが記されている。また、山を景観的に描き、隣接する紀伊・河内・摂津三カ国の領域は色分けされていることなど、正保国図調進の幕命に際して、示された指示条項に比較的によく従っており、江戸幕府撰正保国絵図の特徴をよく備えていると言える。(4)

と、要領よくその内容を総括しており、幕府撰の国絵図にふさわしい内容をもつと、位置づけられている。

処が、幕府は諸国から慶安末年ごろまで調進された正保国絵図が、明暦三年の江戸大火で江戸城が炎上したとき、焼失してしまったので、改めて寛文年間に、諸国の絵図元に国絵図の再提出を要請し、正保国絵図をふたたび収納したとされる。(5)而もそのときは、再度集められた国絵図は、さきの献上図をそのまま写した場合もあれば、提出時の状況にあわせ、その後の異同を一部修正して提出された場合もあったと思われる。神戸市博本では高頭目録に支配領主として、寺社領以外に、岡部内膳正（行隆）、小出大隅守（有重）、片桐主膳正（貞房）、小堀和泉守（政恒）、の四人の領主名が記されている。これら四人の大名が揃って和泉国に領地をもったのは、延宝二年から貞享三年までの十三年間で、この間に写図を模写し再提出したと思われ、幕命による再提出の時期と同じであった。しかし、寛文元年以降、渡辺方綱が、寛文二年～延宝六年青山宗俊がそれぞれ和泉国内に所領をもつが、新領主として書き加えず、正保国絵図作成のときの記載の領主名と知行高とを、訂正したのに止まる。再度の国絵図の提出に際し、あくまでも最初の様式や体裁が守られ、支配領主に於ても、新領主を除外しようとする方向を示すものであったと言える。

つぎに、紹介しようとする和泉国正保国絵図は、その題名に「和泉一國之圖」という外題があり、年号の記載はないが、絵図目録の支配領主の名称からは、いずれも正保～慶安年間の、正保国絵図・国郷帳の調進が命ぜられてから、余り年数が経過していない時に、作成されたと考えてよい。もと故出口神暁氏の鬼洞文庫の収集品であったが、現在は大阪歴史博物館の所蔵に帰している（図1・以下大阪歴博本）。正保郷帳の写と考えられる『和泉国正保村高帳』（森杉夫編「岸和田市史史料」第三輯）の、帳末記載にある和泉国一国の惣高・御蔵入高と私領・寺社領高及び各郡高と

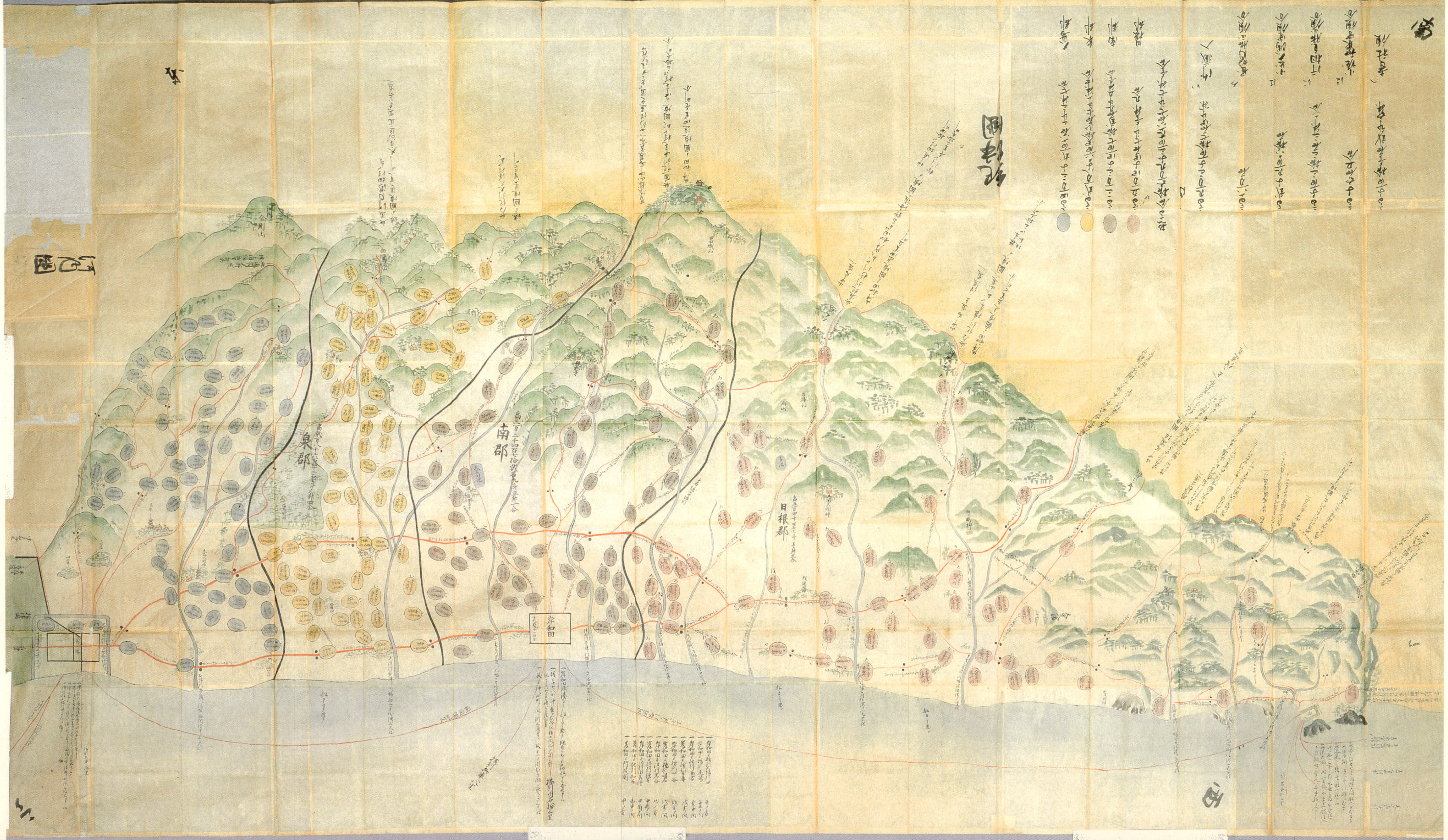

図2　正保和泉国絵図(写)(神戸市立博物館蔵)

いう体裁及びその数字と、国絵図目録の記載様式・数値とは、全く一致するという事実に注目したい。そこで、絵図面記載の具体的な諸事項や、描写された諸事実につき、前掲の神戸市博本「正保和泉国絵図(写)」と比較・検討を試みながら叙述してみたい。

なお、幕府は正保国絵図の調進に際して、絵図作成の基準条目の二通を示したとされる。前者は「国絵図可仕立覚」と、後者は「絵図書付候海辺之覚」であった。まず川村博忠氏が紹介されている史料に従い、前者につき記しておきたい（但し城の絵図の条項は省略）。

一郷村知行高、別紙ニ帳作リ、二通上ケ候事
一絵図、帳共ニ郡分之事
一絵図、帳共ニ郡切ニ、郷村之高上ケ可申事
一帳之末ニ一国之高上ケ可申事
一絵図、帳共ニ、郡之名幷郷之名、惣而難字ニは、朱ニて仮名を付可申事
一絵図、帳共ニ、村ニ付候はヘ山幷芝山有之候処は書付之事
一郷村、不落様ニ念を入、絵図幷帳ニ書付候事
一国之絵図、二枚いたし候事
一本道はふとく、わき道はほそく、朱ニていたすべき事
一本道、各牛馬往還不成所、絵図ヘ書付候事
一川之名之事
一名有山坂、絵図ニ書付候事
一壱里山と郷との間、道法、絵図ニ書付候事

一船渡、歩渡、わたりのひろさ、絵図ニ書付候事
一山中難所道法、絵図ニ書付候事
一国境道法、壱里山、他国之壱里山ヘ何程と書付候事
一此已前上リ候国々之絵図、相違之所候間、念を入、初上リ候絵図ニ図中引合、悪敷所直シ、今度之絵図いたすへき事
一道法、六寸壱里ニいたし、絵図ニ一里山ヲ書付、一里山無之所は三拾六町ニ間ヲ相定、絵図ニ一里山書付候事
一絵図ニ山木之書様、色之事
一海、川、水色書様之事
一郷村其外、絵取ニこふん入間敷事　已上
　正保元年申十二月廿二日

第二節　絵図目録

この古絵図は絵図面の裏側に「和泉一國之圖」というネームが墨書で書かれ、外題と考えられる。それ以外の題名は付せられていない。古絵図の方位については、東・西・南・北がいずれも記入されている。四辺向合となっており、四辺に文字を配置し向合している。なお、後述するように、絵図面の四周の空白に、小書でさまざまの情報が記載されている。方位の東から南の部分にかけては、岸和田から陸上・海上の各地への距離が記述され、南の部分には、支配する個別領主の名称と、村落表示の色分けが書かれている。西側は大阪湾の海辺で、海岸の自然地形や河川の状況が記され、北の部分には、堺から陸上・海上からの各地への距離が、岸和田の場合と同様に具体的に述べられている。

後述する各項目の箇処で、詳細にふれてみたい。

絵図目録の体裁と内容につき検討を加えよう。国全体の総高と各郡名・郡高の内訳が記載される。各個の領主別ではなく、全体を御蔵入（幕府領）と、私領・寺社領との合計にわけ記述している。[6] 神戸市博本のように私領を四人の領主別と、寺社領とに細分する様式ではない（表1）。前述のように、この形式とその数字の内容とは、「和泉国正保村高帳」における帳末の惣高全体の表示形式及び、その内容・数字とが全く一致しており、「和泉国正保村高帳」との密接な関連が考えられるのである。

つぎに郡別・支配領主別による所属村落の区分については、既述のように、神戸市博本では、郡別に所属村落の色彩を替え、大鳥郡は薄藍色、泉郡は橙色、南郡は薄紫色、日根郡は桃色と表示している。村落の所領区分を示すとき、記号による標識（例えばい・ろ・は……等と村形の外に記す）をとることに対して、「和泉一國之圖」では郡の区分は、郡界は茶色で引かれ黒色ではない。村落の郡による着色区分はない。和泉国の四郡の各郡名を四角わくで囲むが、郡高の記載はなく、郡名も小さくわかりにくい。村落の支配領主は、村形に色彩を入れ区分している。しかし寺社領に対する表示が欠除し

表1　和泉一國之圖と正保和泉国絵図の惣高・郡高

	和泉一國之圖	正保和泉国絵図(写)	
大鳥郡	石 43151.427		石 43206.337
泉郡	28488.630		28642.764
南郡	33122.102		33472.951
日根郡	54355.568		54004.719
和泉国惣高	159117.727		159326.771
御蔵入	石 92888.332	御蔵入	石 93117.480
私領	66229.395	岡部内膳正（行隆）	60000.000
		小出大隅守（有重）	2960.000
		片桐主膳正（貞房）	1113.036
		小堀和泉守（正恒）	1005.005
寺社領		寺社領	1041.250
和泉国惣高	159117.727		159326.771

ているし、支配領主による色彩区分が同色系統のものがあり、濃淡を示し区分するので、判別しにくいきらいがある。(7)入組支配村落は、双方の領主の色彩で、村形を中央部で折半していることは興味深い。例えば南郡包近村・日根郡瓦屋村・男里村等の事例がある。村形・村名・村高については、村形は小判型で示し丸や角型ではなく、村名を村形の内に書き入れている。ただし村高は記されていない。神戸市博本の何石余《ヨ》という表現とは相違する。村名で難読の村落は、たとえば、富木《トノギ》村・土師《ハジ》村等から喬原《ソボラ》村・御門《ゴモン》村のように、朱字でよみ仮名をつけている。

さらに山川などの自然地形は、幕府の指示では有名な山坂（峠名）や川名、また、山には「はへ山」「芝山」(8)の区別をかきこむように指示があり、「和泉一國之圖」には指示通り守られているが、具体的には郷帳記載とともに検討の必要があろう。山地は緑の濃淡で描き、樹木は広葉樹か針葉樹を墨絵的に表現している。谷については山地から大阪湾に流入する河川の流域に沿い、それぞれの名称が示されている。たとえば、大鳥郡では陶器谷、和田谷、上神谷、泉郡では松尾谷、横山谷、上カ原、大沢谷、などと記入され、和泉国の地形上の特色に即した地域の名称がとりあげられている。湖沼・河川は紺色で着色されており、南郡の久米田池と日根郡の青池につき池名が記載されている。また、修験道の葛城山には滝の描写があり、白い色で滝水の落下する状況を絵画的に表現する。

城郭は、日根郡に千石堀古城跡と、雨山古城跡の両者を記載する。ともに「古城」と表記し、かつての軍事施設が現在利用されておらず、史跡としての存在を示している。このことは神戸市博本も同様である。岸和田城は天守閣を鳥瞰図風に描いた慶長国絵図段階とは違い、楕円形の大型表示で城下町等を含め一体として表現して、岡部美濃守居城と貼紙している。近辺の寺内町貝塚は、同様にやや小型の楕円形で示している。街道等に沿い人家が集合して在町的な村落は、やや大きい楕円形の村落表示をとり、これには助松村、大津村、忠岡村、府中村などがある。堺の市街地の表現も、慶長国絵図とは違い民家の屋根の集合体でなくて、北・東・南の三方の環濠をめぐらし、廻り三カ村の北庄、中筋、舳松と、各村の百姓居住地を環濠内に記し、大小路が摂泉両国の境界であることを示している。紀州街道が大坂市中より来り、堺市中を貫き、赤い太い筋で南方へと向っている状況を描いている。これは、和泉の元禄・天保の両国絵図にも踏襲され、描写されている。

寺社とその表現は、両絵図とも対象としている寺社は、同一であり、描写の内容も類似している。幕府はとくに寺社を書き込む指示は出していない。従って掲載の寺社がどんな基準でえらばれたかは、明らかでない。いずれも黄色のわく内に寺社の名称を記し、鳥瞰図風に鳥居や社殿を描写している。絵画風で趣があり、精緻な描き方である。以下、各郡ごとに、具体的にのべよう。

○四郡寺社描写小書

（大鳥郡）

上神谷鉢が峯寺	法道寺	塔・社殿
万代村	万代八幡社	社殿
家原寺村	家原寺	塔・社殿
大鳥中村	大鳥大明神（大鳥神社）	塔・社殿
高石綾井村	明神（高石神社カ）	鳥居・社殿

（泉　郡）

豊中村	穴師大明神（泉穴師神社）	社殿
府中村	府中大明神（泉井上神社）	社殿・鳥居
王子村	信太大明神（聖神社）	社殿
黒石村	明神社	社殿・鳥居
巻尾山	槇尾山	社殿

松尾寺	松尾大明神（松尾神社）	社殿
牛瀧山	大威徳寺	瀑布
（南　郡）		
水間村	水間観音	社殿
河合村	神於寺	社殿
久米田池	久米田寺	社殿
葛城山	七宝瀧寺	社殿・鳥居
積川村	積川明神	社殿
（日根郡）		
小嶋村	小島明神（住吉神社）	社殿
石田村	大宮八幡（波太神社）	社殿・鳥居
箱作社	加茂明神（加茂神社）	社殿
淡輪村	明神（船守神社カ）	社殿
村名不詳	雨明神（カ）	社殿
長瀧村	蟻通明神（蟻通神社）	社殿
日根野村	大関大明神（日根神社）	社殿・鳥居

第三節　交通上の記載

道路と一里山については既述した処であるが、本道は朱線で太く、脇道は細く描き、紀州街道や熊野街道は本道であった。街道沿いの村落から内陸へ向う道は細く表現されているが、生活の道として機能し、地域交通の上から重要な意味をもった。一里山は街道の両側に黒点で表示する。距離表示の現われであるが、図上だけのものであるか否かは、今後探究の課題でもある。なお、村落間相互の距離や一里山との関連は、南・日根両郡を中心に後述したい。

つぎに、「和泉一國之圖」には堺・岸和田等から同じ国内や隣国の枢要の地と、港津等までの距離が記載されている。具体的には陸路として、摂州住吉・大坂・摂州平野・河内三日市・天野山・泉州槙尾山・牛瀧・高野山などの、また、和歌山のほか、紀州根来・粉川（河）・和州郡山・南都までの各要地への距離が書かれている。海上航路としては、大坂川口、摂津尼崎、西ノ宮、兵庫、播州明石及び淡路岩屋、須（州）本、由良ならびに泉州谷川、紀州加太、紀州湊等の各地にまで及んでいる。とくに港湾として著名な谷川湊につき「此湊ノ内長サ七拾六間横弐拾間、舟入ノ口弐間半、水ノ深サ指塩ニハ五尺斗引塩ニハ二、三尺、少モ風強ク御座候得者舟入兼候所ニ而御座候、湊前沖江拾弐三間ノ内深サ三尋斗御座候、其ヨリ沖へハ次第ニ深ク御座候」と、港湾の具体的な状況を説明している。淡路島や四国への最短路の港津として、利用されることが多かったからであろう。

つぎに国境小書につき述べよう。紀泉国境を主な対象としてとりあげる。それは岸和田や堺から、国境への距離を書き、国境から他国の近接村落までの距離も併記し、加えて峠道の難所についても、丁寧に書き添えている。以下煩をいとわず、紀泉国境の峠道につき記述してみよう。海岸に近い峠道から記載する。

○四郡国境・距離描写小書

西畑越　岸和田ヨリ国境迄八里五町余
　　　　国境ヨリ紀州ノ内山ノ下村栄村迄七町余

東畑越　岸和田ヨリ国境迄八里拾壱町余

孝子畑越　国境ヨリ紀州之内木本村江八町
岸和田ヨリ国境迄七里七町余
国境ヨリ紀州之内下岸村へ弐拾八町余此道筋餘節所無御座候

（峠名なし）　此山ノ国境迄岸和田ヨリ七里弐町
但し紀州江ノ往還ノ道ニテハ無御座候柴刈ノ通ヒ路也

箱作越　岸和田ヨリ国境迄五里弐拾五町
此道紀州薗辺村江出ル山道也壱里余山路也

井関越（いせき越）　岸和田ヨリ国境迄五里拾八町余
国境ヨリ紀州ノ内千手畑村江拾八町
此道昔ノ本海道也

山中越　岸和田ヨリ国境迄五里
国境ヨリ紀州ノ内山口江壱里弐町
今ノ本海道也

三ケ畑越　岸和田ヨリ国境迄五里七町余
国境ヨリ紀州ノ内根来江三拾壱町余山路也

大木越　岸和田ヨリ国境迄四里五町余
国境ヨリ紀州ノ内粉川江壱里弐拾壱町余但岸和田ヨリ高野海道馬路

葛城越　岸和田ヨリ国境迄四里壱町余
国境ヨリ紀州ノ内中尾村江三拾壱町余

七越越　下津河村江三拾四町余
　　　　堺ヨリ国境迄六里弐拾七町
　　　　国境ヨリ紀州ノ内大久保村江壱里
　　　　　　　但是ハ馬路也
巻尾越　堺ヨリ国境迄六里八町余
　　　　国境ヨリ河内ノ内瀧畑村江七町
　　　　堺ヨリ巻尾迄馬道末ハ歩行路
天野越　堺ヨリ国堺（境）迄四里三町余
　　　　国堺（境）ヨリ河内天野迄拾六町余
　　　　（——（傍線）の部分は神戸市博本と同様の数値）

ついでに難所や渡河点等につき、記述しておこう。峠道の箇処で牛馬通行に関する記述があり、馬道で行先は歩道となる。とか、柴刈の道であり往還の道ではない。等々の記事は、難所の場所を示すものであろう。「和泉国正保国絵図(写)」にも、同様な記述がある。

さらに、和泉の紀州街道や熊野街道が、主要な河川を渡る箇処に具体的な記事がみられる。

○四郡河川渡・港湾海岸等描写小書

「和泉一國之圖」（大阪歴博本）
○石津川渡瀬歩行渡し瀬広サ拾間余
○此川忠岡川、大津川と申候
河原両岸ゟ百（ママ）四拾間余歩行渡浅瀬二筋常ハ渡瀬広サ

「和泉国正保国絵図(写)」（神戸市博本）
○石津川歩渡リ川幅拾間程深サ壱尺程
○大津川歩渡リ川幅拾二間程深サ二尺程

七・八間水上ハ山ノ谷ヨリ落ル大雨ノ時ハ一日も往還
留ル
○春木川歩行渡常ハ水少シ御座候大雨ノ時ハ水多少知不
申候河原拾間余
○津田川歩行渡常ハ水少御座候大雨ノ時ハ多少知不申候
河原四拾間余
○近木川歩行渡瀬二筋常ハ水少シ御座候大雨ノ時ハ水多
少知不申候河原壱町余
○三手川歩行渡常ハ水少シ御座候大雨ノ時ハ水多少知不
申候河原七間余
○佐野川渡常ハ水少御座候大雨ノ時ハ水多少知不申候河
原拾間余
○樫井川歩行渡浅瀬二筋常ハ水少御座候大雨ノ時ハ水多
少知不申候河原弐町九間余
○男里川歩行渡常ハ水少シ御座候大雨ノ時ハ水ノ多少知
不申候河原弐拾間余

○春木川歩渡リ川幅二間程深四五寸程
○津田川歩渡リ川幅四間二三尺程深サ四五寸程
○近木川歩渡リ川幅三間程深サ四五寸程
○三手川歩渡リ川幅二間程深サ四五寸程
○瓦屋川歩渡リ川幅一間四五尺程深サ四五寸程
○樫井川歩渡川幅八間程深サ八寸程
○岡田川歩渡リ川幅七間程深サ八九寸程
○男里川歩渡リ川幅八間程深サ六七寸程○中村川歩渡リ
川幅四間程深サ四五寸程
○淡輪歩渡リ川幅四間程深サ五六寸程
○深日川歩渡リ川幅四間程深サ四五寸程
○峠川歩渡リ川幅四間程深サ二三寸程

渡河点の状況は幕府の指示通り、歩渡り・河幅・水深等出水のときや常水がなく枯れ川の様子などを記している。「和泉一國之圖」にくわしく、「和泉国正保国絵図(写)」では記事が簡略化されているのは、正保期と寛文期とでは、幕府をとりまく国内・国外の一般的政治状勢が変化し、軍事的な脅威が少なくなり、軍事目的の大部隊の国内の移動などの機がなくなったことが、その一因であろう。

また、国境越峠の状況にとどまらず、既述のように河川の渡河点を記したが、つぎに港湾・海岸の実際など、小書で細かく記載させたこと等に注目したい。例えば堺浦の海岸状況については、「一堺浦片浜遠浅船繋悪し、一堺浦海辺水底共ニ小砂　一濱　百五拾間沖洲三通有　中洲ハ淵上水下三尺　一堺ノ舩大小共ニ常ハ濱ヘ上ケ置申候　一堺ノ舩大坂川口ニテ荷ヲ積申候　一西風ノ時ハ浜通リ町際迄波上ケ申候」と述べ、遠浅の海岸で船舶の繋留は困難で、荷物の積込も大坂川口で行うことを記している。堺浦から南の方へ助松・大津の海岸も、「此海辺遠浅堺浦同様」と記している。岸和田浦については、「一岸和田浦海辺水底共ニ砂、船繋等悪ク御座候　一磯ヨリ沖江四町ノ間淵二通リ御座候　磯ヨリ一ノ淵干塩ニハ水下二三尺其ヨリ沖江ノ淵ハ水下次第ニ深ク御座候　一磯ヨリ拾七八町沖ヘ長サ弐拾間横五間程ノ岩御座候水ノ下六七間御座候」と、港浦の状況を説明する。堺浦と同様に遠浅で、船繋も悪く不便で、海岸から一七、八町も沖へ出ると、水面下六〜七間に岩があると書き、港津としての不便さを記述している。以上、述べてきたように正保国絵図では陸上交通の注記とともに、海上交通に関する小書が、非常にくわしいことがわかる。海辺の地形を記し、砂浜か、沖合の水面下の岩場の所在や、潮や風との関係による着船の難易、また、谷川湊にみられるように、湊の規模、湊の入口の状況などが細かに記載されている(9)。

正保国絵図の内容上の記載の特色として、特筆すべきは、①国郡図を基調としながらも所領区分の図示、②海陸交通注記の重視の二点が指摘できるとされている(10)。概観してきたように、道路と海上交通路にかかわる交通注記がきわめて豊富なことは、幕府担当者の現実的要求が然らしめたとしてよい。

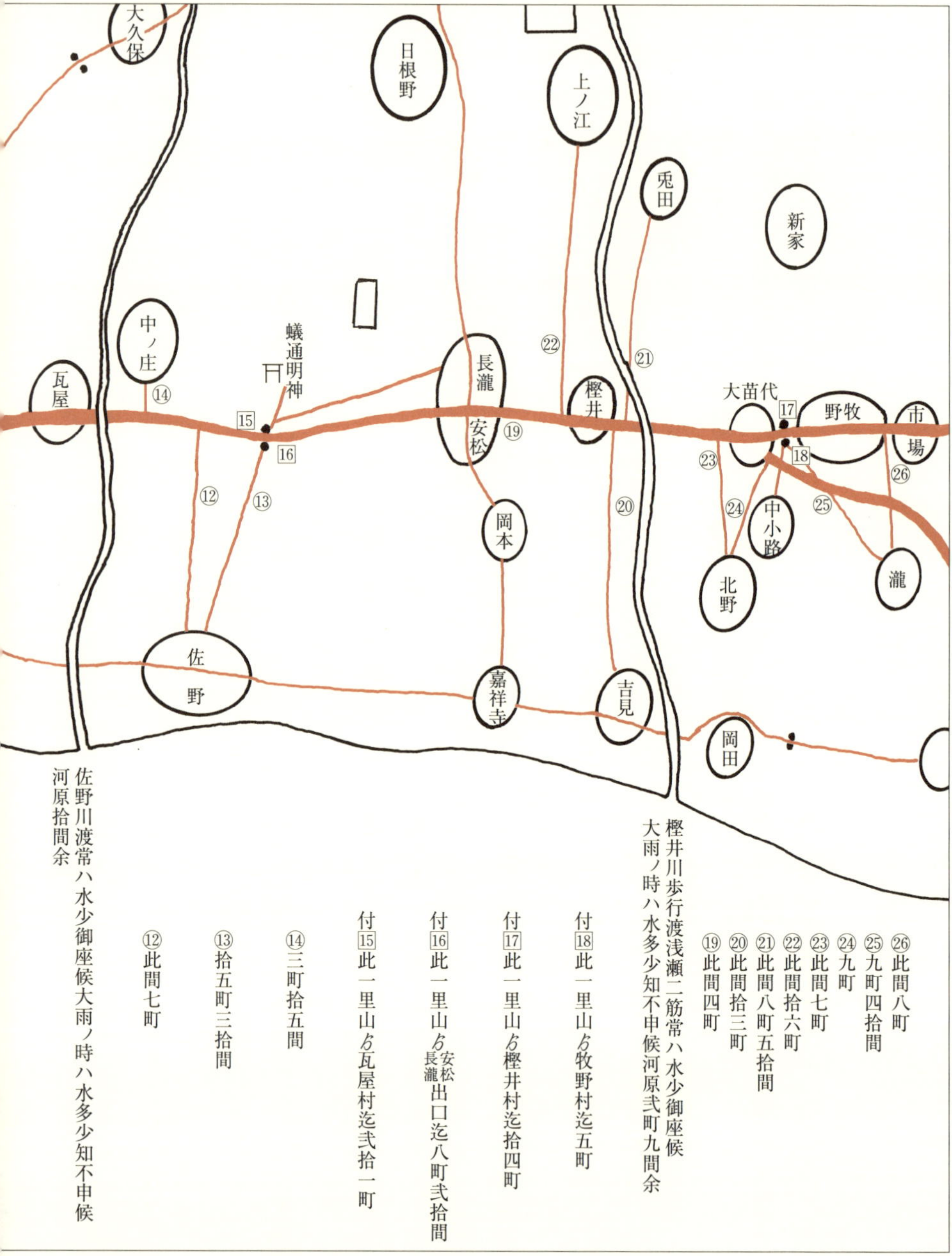

大久保
日根野
上ノ江
兎田
新家
中ノ庄
瓦屋
蟻通明神
長瀧
安松
樫井
大苗代
野牧
市場
中小路
北野
瀧
岡本
佐野
嘉祥寺
吉見
岡田
㉖此間八町
㉕九町四拾間
㉔九町
㉓此間七町
㉒此間拾六町
㉑此間八町五拾間
⑳此間拾三町
⑲此間四町
樫井川歩行渡浅瀬二筋常ハ水少御座候
大雨ノ時ハ水多少知不申候河原弐町九間余
付18此一里山ゟ牧野村迄五町
付17此一里山ゟ樫井村迄拾四町
付16此一里山ゟ安松長瀧出口迄八町弐拾間
付15此一里山ゟ瓦屋村迄弐拾一町
⑭三町拾五間
⑬拾五町三拾間
⑫此間七町
佐野川渡常ハ水少御座候大雨ノ時ハ水多少知不申候
河原拾間余

図3　和泉一國之圖（大阪歴史博物館蔵）

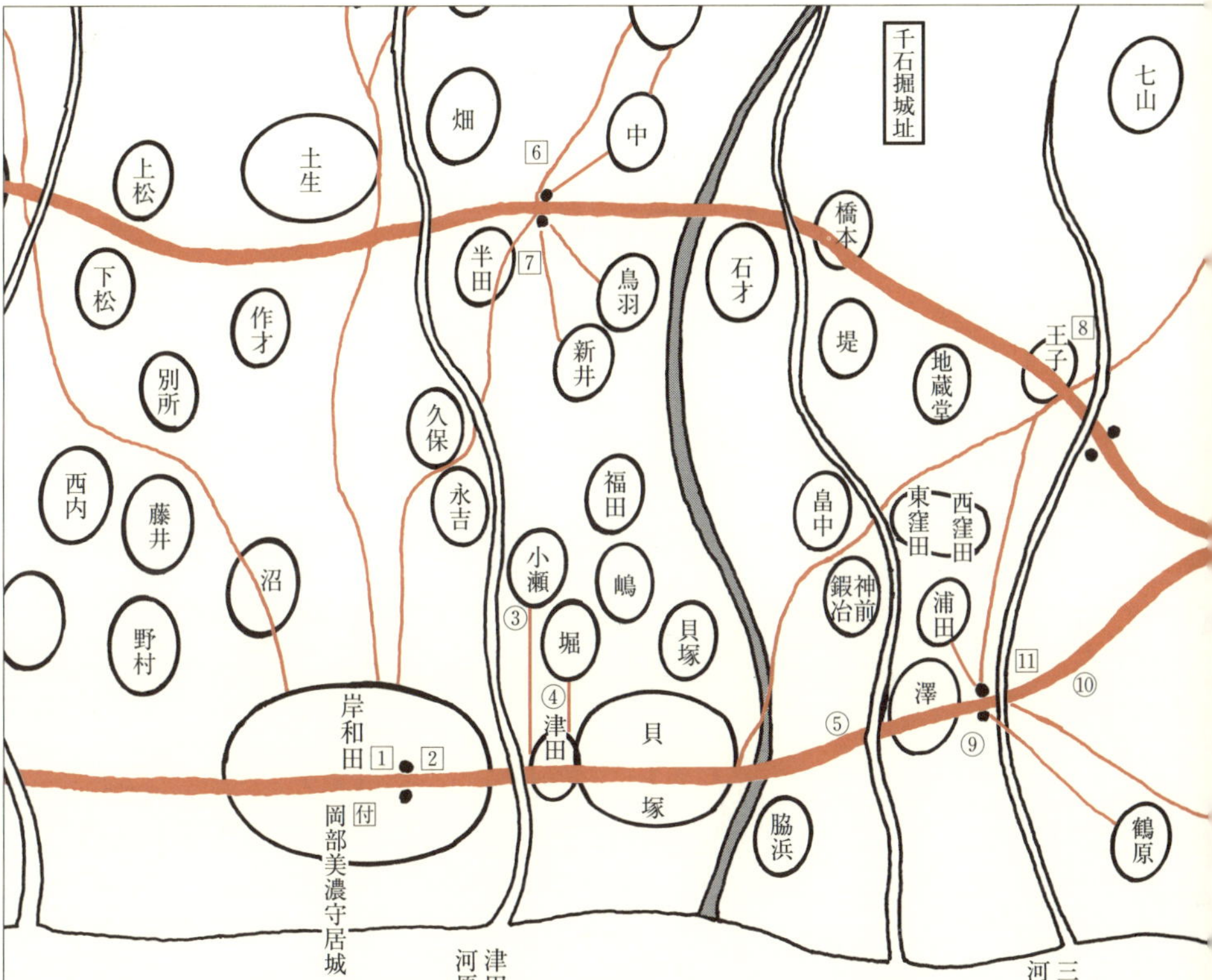

付[11]此一里山ゟ瓦屋村迄拾五町

⑩此間弐町四拾間

⑨四町

三手川歩行渡常ハ水少シ御座候大雨ノ時ハ水多少知不申候
河原七間余

近木川歩行渡浅瀬二筋常ハ水少シ御座候
大雨ノ時ハ水多少知不申候河原壱町余

付[8]是ゟ瓦屋村迄 拾五町

付[7]此一里山ヨリ橋本村迄 拾四間

付[6]此一里山ゟ額原村迄 弐拾九町四拾間

津田川歩行渡常ハ水少御座候大雨ノ時ハ多少知不申候
河原四拾間余

⑤此間一町四拾間

④此間六拾間

③此間七町三拾間

付[2]此一里山ゟ津田村迄 八町弐拾壱間

付[1]此一里山ゟ春木村迄 弐拾町四拾間

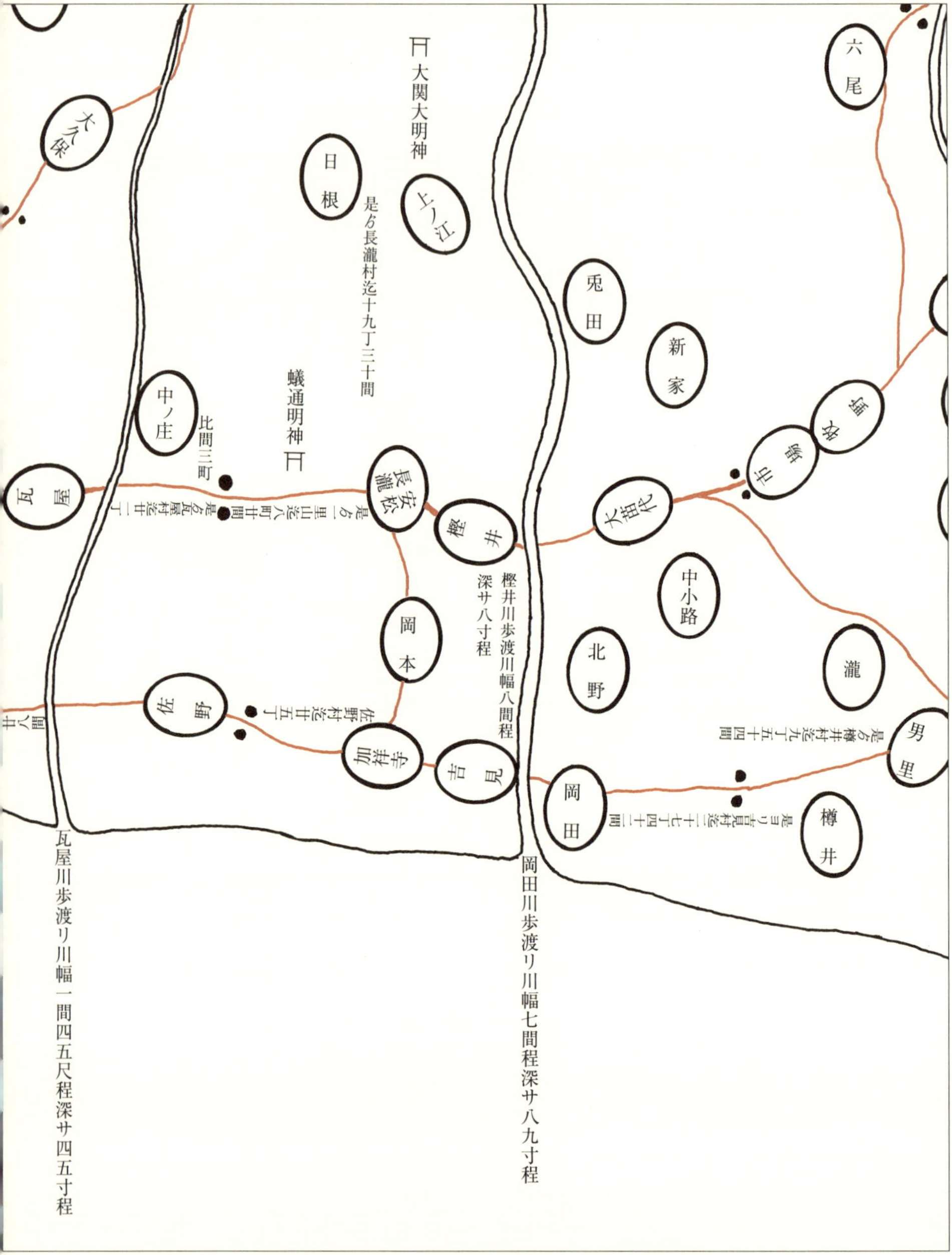

図 4　正保和泉国絵図(写)(神戸市立博物館蔵)

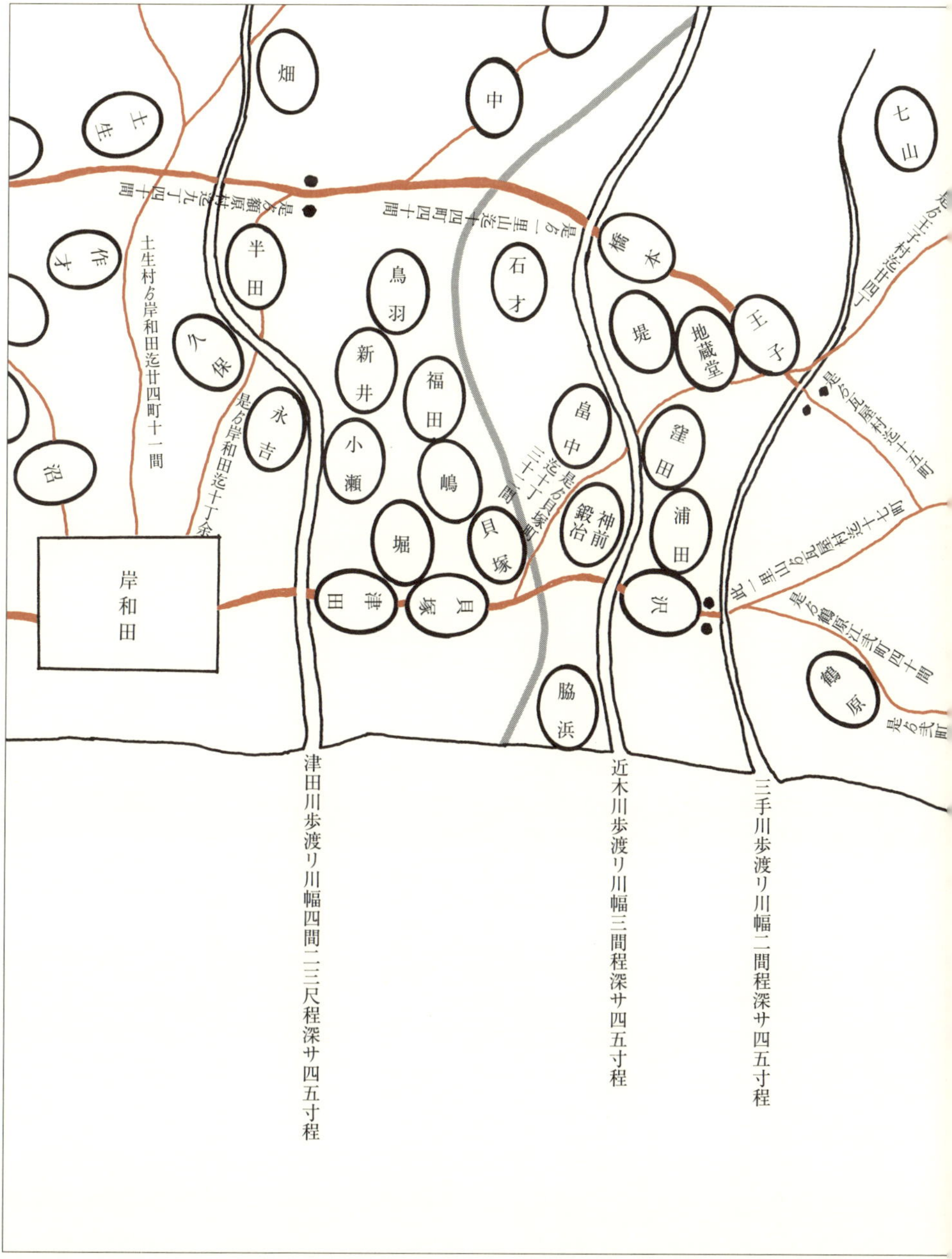

岸和田
土生
畑
中
七山
作才
沼
半田
久保
永吉
鳥羽
新井
福田
小瀬
嶋
堀
貝塚
津田
貝塚
石才
畠中
神前鍛冶
脇浜
堤
地蔵堂
王子
窪田
浦田
沢
鶴原
是ゟ額原村迄九丁四十間
土生村ゟ岸和田迄廿四町十一間
是ゟ岸和田迄十丁余
是ゟ二里山迄十四町四十間
是ゟ貝塚町迄三十丁
是ゟ鶴原江三町四十間
津田川歩渡リ川幅四間ニ三尺程深サ四五寸程
近木川歩渡リ川幅三間程深サ四五寸程
三手川歩渡リ川幅二間程深サ四五寸程

第四節　南・日根両郡村落・一里山と相互距離

正保国絵図には前述したように、道筋の縮尺は六寸一里であり、一里ごとに一里山を図示することが条目として記されていた。一里山と郷との間の道のりや、国境道のり等が注記され、各村落間の距離も必要に応じて記入し、交通に関する詳細な情報で幕府の要請に答えたと思われる。「和泉一國之圖」で、南郡・日根郡の両郡を具体的にながめ、ついで「正保和泉国絵図㊢」での表記をのべてみよう。

前述のように、南・日根両郡では紀州・熊野両街道の村むらを中心に、それら相互間の距離と、両街道に沿う村落からより奥地方面の村落への距離が記入されている。処が、条項中に規定があるように、一里山から主要な村落への距離は、絵図にすぐに書きこまず、付箋に書き、絵図のその場所に貼付していることが相違する点である。

「和泉一國之圖」の作成に伴う調査として、日根郡中ノ庄・瓦屋両村の支配領主の一人である近江小室藩小堀家では、その家老の小堀権左衛門が、在地庄屋の中ノ庄新川家（九兵衛盛明）と佐野川新川家（又七利好）両人にあてた書状がある。[11] 年欠だが正保二年と考えられ、五月二日付である。正保国絵図及び国郷帳調進の幕令が出てから約半カ年が経過していた。その内容は、①給人方在々絵図・領主所領の村々絵図の作成が命ぜられた。②それは一里＝六寸で示す縮尺を使用する。（場合により一里＝一尺としてよい）。③には「領内立横（竪）之間、幷山林野有之所者、其所々ニて立横（竪）之間を打、こまかに書付可被申候」とあり、各村落とその間の距離の正確な計測を下達している。以上に対して同年五月六日、両新川家から新川九兵衛（盛明）と同又七（利好）の二人は連署して以下のように報告している。[12] ①中庄村と佐野村との境界は海辺から山方への道が境界で、塩汲道と呼んでいる。絵図にある「やばたけノ池」は佐野領にあるが、池は中庄村の池である。②中庄村と瓦屋村との境界は佐野川であり、小村たる「川出」は中庄領である。③中庄村と熊取村との境界は乙ノ池堤限りの道で、南北へ横の道が境界線であり、乙ノ池は熊取村領にあるが、中庄村池である。④瓦屋村と鶴原村との境界は浦道より、山手の方の竪道がそれである。⑤そのほか中庄・瓦屋両村への竪道・横道の長さ等と、上方方面の一里山と、紀州方面の一里山からそれぞれ佐野川までの距離を絵図に記入するので、見てほしいというのがその内容であった。この書上状の内容からみて理解される通り、この地域では各村落間の境界線が、大きな問題であった。豊臣時代からずっと継続して、未だ解決にいたらぬ大きな課題でもあった。[13] そこで、幕府への国絵図調進ということで、村落間の境界を公的政治権力を背景とし解決できると考えた一面があったと思われる。

図3及び図4は、「和泉一國之圖」及び、「正保和泉国絵図(写)」について、それぞれの南・日根両郡の紀州・熊野両街道に沿う村落を中心に、写し取った略図である。両者は一見して、その相違点がすぐに理解される。図3は記入事項が図4に比較して非常に多い、絵図の村落や街道に沿い多くの記事がみられ、多くの情報を提供し、なお、貼紙等を使い性格の違った記事を述べている。図4の方は、記入事項は前者に比べ少ないが、整理・調整された事項を中心とし、精撰して貼紙を使用せず、絵図に直書している。貼紙等を使用し記述することは、全く、見られない。図3によりさらに具体的に示そう。村落間の距離を記入した事例として、孝子畑越街道に沿う佐野村から紀州街道本道までは、その間の距離を⑫「此間七町」(○や□印は地図上番号)と記し、さらに東側にある中ノ庄村までは、紀州街道から⑭「三町拾五間」と記入し、「蟻通明神」までは佐野村から⑬「拾五町三拾間」と計測している。その上、こうした村落間の距離は、絵図面に直接記入している。まさしく「領内立《竪》横之間、并山林野有之所者、其所々ニて立《竪》横之間を打、こまかに書付」る小堀家代官からの布達によったものであろう。処が、幕府による「正保国絵図」作成基準の、「壱里山と郷との間、道法、絵図ニ書付候事」により、一里山を基準とする場合には、[15]「此一里山ゟ瓦屋村迄弐拾壱町」、また[16]「此一里山ゟ安松・長瀧出口迄八町弐拾間」とあるように、付箋にて記述し絵図面の当該場所に貼付し、直接に絵図面に書くことにより、前者との混同を防止する方法を採用したと思われる。そのほかの事例は、図3

を参照して貰いたい。このような絵図面における表記の事例は、和泉国四郡のうち、南・日根両郡のみで大鳥・泉両郡には記入がみられず、その上、御三家の紀州徳川家との連絡に重要であった海岸に近い両街道の村落を中心として、記載されることが比較的に多い。

図4の「正保和泉国絵図㊢」の方は、全体的に村落間の単なる距離の表示はなくなり、一里山を中心とした村落間との距離を記入する事例が多くなる。絵図作成の基準条項にもとづくものであろう。その上、記事の整理・精撰化がみられる。南・日根両郡の街道沿いと言った局地的ではなく、四郡全体にみられ、幕府の通達内容に文字通り該当すると言った面がある。たとえば、日根郡沢村の村はずれの一里山からは、「此一里山ゟ瓦屋村迄十七町」とか、同郡王子村の三手川近辺の一里山からは、「是ゟ瓦屋村迄十五町」と記載している。そのほかの小書も「和泉一國之圖」で示された文言と全く一致すると言った事例がみられ、幕府への正式の献上絵図として、ふさわしい面をもつに至ったと考えてよい。

第五節　国絵図・国郷帳と村落

「和泉国正保村高帳」は森　杉夫教授の研究によれば、作成年次は記載されていないが、正保二年の実情を記載内容とする正保郷帳の写しと推定されると言う。前述したように、幕命による「正保国郷帳」最初の提出本かと思われる。そこで①国郷帳と国絵図とで、村落の把握がどう具体的に現われているか。②本村からの出作村の取扱い方が、両者により、どんなに相違しているか。③一個の村落が、複数以上の支配領主により支配されるとき、村形内の表現の仕方等々をめぐり、郡別に、具体的に検討してみたい。国郷帳の郷村の記載は申すまでもなく、支配領主が貢納賦課等を村落から徴収するときの、基本台帳であり、村落は行政村としての立場で記載される。国絵図では国土の状況を明らかにし、視覚に訴えるので、実際に村落が存在する実状をそのままで記載する。国郷帳と国絵図では、村落の把握が異なっていることに注意したい。また「和泉一國之圖」では、絵図条目には、「絵図・帳ともに郡切りに、郷村の高上げ申すべきこと。」とあり、各図中に各村高を記入して郡単位にまとめることと規定されている。しかし、絵図には村高の記入がない。

表2から、まず大鳥郡につき検討しよう。

(国郷帳)		(国絵図)
八田庄 毛穴村 平岡村	六四〇・〇三二石⇓	毛穴村 平岡村
上神谷 下条四ケ村	一五二一・九五　石⇓	大場寺村 大平寺村 小代村 和田村
石津村上・下	二二九一・三七　石⇓	上石津村 下石津村
夙村 草部村	四〇九・一三一石⇓	夙村 草部村

なお、大鳥郡夙村は中世の取石《とろす》宿の系譜をひくとされたが、のち、公儀に届けて、村名は改称された。

しかしつぎの三ヵ村は分村独立が進行せず、惣村の体裁をとり、国郷帳・国絵図ともに同様に記載されている。

綾井高石村	二五一三・八八石
長承寺村 野代村	六八六・〇八六石

踞尾村
市村　　四六〇・一四石

なお、大鳥郡では出作村落の記載はない。

さらに泉郡につき具体的にみよう。大鳥郡とは逆のケース、すなわち、国郷帳では別々の独立した行政村であるが、村落が隣接する等の関係で、両者が一つの村落として表記されている。

（国郷帳）			（国絵図）
北曾根村	一五六・五一石	⇒	両曾根村
南曾根村	一七一・三二七石		
上泉黒鳥村	二四一・二三三石	⇒	黒鳥村
郷庄黒鳥村	三六四・四三石		
下条大津村	一〇〇九・九八石	⇒	大津村
宇多大津村	六八三・八二六石		
八木郷上間瀬村	八二・一六石	⇒	両間（馬）瀬村
同　郷下間瀬村	五一・八四八石		

つぎに、本村からの出作村で「国郷帳」には記載はあるが、国絵図中に記入のない村落は、つぎの通りである。

高石出作　一一四・三二石
池上出作　一八四・九石
肥子村出作　六八・一六一石

軽部出作九九・四六七石は軽部出作として、村形で記載する。なお、一条院村の新田四・〇九七石も村落として記入

表 2　和泉国正保村高帳と和泉一国之図

(1)

和泉国正保村高帳		和泉一國之圖
堺付 北之庄	石 2748.995	堺環濠内 北之庄村
堺付 中　筋	2583.572	堺環濠内 中筋村
堺付 舳　松	2991.937	堺環濠内 舳松村
堺付 湊	615.774	湊　村
〔小以	8940.273	大鳥郡御蔵入 石河土佐守代官〕
八田庄 毛穴村 平岡村	640.032 (付箋) 毛穴村 394.502 平岡村 245.530	(毛穴村 平岡村
八田庄 八田寺村	358.606	八田寺村
〃 堀上村	356.6	堀上村
〃 北　村	544.7	北　村
〃 南　村	278.07	南　村
〃 小坂村	350.45	小坂村
〃 東　村	314.821	東　村
〃 平井村	674.994	平井村
上神谷 田中村	459.0	田中村
上神谷 鉢峯寺	324.247	鉢峯寺
上神谷 釜室村	366.0	釜室村
上神谷 豊田村	760.2	豊田村
上神谷 栂　村	171.83	栂　村
上神谷 逆瀬川村	179.898	逆瀬川村
上神谷 富蔵村	117.001	富蔵村

(2)

和泉国正保村高帳		和泉一國之圖
上神谷 畑　村	石 210.102	畑　村
上神谷 片蔵村	475.76	片蔵村
上神谷 下条四ヶ村	1521.95 (付箋)　石 大場寺村 551.905 太平寺村 378.811 小 代 村 365.024 和 田 村 226.21	大場寺村 太平寺村 小代村 和田村
和田谷 野々井村	372.658	野々井村
和田谷 檜尾村	859.302	日野村
和田谷 上　村	610.432	上　村
和田谷 両別所村	250.453	両別所村
〔小以	石 10197.106	大鳥郡之内 御蔵入石河土佐守〕
石津村上下 (付箋) 上石津 下石津	2291.37 1259.26 1032.11	上石津村 下石津村
大鳥中村	石 1110.42	大鳥中村
下村東	300.11	東下村
下村西	297.569	西下村
綾井高石村	2513.88	綾井高石村
菱木村	1069.367	菱木村
草部村	980.496	草部村
深井村	1561.79	深井村
土師村	1003.1	土師村
家原村	175.68	家原村
万代村	1960.058	万代村
万代庄之内 夕雲開	201.36	な　し

(3)

和泉国正保村高帳		和泉一國之圖
〔小以	石 13465.2	大鳥郡之内 右御蔵入 中坊長兵衛 御代官〕
大鳥郡 船尾村	石 1096.025	船尾村
大鳥郡 今在家村	445.81	今在家村
大鳥郡 新　村	209.312	新　村
大鳥郡 下　村	155.501	下　村
大鳥郡 富木村	648.702	富木村
大鳥郡 夙　村 草部村	409.131	(夙　村 草部村
大鳥郡 上　村	592.492	上　村
大鳥郡 長承寺村 野代村	686.086	(長承寺村 野代村
北王子村	659.087	北王子村
踞尾村 市　村)	460.14	(踞尾村 市　村
大鳥郡 万代 西　村	269.825	万代 西　村
大鳥郡 万代 赤畑村	276.934	万代 赤畑村
大鳥郡 万代 東　村	568.548	万代 東　村
〔小以	石 6477.593	御蔵入今井彦右衛門代官〕
大鳥郡 陶器谷 北　村	673.0	北　村
大鳥郡 同谷 深坂村	599.0	深坂村
大鳥郡 同谷 辻　村	555.3	辻　村
大鳥郡 同谷 田薗村	362.5	田薗村

(4)

和泉国正保村高帳		和泉一國之圖
大鳥郡 同　岩室村	石 22.4	岩室村(脱ヵ)
大鳥郡 同　上之村	324.8	上ノ村
大鳥郡 同　高蔵寺	423.0	高蔵寺
大鳥郡 同　添尾村	40.0	添尾村
〔小以	石 2960.0	大鳥郡之内 私領小出与平次〕
堺寺社領 大鳥郡之内踞尾村		踞尾村 市　村
御朱印 石 280.35 本願寺	同断 石 29.5 大安寺	
同断 220. 天神	同断 27.0 顕本寺	
同断 110. 南宗寺	同断 26.0 経王寺	
同断 90. 向泉寺	同断 20.0 極楽寺	
同断 80. 大　寺	同断 19.0 金光寺	
同断 60. 禅通寺	同断 18.0 光明寺	
同断 50. 悲田院	同断 10.3 四条	
同断 40. 旭蓮寺	同断 1.1 本敬寺	
同断 30. 海会寺		
〔小以	石 1111.25	寺社領〕
〔大鳥郡高合	43151.427〕	
泉郡 助松村	664.81	助松村
同郡 二田村	203.532	二田村
同郡 大津出作	45.174	な　し
同郡 森　村	268.713	森　村
同郡 千原村	151.307	千原村
同郡 北曾根村	156.51	) 両曾根村
同郡 南曾根村	171.327	
同郡 中　村	294.622	中　村

(5)

和泉国正保村高帳		和泉一國之圖
泉郡 高石出作	石 114.32	な　し
同郡 府中村	1185.44	府中村
同郡 池上出作	184.9	な　し

（付箋）片桐石見守殿知行池上ゟ中坊殿下を出作候由、中坊殿ゟ申来ル

和泉国正保村高帳		和泉一國之圖
同郡 王子村	275.973	王子村
同郡 軽部出作	99.467	軽部出作
同郡 肥子村出作	68.161	な　し
同郡 井口村	83.029	井口村
同郡 和気村	249.36	和気村
同郡 小田村	621.946	小田村
同郡 池田下村	1292.257	池田下村
同郡 室堂村	501.217	室堂村
同郡 和田村	279.583	和田村
同郡 三林村	473.66	三林村
同郡 平井村	331.911	平井村

小以　7717.219　泉郡之内
右御蔵入
御代官
中坊長兵衛

和泉国正保村高帳		和泉一國之圖
泉郡信太郷 上代村	341.818	上代村
同郡同郷 上　村	379.938	上　村
同郡同郷 太　村	550.735	太　村
同郡同郷 尾井村	463.5	尾井村

(6)

和泉国正保村高帳		和泉一國之圖
同郡同郷 富秋村	石 317.958	富原村
同郡同郷 伯太村	503.111	（ママ）伯太村

（付箋）
高 146.28石 出作 王子村
〃 114.47 出作 池上村
〃 56.395 出作 府中村

和泉国正保村高帳		和泉一國之圖
泉郡 上泉黒鳥村	241.233	黒鳥村
〃 郷庄黒鳥村	364.43	（黒鳥村）
同郡 下条大津村	1009.98	大津村
同郡 宇多大津村	683.826	（大津村）
同郡 板原村	166.241	板原村
同郡 北出村	165.67	北出村
同郡 箙形村（箕ヵ）	412.016	箕形村
同郡 唐国村	458.616	唐国村
同郡 内田村	533.88	内田村
同郡 松尾寺	302.0	松尾寺
同郡 春木村	473.496	春木村
同郡 久井村	399.0	久井村
同郡 若樫村	343.856	若樫村
同郡 春木川村	103.474	春木川村
泉郡 大沢谷（村）	658.525	大沢谷
同郡横山谷 父鬼村	318.542	父鬼村

(7)

和泉国正保村高帳		和泉一國之圖
同郡同谷 大野村	石 189.921	大野村
同郡同谷 坪井村	223.803	坪井村
同郡横山谷 仏並村	368.617	仏並村
同谷 小野田村	526.93	小野田村
同谷 北田中村	188.372	北田中村
同谷 岡　村	94.843	岡　村
同谷 下宮村	167.698	下宮村
同谷 福瀬村	285.41	福瀬村
同谷 善正村	126.472	善正村
同谷 南面利村	144.792	南面利村
泉郡 国分村	480.921	国分村
同郡 黒石村	245.376	黒石村
同郡 納花村	152.6	納華村（ママ）
同郡 鍛冶屋村	208.77	鍛冶屋村
同郡 浦田村	344.73	浦田村
同郡 万町村	455.348	万町村
同郡 松尾寺	石 17.33	松尾寺〔是者屋敷御赦免〕
牛瀧山	石 2.18	牛瀧山（カ）〔同断〕
槙尾山	石 6.0	巻尾山〔同断〕
〔小以　石 13585.866　内　石 25.51　松尾寺　牛瀧山（槙尾山脱）御赦免高衆即之内右御蔵入山田五郎兵衛代官所〕		

(8)

和泉国正保村高帳		和泉一國之圖
泉之郡 肥子村	石 72.72	肥子村
（付箋）片桐石見守殿知行肥子村ゟ中坊殿下を出作候由、中坊殿ゟ申来		
同断 豊中村	614.6	豊中村
同断 池上村	324.9	池上村
同断 黒鳥村	115.41	黒鳥村
〔小以　石 1127.63　泉之郡内私領　片桐岩見守〕		
泉之郡 和気村	247.92	和気村
同郡 今福村	121.025	今福村
同郡 寺田村	263.096	寺田村
同郡 寺門村	117.686	寺門村
同郡 観音寺村	445.317	観音寺村
同郡 一条院村	198.905	一条院村
〃 新　田	4.097	な　し
〔小以　石 1398.046　右御蔵入　松村吉左衛門御代官〕		
同郡 池浦村	486.601	池浦村
同郡 宮　村	95.259	宮　村
同郡 穴田村	78.372	穴田村
同郡 長井村	284.406	長井村
同郡 辻　村	125.858	辻　村
同郡 虫取村	257.68	虫取村

(9)

和泉国正保村高帳		和泉一國之圖
泉郡 桑原村	石 114.054	桑原村
同郡 今在家村	308.405	今在家村
同郡 坂本村	462.816	坂本村
〔小以 石 2213.651 泉郡之内御蔵入 彦坂平九郎御代官〕		
泉郡山直郷 内畑村	1310.51	内畑村
泉郡八木郷 上間瀬村（馬）	82.16	両馬瀬村
同郷 下馬瀬村	51.848	
同郷 高槻村（月）	213.217	高月村
泉郡八木郷 忠岡村	788.492	忠岡村
〔小以 石 2446.218 泉郡之内右御蔵入 石河土佐守御代官〕		
〔泉之郡高合 28488.63 内 26.763 帳面之外荒開 25.51 松尾寺、牛瀧山、槇尾山〕		
〔南郡〕		
南郡山直郷 摩伊村	石 405.192	摩伊村
同郡同郷 田治米村	721.026	田治米村
南郡同郷 新在家村	690.72	新在家村
同郷 三田村	1049.315	三田村
南郷山直郷 包近村	221.347	包近村（村形折半）
南郡山直郷 中　村	440.631	中　村
同郷 稲葉村	718.801	稲葉村

(10)

和泉国正保村高帳		和泉一國之圖
〃 積川《ツカハ》村	石 372.347	積川村
南郡八木郷 小松里村	724.324	小松里村
同郷 大町村	362.4	大町村
同郷 今木村	358.4	今木村
同郷 両大路村	357.481	両大路村
同郷 箕土路《ミドロ》村	453.44	箕土路村
南郡同郷 下池田村	441.3	下池田村
同郷 荒木村	445.94	荒木村
同郷 中井村	435.781	中井村
同郷 池尻村	434.5	池尻村
同郷 吉井村	447.713	吉井村
同郷 磯上村	542.817	磯上村
〔以上 石 9623.475 南郡之内右御蔵入 石河土佐守御代官〕		
南之郡 貝塚村	378.557	貝塚村
同郡 堀　村	463.455	堀　村
同郡 津田村	173.04	津田村
南之郡 小瀬村	561.077	小瀬村
同郡 永吉村	87.243	永吉村
同郡 久保村	328.305	久保村
同郡 新井村	144.262	新井村
南之郡 福田村	150.094	福田村

(11)

和泉国正保村高帳		和泉一國之圖
同郡 嶋　村	石 23.34	嶋　村
同郡 鳥羽村	180.162	鳥羽村
同郡 半田村	624.836	半田村
南之郡 中　村	701.025	中　村
南之郡 畑　村	560.402	畑　村
同郡 極楽寺村	496.143	極楽寺村
同郡 流木村	552.002	流木村
同郡 清《セイ》児《チゴ》村	527.955	清児村
南之郡 名越村	557.631	名越村
同郡 森　村	302.018	森　村
同郡 三松村	814.442	三松村
同郡 水間村	276.104	水間村
南之郡 馬場村	405.537	馬場村
同郡 秬谷村	63.484	秬谷村
同郡 大川村	86.069	大川村
同郡 三ヶ山村	120.35	三ヶ山村
南之郡 木積村	645.538	木積村
同郡 相川村	170.301	相川村
同郡 蕎《ソ》原《ホラ》村	245.321	蕎原村
南之郡 塔原村	151.593	塔原村
南之郡 川合村	443.479	川合村
南之郡 瀧　村	203.456	瀧　村

(12)

和泉国正保村高帳		和泉一國之圖
同郡 八田村	石 343.885	八田村
南之郡 神須屋村	495.244	神須屋村
同郡 尾《テ》生《ブ》村	1133.519	尾生村
同郡 土生村	2368.665	土生村
同郡 作才村	373.642	作才村
同郡 岸和田村	1991.057	岸和田村
同郡 沼　村	497.575	沼　村
同郡 野　村	535.776	野　村
同郡 春木村	1322.047	春木村
同郡 加守村	627.923	加守村
同郡 藤井村	225.034	藤井村
同郡 上松村	452.423	上松村
同郡 別所村	234.918	別所村
同郡 下松村	907.207	下松村
同郡 西ノ内村	850.693	西ノ内村
同郡 額原村	285.443	額原村
南之郡 包近村	396.355	包近村（村形折半）

〔小以　23498.627石　南郡之内右私領岡部美濃守〕

〔南郡高合　33122.102石〕

〔日根村〕

日根郡 つゝら畑村	石 111.766	葛畑村
日根郡 楠畑村	91.152	楠畑村

(14)

和泉国正保村高帳		和泉一國之圖
日根郡 岡本村	石 316.236	岡本村
同郡 嘉祥寺村	1358.616	嘉祥寺村
同郡 上之郷村	1692.996	上之郷村
同郡 日根野村	2347.189	日根野村
同郡 大木村	594.582	大木村
同郡 土丸村	329.097	土丸村
同郡 佐野村	3486.909	佐野村
同郡 瓦屋村	548.984	瓦屋村（村形折半）
同郡 靏原村	1664.22	鶴原村
同郡 大久保村	605.651	大久保村
同郡 御門村	291.895	御門村
同郡 七山村	143.014	七山村
同郡 小垣内村	406.153	小垣内村
同郡 小谷村	263.155	小谷村
同郡 野田村	571.24	野田村
同郡 久保村	1221.99	久保村
同郡 紺屋村	90.956	紺屋村
同郡 地蔵堂村	215.087	地蔵堂（村脱ヵ）
同郡 窪田村	146.441	（東窪田村 西窪田村
同郡 王子村	662.407	王子村
同郡 小谷村ゟ出作	114.941	な　し
同郡 橋本村	619.828	橋本村

(13)

和泉国正保村高帳		和泉一國之圖
日根郡 童子畑《ハラス》村	石 191.258	童子畑
同郡 金熊寺村	351.604	金熊村
日根郡 六尾村	254.761	六尾村
同郡 中　村	720.105	中　村
日根郡 瀧　村	62.878	瀧　村
同郡 幡代村	384.057	幡代村
同郡 男里村	675.453	男里村（村形折半）
同郡 馬場村	708.057	馬場村
同郡 樽井村	1190.897	樽井村
同郡 牧野村	989.583	牧野村
同郡 岡田村	1021.499	岡田村
同郡 中小路村	535.629	中小路（村脱ヵ）
同郡 市場村	864.932	市場村
同郡 大苗代村	532.184	大苗代村
同郡 北野村	361.673	北野村
同郡 新家村	1507.067	新家村
同郡 樫井村	541.416	樫井村
同郡 吉見村	951.149	吉見村
同郡 兎田村	537.392	兎田村
同郡 別所村	111.593	別所村
同郡 長瀧村	1797.985	）長瀧村安松村（両村接続）
同郡 安松村	858.881	

(15)

和泉国正保村高帳		和泉一國之圖
日根郡 伏原 橋本ゟ出作	石 38.486	なし
同郡 石才村	360.865	石才村
同郡 堤　村	328.775	堤　村
同郡 西窪田村	53.159	（東窪田村 西窪田村
同郡 浦田村	121.625	浦田村
同郡 沢　村	827.222	沢　村
同郡 七山ゟ出作	68.43	なし
同郡 小垣内ゟ出作	35.972	なし
同郡 鳥羽ゟ出作	72.114	なし
同郡 中村ゟ出作	148.295	なし
同郡 神前《カウサキ》村	160.019	）神前村
同郡 鍛冶村	293.808	鍛冶村
同郡 畠中村	360.911	畠中村
同郡 脇浜村	492.657	脇浜村
同郡 明《アケノ》原出作	94.468	なし
〔小以　36501.373石 日根郡之内右私領		岡部美濃守〕
日根之郡 中之庄村	石 595.43	中ノ庄村
〃 〔佐野川村〕瓦屋村之内	409.575	瓦屋村（村形折半）
〔小以　1005.005 日根郡之内右私領		小堀遠江守〕
日根郡 小野里村	石 786.52	男里村（村形折半）

(16)

和泉国正保村高帳		和泉一國之圖
日根郡 尾崎村	石 800.45	尾崎村
同郡 下出村	940.4	下出村
同郡 中　村	617.46	中　村
同郡 自然田村	1036.58	自然田村
同郡 山中村	698.23	山中村
同郡 桑畑村	260.06	桑畑村
同郡 石田村	917.34	石田村
同郡 黒田村	971.12	黒田村
同郡 新　村	341.64	波有手村ノ内新村
同郡 波有手《バウテ》村	1414.5	波有手村
〔小以　8784.3石　日根郡右御蔵入松村吉左衛門御代官〕		
同郡 貝掛村	623.0	）貝掛村
同郡 舞　村	43.85	舞　村
同郡 箱作村	2105.85	箱作村
同郡 淡輪村	1837.104	淡輪村
同郡 深日《フケ》村	1092.08	深日村
同郡 孝子村	622.46	孝子村
同郡 東畑村	352.4	東畑村
同郡 西畑村	160.0	西畑村
同郡 谷川《タガハ》村	1170.48	村形なし（谷川湊）
日根郡 小嶋村	57.63	小嶋村
〔小以　8064.89　日根郡之内右御蔵入彦坂平九良代官〕		
〔日根郡之高　54355.568〕		

表3　和泉一国惣高・内訳

事　　項	石　　高	備　　考
和泉国　御蔵入高	A　92888.332	帳面之荒開 26.727《石》を含む
私領・寺社領合計高	B　66229.395	
｛私領高	｛66203.885	
松尾寺・牛瀧山・槇尾山屋敷御赦免	25.51	
和泉一国惣高合（A＋B）	159117.727	

（和泉一國之圖による）

がない。そのほか村名で簓形《みがた》村は箕形村であり、横山谷大沢谷は大沢村六五八・五二五石のことである。

南郡につき考察をすすめると、惣村が解体し新しい村落が発生し、また、数カ村が隣接するので一村で表記した事例はない。相給村落を表記した事例に、包近村があり、堺奉行石河土佐守領で二二一・三四七石と、岸和田藩岡部美濃守領三九六・三五五石との入組村落としてその事例があげられる。

日根郡につき具体的に眺めてみたい。

神前村一六〇・〇一九石 鍛冶村二九三・八〇八石は、「国郷帳」の場合、別々の行政村として記載されるが、「国絵図」には、両者は合体し分村の以前惣村の形態で、一つの村形に二つの両村名が記されている。新村三四一・六四石は、「波有手村（二四一四・五石）ノ内新村」と記され本村から分離する枝村の形態である。（東）窪田村一四六・四四一石と西窪田村五三・一五九石は、両村が隣接した位置にあるので、両村接続の形態で描かれている。長瀧村一七九七・九八五石と、安松村八五八・八八一石の場合も同様である。そのほか、貝掛村六二三・〇石と舞村（四三・八五石）両村も同じ事例である。本村からの出作村の場合は、いずれも「国郷帳」に記載があっても、「国絵図」には記入はない。小谷村ゟ出作一一四・九四一石、七山ゟ出作六八・四三石、小垣内ゟ出作三五・九七二石、鳥羽ゟ出作七二・一一四石、中村ゟ出作一四八・二九五石、のほか、伏原橋本ゟ出作三八・四八六石、明原出作九四・四六八石等も同様である。前者の村々は熊取村等からの出作で、近村へ出作のケースが多いと考えられる。一村落に複数以上の支配領主の相給村は、瓦屋村（岸和田藩岡部氏五四八・九八四石と小堀遠江守四〇九・五七五石）と男里村（岸和田藩岡部氏六七五・四五三石と松村吉左衛門代官七八六・五二石）とがある。村形を折半し両支配領主の色彩別で、表現している。

第六節　むすび

「和泉一國之圖」について、各方面からその記載事項や図像等を中心に考察をすすめてきた。正保郷帳の写しと考えられる「和泉国村高帳」は、それぞれの郡での各村落が、支配代官・領主別に分けられ、村高・村名・難字の振仮名から始まり、田畑高の内訳や日損・水損・塩入高から、各入会山の面積、山年貢高、茶園、柿等の小物成高、漁業関係浦役など多方面にわたり記載されている。そして各郡につき支配代官・領主ごとに村高が小計され、最後には和泉国の惣高集計とその内訳（幕府直轄領高・私領寺社領高）が記されている。この和泉国の惣高集計とその書式が、「和泉一國之圖」の高頭目録と全く同様であることは、指摘した通りであり、両者とも近接した年代に幕府の指揮のもとで、作成されたことは間違いがない。

しかし国絵図の方は、村形の各村落に村高の記入がなく、支配領主別の色彩がある。図画の一隅に堺・岸和田等から陸路・海路による距離が、不規則に記され統一性がない。郡区分も正保以降は黒筋の境界線がひかれ、各郡ごとに村形の色を変えて区別する方法が定着するが、境界線は茶色で而も各郡ごとの村形の色は郡区別を無視し、領主別の色彩を採用する。その上、南・日根両郡には、国内の主要な一里山間の距離や、他国への一里山への距離の記入以外に、主要な村落間の距離が書かれている。以上の諸点から考察をすすめると、「和泉一國之圖」は、正保国絵図・国郷帳の調進に際して、和泉国の絵図元大名であった岸和田藩等を通じ、幕府に差上げた献上本に相当するものではなく、地元で参考図とした扣図・窺図・下図等に類するものであったかも知れない。幕府からの指示事項に一致しない記載が、間間、見られるからである。

いずれにせよ、両者の国絵図に、その記載事項等を中心にその類似点と相違点に留意しながら、他面「正保郷帳(写)」を参照しつつ眺めてきた。両国絵図の図像上の問題については、取り上ぐべき多くの具体的な問題点を残しており、絵図そのものを、詳細によみこんでゆく必要性があろう。同時に、関連する文献史料を検討することも、大変、重要である。ここで叙述してきた諸問題点は、基盤となるべきいくつかの諸点にふれたに止まり、多くの具体的な課題が残されたままである。これからの研究に期待したい。

注

(1) 和泉国絵図（正保・慶安ごろ）としてカラー版見開きで、掲載している。和泉国絵図は海野一隆氏の解説がある。

(2) 和泉国絵図（正保〜慶安頃）として、モノクロ版で見開きの体裁である。別に紀州・熊野街道筋を、拡大して掲載する。故矢守一彦氏による正保国絵図と題する解説が、巻末にある。

(3) 『新修泉佐野市史』⑬絵図・地図編に、市域関係の絵図・地図集のなかで、国絵図として、見開きカラー版で「正保和泉国絵図写」とし、全図を紹介している。出田和久氏により絵図全体につき、詳細で丁寧な解説がなされ、研究者に裨益するところが大きい。また、泉佐野市域を中心に南郡・日根郡の読取図が付せられており、全貌が明らかである。

(4) 『同上書』六二〜七ページ。

(5) 川村博忠『国絵図』（一九九〇年刊　吉川弘文館）一〇〇〜二ページ　明暦大火被災と国絵図再徴収。

(6) 「和泉一國之圖」の絵図目録には

和泉一国之高同郡分

一高四万三千百五拾壱石四計(斗)弐升七合　大鳥郡

一高弐万八千四百八拾八石六計(斗)三升　泉　郡

一高三万三千百弐拾弐石壱計（斗）弐合　　南　郡
一高五万四千三百五拾五石五計（斗）六升八合　　日根郡
惣高合拾五万九千百拾七石七計（斗）弐升七合内
内
高九万弐千八百八拾八石三計（斗）三升弐合　　御蔵入
高六万六千弐百弐拾九石三計（斗）九升五合　　私　領
　　寺社領

（7）各支配領主別の色わけは次の通りである。

中坊長兵衛御代官所	濃藍色
彦坂平九郎御代官所	濃赤色
今井彦右衛門御代官所	濃白色
松村吉左衛門御代官所	茶褐色
山田五郎兵衛御代官所	赤　色
石河土佐守御代官所	白　色
岡部美濃守私領	薄褐色
小出与平次私領	薄白色
小堀遠江守私領	薄赤色
片桐石見守私領	薄藍色

（8）「はへ山」とは草木の茂っている山をさし、「芝山」とは芝の生えている山のことである。

（9）湊と海岸の詳細な記述は、正保国絵図の調進に際し下付された二通の絵図基準のうち、「絵図書付候海辺之覚」にもとづく小書であり、その細則的基準はつぎの通りである。

絵図書付候海辺之覚

一この湊、岸ふかく船かかり自由

一この湊、少しあらいそに候へども、船かかり自由
一この湊、遠浅にて船いれかね候
一この湊、南風《はえ》の時分は船かかりあしく候
一この湊、西風の時分は船かかりならず候
一湊とみなとの間、いにしへより申しったへ候海上道ののり、書きつけ候こと
一船道、水底にはへこれ在るところ書きつけ候こと
一他国のみなとへ海上道のり、書きつけのこと
一潮時に構わず、船入候みなと、書きつけ候こと
一しほどき悪敷く候へば、船入らず湊、書きつけ候こと
一この渡り口、何里あら塩のこと
一浜かよひ、遠浅のこと
一この所、左右に岩これ在ること
一遠浅、岩つづきのこと
一右、書きつけのほか、船道あしき候はば、残らず書きつけ候こと
一湊の名、書きつけ候こと
一浦の名、書きつけ候こと

（10）川村博忠『国絵図』一一七～八ページ。

（11）・（12）和泉国正保国絵図の調進に際し、支配領主の小堀家家老の小堀権左衛門宗政から、現地の庄屋の中庄新川家の九兵衛盛明と、佐野川新川家の又七利好の両人へ下した書状と、これに対して両新川家から小堀権左衛門にあてた連署書上状がある。ともにその内容から、正保二年ごろと推定される。

態申遣候、然者
国々之絵図被
仰付候ニ付而、
給人方在々之
絵図仕可上之旨、
御書付写被遣候間、
此御書付之表
無相違様ニ、念
を入、一里六寸之
積リ絵図仕上ヶ
可被申候、領内立(竪)横
之間、并山林野

有之所者、其所々
ニて立(竪)横之間を
打、こまかに書付
可被申候、悪(直)所ハ此
方ニて仕なをし
可申候へとも、随分念
を入可被申候、猶紙
面ニて合点不参候ハヽ、
壱人上リ可被申候、
口上ニ可申渡候、恐々
謹言
　小堀権左衛門
五月二日　宗政(花押)
　新川(盛明)九兵衛殿
新川(利好)又七殿

(追而書)
猶々一里六寸ニ
仕にくきやうに候ハヽ、
一里一尺ニ成共
仕可哉候、絵図大キ
成分ハ不支候、国中
領内之大里大犯(般カ)ニ
書候て可然候、尤野山之
間立(竪)横打候て可然候、

以上

また両新川家から小堀権左衛門あての連署書上は、次の通りである。

一中庄と佐野と境目之事、海辺より山へのほり申候、
　道限りにて御座候、乍去やばたけの池ハ、佐野領ニ御座候へとも、
　池ハ中庄の池にて御座候、
一中庄と瓦屋と之境目之事、さの(佐野)川と申限りにて、海山への川
　絵図ニ書付申候、乍去川出と申小村ハ、此川より北瓦屋の方へ入
　居申候へ共、中庄領にて御座候、
一中庄と熊取村との境目之事、おつ(乙)の池の堤道限りにて、
　南北へよこニ道御座候、乍去おつの池ハ、熊取之内ニ御座候へ共、
　中庄之池にて御座候、
一瓦屋と鶴原村との境目之事、浦道より山の方への竪道かきりにて御座候、
一中庄海山へ竪道拾八町廿六間半、但山浜砂田地共ニ、同横本大道(熊野街道)五町廿七間、山ノ方横道七町八間半、
一瓦屋海山へ竪十《六》七町廿《三》九間、
　同よこ本大道四町十二間《六丁五十五間》、山道ノ方横道三町十間《七町八間半》
一一里山より道之法之事
　上方の一里山より佐野川まて十二町四十二間《十四丁五十五間》
　紀州の方の一里山より佐野川まて廿三町十八間《廿一丁五間》
　　右之通絵図ニ書付申候、御双覧可被成候、
一佐野川より紀州境まて三里廿三町《廿一町五間》十八間
一同よりきし(岸和田)のわたまて一里拾弐町四十二間《十四町五十五間》
　此二ケ条、絵図ニハ書付不申候へ共、自然御用のため書上候、
　酉ノ五月六日
新川九兵衛盛明（花押）

同　又七利好（花押）

小堀権左衛門様
進上

（和泉市　新川善清家文書）

（13）　たとえば、佐野村と隣村中庄村は太閤検地後の慶長十四年ごろ、丘陵地の領有をめぐって紛争があり、検地における村切や境界設定が不徹底のため、中庄村から当時の和泉国奉行片桐且元の奉行衆にあてた「中庄百姓口上覚書」等の史料から、窺うことができる（『泉佐野市史』六二三～六ページ）。その後、延宝三年にも、中庄村と佐野村とは山畑・浜地をめぐって争いがあり、両者の村境（塩汲道）を中心とした境界問題が発生した（『前掲書』六二九～三〇ページ）。

第四章　「和泉国正保村高帳」についての若干の史料

第一節　はじめに

和泉国の正保郷帳の写と推定されるものについては、すでに岸和田市流木町の故出口神暁氏が所蔵されていた「和泉国正保村高帳」が、『岸和田市史史料』第二輯として刊行されている。(1) 森　杉夫教授の行届いた綿密周到な解説と相まって、この史料集の価値は非常に高く位置づけられるものである。

いうまでもなく正保国郷帳は、江戸幕府の国絵図の作成とともに実施されたものであり、幕府の全国の国土の支配掌握の現われでもある。先学がすでに明らかにされているように、寛永二十一年十二月十六日（この日に正保元年と改元）に、大目付井上筑後守政重や宮城越前守和甫《まさよし》の両奉行が、評定所に集合した諸大名の留守居に対して、国絵図・郷帳の作成・仕様全般にわたる指示と、国絵図作成にわたっての海辺描写についての、二通の文書を渡したと言う。煩をいとわず、そのなかから国郷帳関係の条項をあげよう。

一郷村知行高、別紙ニ帳ニ作、二通上ケ候事

一絵図・帳共ニ、郡わけの事

一絵図・帳共ニ、郡切ニ郷村村高上ケ可申候事

一帳之末ニ、一国之高上ケ可申候事

一絵図・帳共ニ、郡々名並郷々名、惣而難字には朱ニ而仮名を付候事

一絵図・帳共ニ、村ニ付候はヘ山幷芝山有之所ハ書付候事

一水損・干損之郷村帳ニ書付候事

すなわち、この時点での郷帳作成の基準については、⑴郷帳を二冊作成、⑵郡わけ、⑶村高書上、⑷帳末に国高を集計、⑸難字には朱書で仮名付け、⑹「はえ山・芝山」「水損・旱損」を注記、⑺提出期限は来年中、ということに集約できる。而も正保郷帳は、それが命ぜられた時点でその雛形があったわけではなく、担当の井上政重・宮城和甫と諸大名との、さまざまの交渉の内でその記載内容が確定していったことがわかるとされる。(2) 和泉の国絵図・郷帳の担当大名は、岸和田藩主岡部美濃守宣勝と、堺奉行石河土佐守勝政の二人であった。

明治大学刑事博物館所蔵の板倉家文書の中にある「伊勢国郷帳」は、伊勢亀山藩の家臣が元禄国絵図・郷帳の作成に際して、幕府保管の正保郷帳を借用し、筆写したという経緯から考えて、正保郷帳の正本に大変に近い内容をもったものとされる。また、その表紙には「伊勢国高郷帳」と記され、第二には、その郡名が記され、一村ごとの村高・村名（難字には朱で読み仮名）、田畑別の高（一村が分割されている時は、田畑高のあとに、それ以外は肩書）、「芝山」「はえ山」などが記され、最末尾には、国全体の石高、村数、田方、畑方・葭島方の別、幕領高、各領主知行高、寺社領高、領主別の新田高が外高として記載され、最後に年記があり、年記の下には作成者の名がないと言うことである。(3)

以上の事実をふまえ、「和泉国正保村高帳」の記載形式をみよう。和泉国四郡が北から南へと、大鳥・泉・南・日根の各郡の順に記され、それぞれの郡で村々が、支配代官や領主別に分けて小計され、各村の村高・村名、村名の難字の振仮名、田畑高の内訳、日損・水損・塩入高、帳面外の芝原・川原新開高、出作高、柴山・はえ山・草山など、及び、山年貢高とその概況、茶園・茶・柿・炭年貢高、猟船、浦役、舟役・肴役など多方面にわたりくわしく記載があるが、最後には、和泉国の惣高集計と、幕領、私領、寺社領高の三つの内訳があるのみである。(4) 正保元年十二月十六日の幕府の作成基準にそって、かなり忠実につくられたものと思われるのである。

第二節　泉州大鳥郡之内上神谷郷帳

この「和泉国正保村高帳」の内容をながめるとき、日損・水損高等の記載が、一地域に於ては記入されていないこと、及び、各村村高の田畑の内訳けや、各郡や国全体の末尾の各項目ごとの小計が記載していないことに気がつく。尤も、各村高の田畑の内訳けは、わずかに、堺付四カ村たる北之庄・中筋・舳松・湊の各村には、記入されている。「和泉国正保村高帳」の作成手続や提出、幕府の担当者との間の交渉の経緯などを伺う記録類は、現在までの処、全く見当たらない。しかし、関連すると思われる若干の史料に接したので、これにつき述べてみよう。

正保二年酉ノ七月九日の年記のある「泉州大鳥郡之内上神谷郷帳」と、表題のついた冊子がある。[5] その内容は、上神谷地域の田中・鉢峯寺・釜室・豊田・栂・畑・逆瀬川・富蔵・片蔵の各村と、下条四カ村たる小代・和田・太平寺・大庭寺の合計一三カ村の、郷村村高帳である。その内容の形式は、

一高七百六拾石弐斗　　豊田村

内

九拾四石六斗　　日損所

内三拾弐石壱斗　　山　畠

此林之内

一山　長拾八町ほと　横四町ほと　　所々取合松木　雑木有之

外ニ

五石三斗四升五合　　山年貢

とある。「和泉国正保村高帳」の記載事項と比較すると、「日損所」等とその高の記事があるほかに、山の模様につき「所々取合松木雑木有之」と記事内容が詳細である。田中・鉢峯寺・逆瀬川の各村落の箇処は、「池水少しかゝる」と具体的な文言があり、天水場だけではなく池水の灌漑も存在することを物語っている。また、山年貢として一括して山年貢と茶代とを表現していたのが、両者を分離して、別々に記載されていることも指摘できる。そのほか、下条四カ村については、分村独立のちの村名を、大場《（庭）》寺・太平寺・小代・和田の四カ村に分ち、村高のほか各村落のばあいと同様に、各項目につき記載している。

上神谷地域は上条九カ村・下条四カ村の合計一三カ村よりなりたつが、地域全体の支配領主は、寛永十九年から堺奉行石河土佐守勝政であり、石河氏の支配は寛文元年まで続いた。小谷家は上神谷一三カ村の触頭としてこの地域を支配し、近世初頭以来、一〇〇〜二〇〇石に及ぶ持高と、同時に山代官として扶持米五石を与えられる地位にあった。寛永期から正保期にかけては、庄屋宗十郎で太夫名をつぎ、承応三年に八一歳で死没する。寛永二十一年にはあとつぎの庄屋十郎治太夫に、この地域の領主たる石河土佐守勝政の娘を妻として迎え、親戚関係を結んでいる。[6] この時代に上神谷郷帳が作成されたことであろう。幕府の直臣たる堺奉行石河土佐守勝政が、岸和田藩主岡部氏とともに、和泉国国絵図と郷帳の作成に当ることになった。恐らく、一たん提出した「和泉国正保村高帳」に、上神谷地方の一三カ村の日損高が欠落していたので、触頭たる小谷家が日損高を改めて調査し、石河土佐守勝政を通じて、幕府に再提出したものであるかも知れない。「七月九日ニ上ル」と、巻末に記されている処である。上神谷一三カ村に日損地が全く存在しなかったから、記載されなかったのではない。寛永二十一年中ノ七月廿三日の年記のある「和泉国大鳥郡上神谷中目録」があるが、日損地が各村にわたり見うけられるのである。[7] なお、写本であるせいか、山畠の高の記載もれや泉郡で日損地高の欠落しているケースもある。

第三節　和泉国郷村高辻帳

「和泉国正保村高帳」は、堺付の四カ村を除き、各村落の田畑区分の記載がなく、巻末の各個別領主を始め各項目の集計等の簡略化・欠除といったことがあるが、ここに、「和泉国郷村高辻帳」と題する筆写した史料がある。慶安四年三月の年記があり、作成者の名前はないが堺市史編纂のとき、堺廻り三カ村の大庄屋南家の家蔵史料を筆写したものである。原史料の全部につき筆写されず、旧大鳥郡と巻末の部分しか筆写されていない(8)。

原史料の体裁は、支配領主名、村高、村名を記し、村高を田方と畑方とに分け、別に山年貢が記されている。しかし、「和泉国正保村高帳」に記されているような、各村落の日損所・水損所の有無、芝山・草山・はえ山や茶園、茶・柿・炭・年貢高、猟船・浦役・舟役・肴役などの模様は記入が全くない。末尾の部分は「伊勢国郷帳」に記載あるような詳細な内容である。一国全体の石高とその内訳を田方と畑方とに記し、免租地を書き、小物成銭を記載している。ついで幕領全体高と代官ごとの知行高、及び各領主ごとの所領高、寺社領高、さらに小物成高とその内訳とが、各所領ごとに書かれている。なお、各村落の事例を示すと

石河土佐守代官所
豊田村
一高七百六拾石貳斗
内
六百七拾貳石八斗三升　田方
八拾七石三斗七升　畑方
一高拾貳石貳斗七升四合　山年貢　同村

とある。

さて、末尾の大鳥郡高の総計と、和泉国一国高の総計を「和泉国正保村高帳」の数字と比較してみると、前者については四万三二三〇・〇二四石、後者は一五万九六二八・五五八石と、「和泉国正保村高帳」がそれぞれ、四万三一五一・四二七石、一五万九一一七・七二七石の数値に対して、いずれも、僅かに多い。支配代官の名前も、山田五郎兵衛代官の支配地がなくなり、中村杢右衛門や豊島十左衛門代官の支配地が出現している等の変化がある。慶安四年三月という年記につき、その当否はしばらくおくも、新しい支配領主が和泉に所領をもった時期が、前述した年代と矛盾する点はない(9)。

なお、いわゆる「正保国郷帳」として、各府県史、市町村史の史料編にあげられている史料をみるとき、「和泉国郷村高辻帳」と同様な体裁をもった国郷帳が、いくつかあげられるのである。この意味で「和泉国郷村高辻帳」が、むしろ、和泉の正保郷帳の正本に近いのではないかと思われる(10)。正保三年の年記のある「播磨之国知行高辻郷帳(11)」、正保四年三月の年記のある「信濃国郷村帳(12)」、正保四年九月の年記のある「出羽国知行高目録」（村山郡・最上郡）など、いずれもその体裁は、郷村高とその田畑の内訳け(13)、芝山、はえ山、日損・水損などの村柄が、村名の箇処に示されており、後者の事項の記載はその存在のみを書き、具体的な詳細な内容が全くないことが共通している。しかし、「和泉国郷村高辻帳」について、各村落の箇処に村柄についての記述がないのは、すでに、「和泉国正保村高帳」が提出され、詳細な記事あることもあり、重複をさける意味合いで記載されなかったのではなかろうか。

最後に、繰返すことになるが、正保郷帳の作成にあたっては、幕府と当事者との折衝のなかで、具体的な指示事項がありそれにそった内容のものが補充され、調製がすすみ、記載内容の一応の確定がみられたのであり、この二つの関連史料、正保二年七月九日の年記ある「泉州大鳥郡之内上神谷郷帳」及び、慶安四年三月の年記のある「和泉国郷村高辻帳」の両者は、正保郷帳の正本の作成の事実経過を、論証出来うるものと考えられる。

注

(1) 国立史料館所蔵「和泉国大鳥郡上神谷小谷家文書」のなかに、「泉州一国村高同郡分帳」なる表題の史料があり、全く同一の史料である。

(2) 森　杉夫編『和泉国正保村高帳』五九〜六〇ページ。

(3) 藤井譲治「〝郷帳〟覚書」(『歴史地名通信』創刊号) 五ページの記述を要約した。

(4) 森　編『前掲書』六二ページ。

(5) 前出の「小谷家文書」にあり、とくに……郷帳という表題が目をひいた。

(6) 「和泉国大鳥郡上神谷豊田村小谷家文書目録」の解題参照のこと。

(7) この史料は小谷家文書のなかにみられる。文書の末尾に上神谷一三カ村の各村の、日損高が記載されている。田中村五拾七石五斗、豊田村六拾三石五斗、栂村弐拾三石五斗、大場寺村弐百八拾五石、和田村弐拾五石、小代村三拾石、太平寺村九拾五石、片蔵村七拾五石、富蔵村三拾石、逆瀬川村三拾五石、釜室村七拾石、鉢が峯百三石五斗、畑村三拾八石である。

(8) 堺市立中央図書館所蔵「堺市史史料」(稿本) 三八「農政」

(9) 中村杢右衛門代官は正保三〜四年ごろから、泉郡横山北田中村や松尾寺の支配領主で、寛文元年ごろまで、続いたらしい。豊島十左衛門勝直も、泉郡伯太村や施福寺関係の代官として明暦の初めごろから支配し、その子の豊島権之丞勝正も、父のあとをつぎ寛文四年ごろから、施福寺関係代官に任命されている(『和泉市史』第二巻四四・四二一・四三三〜四ページ)。

(10) この点について森　杉夫教授は「正保郷帳の作成にあたっては、種々の折衝が行われているので、あるいは本史料(『和泉国正保村高帳』をさす。……筆者注)は調整前のものかもしれない」と断わっておられる(『前掲書』六二ページ)。

(11) 『加古川市史』第五巻　二一ページ・『竜野市史』第五巻　三二五ページ。

(12) 『長野県史』近世史料第九巻　一〜八三ページ。

(13) 『山形県史』近世史料3　七〜四一ページ・一三六〜一四一ページ。

（表紙）

「

正保弐年

泉州大鳥郡之内上神谷郷帳

酉ノ
七月九日

」

一高四百五拾九石　田中村
内
五拾七石五斗　少し池水かゝる　日損所
高七拾壱石八斗九升三合
内拾四石三斗九升三合　山畠
此村之内
一山　長拾壱壱（ママ）町程　横三町ほと　所々取合松木雑木有之
外ニ
壱石九斗五升五合　山年貢

一高三百弐拾四石弐斗四升七合　鉢峯寺
内
百三石五斗　池水少かゝる　日損所
高百拾壱石七斗六升六合
内拾石弐斗六升六合　山畠
此寺之内
一山　長拾町ほと　よこ五町ほと　所々取合小松雑木柴有之
外ニ
四石　山年貢
六升　茶代

一高三百六拾六石　釜むろ村
内
九拾三石六斗三升　池水少掛ル天水も有　日損所
高八十三石六斗三升
内拾三石六斗三升　山畠
此村之内
一山　長拾町ほと　横壱町ほと　小松雑木有之
外ニ

壱石四升　　山年貢
四升　　茶　代
一高七百六拾石弐斗　　豊田村
内
九拾四石六斗　　日損所
内三拾弐石壱斗　　山　畠
此林之内
一山長拾八町ほと　横四町ほと　　所々取合松木　雑木有之
外ニ
五石三斗四升五合　　山年貢
一高百七拾壱石八斗三升　　とか村
内
三拾七石五斗七升四合　　池水少懸ル　日損所
内拾四石七斗　　山　畠
此村之内
一山長七町ほと　横三町ほと　　所取合小松有之
一米壱石五斗三升　　山年貢

一高弐百拾石一斗弐合　　はた村
内
五拾六石七斗六升弐合　　池水少しかゝる　日損所
内拾八石七斗六升　　山　畠
此村之内
一山長拾壱町ほと　横弐町ほと　　小松雑木有之
外ニ
一米五石壱斗三升三合　　山年貢
一米壱斗五升　　茶　代
一高百七拾九石八斗九升弐合　　逆瀬川村
内
四拾四石壱斗六升　　池水少かゝる　日損所
内九石一斗六升　　山　畠
此村之内
一山長八長ほと　横二町半ほと　　小松有之
外ニ
一米弐石四斗七升壱合　　山年貢
一米弐斗壱升　　茶　代

一高百拾七石壱合　　とミくら村
　内
　三拾八石五斗弐升壱合　　池水少かゝる　日損所
　　此村之内
一山 長拾町ほと よこ弐町半ほと　　所取合松有之
　　外ニ
一米壱石五斗七升七合　　山年貢
一米三升　　茶　代
一高三百六拾五石弐斗四合　　小代村
　内
　高五拾七石五斗一升七合　　池水少かゝる　日損所
　　内弐拾七石弐斗一升七合
　　此村之内
　　□
一高弐百弐拾六石弐斗一升　　和田村
　内
　高四拾壱石四升九合　　池水少かゝる　日損所

　内拾六石四斗九合　　山　畠
一高三百七拾八石八斗壱升壱合　　太平寺村
　内
　高百弐拾六石七斗六升八合　　池水少かゝる　日損所
　　内三拾壱石七斗六升八合　　山　畠
一高五百五拾壱石九斗五合　　大庭寺村
　内
　高三百弐拾壱石一斗六升六合　　池水少かゝる　日損所
　　内三拾六石一斗六升六合　　山　畠
　　此村之内
一山 長八町ほと 横三町ほと　　小松有之
　但大庭寺村・小代村・和田村・太平寺村入会
　　外ニ
一米壱石九斗九升五合　　山年貢
一高四百七拾五石七斗六升　　かたくら村
　内

高百七石九斗四升　池水少かゝる日損所

内三拾五石九斗五升　山畠

此村之内

一山 長拾町ほど 横四町ほど　小松有之

外ニ

一米八斗八升　山年貢

一米六升　茶代

山年貢〆弐拾石五斗弐升五合

一山 長八町ほと 横三町ほと　草山

一山 長拾弐町ほと 横三町ほと　草山

一山 長弐拾五町ほと 横拾三町ほと　内三ケ所小松有

右之山年貢

一米弐拾五石八斗四升

但大庭寺村・小代村・和田村・太平寺村・豊田
村・とか村・田中村・かたくら村・とミくら
村・はた村・さかせ川村・釜室村拾三カ村立会

惣高合四千五百八拾五石九斗八升八合

内

千百九拾六石三升六合　日損所

内弐百六拾八石三升六合　山畠

外ニ

一五拾石壱升　山年貢

一五斗五升　茶代

七月九日ニ上ル

（表紙）

「

和泉国郷村高辻帳

」

大　鳥　郡

石河土佐守御代官所

一高二千七百四拾八石九斗九升五（四カ）合　北之庄

内　千二拾壱石貳升二合　田　方

千七百貳拾七石九斗七升貳合　畑　方

同人御代官所

一高弐千五百八拾三石五斗七升弐合　中　筋

内　千三百弐拾壱石三斗八升八合　田　方

千二百六拾貳石壱斗八升四合　畑　方

石河土佐守御代官所

一高貳千九百九拾壱石九斗三升七合　舳　松

内　千九百四拾石壱斗四升壱合　田　方

千五拾壱石七斗九升六合　畑　方

同人御代官所

一高六百拾五石七斗七升四合　湊　村

内　四百三拾石三斗貳升四合　田　方

百八拾五石四斗五升　畑　方

同人御代官所

一高千貳百五拾九石貳斗五升　上石津村

内　八百六拾石壱斗六升貳合　田　方

三百九拾九石八升八合　畑　方

一高貳石　陵山年貢　同　村

同人御代官所

一高千三拾貳石壱斗壱升　下石津村

内　五百七拾壱石九斗壱升五合　田　方
四百六拾石壱斗九升五合　畑　方
同人御代官所
一高千百拾石四斗弐升　大鳥中村
内　八百拾弐石四升五合　田　方
弐百九拾八石三斗七升五合　畑　方
石河土佐守御代官所
一高千九百六拾石五升八合　万代村
内　千三百六拾壱石弐斗八升　田　方
五百九拾八石七斗七升八合　畑　方
同人御代官所
一高二百壱石三斗六升　万代村之内
夕雲開
寛永六年巳之年開畑方見取
同人御代官所

一高三百九拾四石五斗弐合　毛穴村
内　二百七拾八石九斗八升六合　田　方
百拾五石五斗壱升六合　畑　方
一高七升五合　山年貢　同　村
同人御代官所
一高二百四拾五石五斗三升　平岡村
内　四百八拾壱石三斗九升　田　方
六拾四石壱斗四升　畑　方
一高七升五合　山年貢　同　村
同人御代官所
一高三百五拾八石六斗六合　八田寺村
内　弐百五拾弐石三斗五合　田　方
百六石三斗壱合　畑　方
一高弐斗四升　山年貢　同　村
石河土佐守御代官所
一高三百五拾六石六斗　堀上村

内　貳百六拾八石五斗壱合　田方
　　八拾八石九升九合　畑方
一高壱斗八升　山年貢　同村
同人御代官所
一高五百四拾四石七斗　北村
内　四百七石貳斗八升貳合　田方
　　百三拾七石四斗壱升八合　畑方
一高三斗六合　山年貢　同村
一銭壱貫文　ほうろく銭
同人御代官所
一高貳百七拾八石七斗　南村
内　貳百拾七石四合　田方
　　六拾壱石六升六合　畑方
一高壱斗壱升　山年貢　同村
同人御代官所
一高三百五拾石四斗五升　小阪村

内　貳百八拾六石七斗三升五合　田方
　　六拾三石七斗壱升五合　畑方
一高貳斗貳升六合　山年貢　同村
石河土佐守御代官所
一高三百拾四石八斗貳升壱合　東村
内　貳百拾六石七斗貳合　田方
　　九拾八石壱斗壱升九合　畑方
一高三斗五升八合　山年貢　同村
一銭三貫文　ほうろく銭
同人御代官所
一高六百七拾四石九斗九升四合　平井村
内　五百五拾壱石五斗三升六合　田方
　　百貳拾三石四斗五升八合　畑方
一高六斗五升　山年貢　同村
同人御代官所
一高貳百貳拾六石貳斗壱升　和田村

　内
　百八拾四石壱斗六升壱合　田方
　四拾貳石四升九合　畑方
一高壱石三斗六升八合　山年貢　同村

同人御代官所
　小代村
一高三百六拾五石貳升四合
　内
　貳百九拾五石八斗五升八合　田方
　六拾九石壱斗六升六合　畑方
一高三石壱斗壱升三合　山年貢　同村

石河土佐守御代官所
　太平寺村
一高三百七拾八石八斗壱升壱合
　内
　三百壱石五斗九合　田方
　七拾七石三斗貳合　畑方
一高貳石四斗七合　山年貢　同村

同人御代官所
　大場寺村
一高五百五拾壱石九斗五合
　内
　四百五拾貳石三斗一升壱合　田方
　九拾九石五斗九升四合　畑方
一高三石八斗二升　山年貢　同村

同人御代官所
　豊田村
一高七百六拾石貳斗
　内
　六百七拾貳石八斗三升　田方
　八拾七石三斗七升　畑方
一高拾貳石貳斗七升四合　山年貢　同村

同人御代官所
　栂村
一高百七拾壱石八斗貳升
　内
　百四拾七石四斗九升九合　田方
　貳拾四石三斗貳升壱合　畑方

同人御代官所
　片蔵村
一高四百七拾五石七斗六升
　内
　四百六石壱斗六合　田方
　六拾九石六斗五升四合　畑方
一高四石壱斗六升九合　山年貢　同村

石河土佐守御代官所
一高三百六拾六石　釜室村
内
三百三拾九石七斗七升　田方
貳拾六石貳斗三升　畑方
一高貳石六斗四升壱合　山年貢　同村
同人御代官所
一高百七拾九石八斗九升八合　逆瀬川村
内
百五拾九石貳斗九升八合　田方
貳拾石六斗　畑方
一高三石九斗三升八合　山年貢　同村
同人御代官所
一高貳百拾石壱斗貳升　畑村
内
百五拾貳石八斗貳升　田方
五拾七石三斗　畑村
一高七石貳斗八升八合　山年貢　同村
同人御代官所
一高百拾七石壱合　冨蔵村
内
百三石壱斗九升三合　田方
拾三石八斗八合　畑方
一高壱石七斗五升壱合　山年貢　同村
石河土佐守御代官所
一高三百貳拾四石貳斗四升七合　鉢峯寺
内
貳百九拾九石七斗五升七合　田方
貳拾四石四斗九升　畑方
一高四石六升　山年貢　同村
同人御代官所
一高四百五拾九石　田中村
内
三百九拾三石九斗三升八合　田方
六拾五石六升貳合　畑方
一高三石七斗貳升壱合　山年貢　同村
同人御代官所
一高三百七拾貳石六斗五升八合　野々井村

内 貳百八拾三石五斗貳升貳合　田方
八拾九石壱斗三升六合　畑方
一高壱斗三升三合　茶年貢　同村
一高百貳拾八石九斗八合　同人御代官所　大森村
内 百五石四斗貳升七合　田方
貳拾三石四斗八升壱合　畑方
一高千三石壱斗　中坊長兵衛御代官所　土師村
内 九百三石七斗三升壱合　田方
九拾九石三斗六升九合　畑方
一高壱石　山年貢　同村
一高千五百六拾壱石七斗九升　同人御代官所　深井村
内 千貳百拾八石九斗貳升五合　田方
三百四拾貳石八斗六升五合　畑方
一高壱石　山年貢　同村
一高百七拾五石六斗八升　同人御代官所　家原村
内 八拾三石七斗貳升四合　田方
九拾壱石九斗五升六合　畑方
一高九百八拾石四斗九升六合　同人御代官所　草部村
内 七百三拾四石六斗一升貳合　田方
貳百四拾五石八斗八升四合　畑方
一高壱石貳斗五升　山茶年貢　同村
一高千六拾九石三斗六升七合　中坊長兵衛御代官所　菱木村
内 七百九拾五石六斗七升八合　田方
貳百七拾三石六斗八升九合　畑方
一高五石　山年貢　同村

同人御代官所
一高貳千五百拾三石八斗八升　綾井高石村
内　貳千六拾壱石六斗三升貳合　田方
四百五拾貳石貳斗四升八合　畑方
同人御代官所
一高三百石壱斗壱升　下村東
内　二百拾九石九斗九升五合　田方
八拾石壱斗一升五合　畑方
同人御代官所
一高貳百九拾七石五斗六升九合　下村西
内　貳百貳拾六石壱斗三升　田方
七拾壱石四斗二升九合　畑方
同人御代官所
一高七百三拾石三斗九升四合　檜尾村
内　六百四石四斗一升三合　田方
百貳拾五石九斗八升壱合　畑方

一高貳石六斗貳升七合　山茶年貢　同村
中坊長兵衛御代官所
一高六百拾石四斗三升壱合　上村
内　五百拾壱石四斗六升三合　田方
九拾八石九斗六升八合　畑方
一高貳石　山年貢　同村
同人御代官所
一高貳百五拾石四斗五升三合　両別所村
内　貳百拾八石七斗　田方
三拾壱石七斗五升三合　畑方
一高七斗八升　山茶年貢　同村
今井彦右衛門御代官所
一高千九拾六石貳升五合　船尾村
内　九百六拾七石六升六合　田方
百貳拾八石九斗五升九合　畑方

同人御代官所

一高百五拾五石五斗壱合　下村

内

百弐拾石九斗三升三合　田方

三拾四石五斗六升八合　畑方

同人御代官所

一高四百四拾五石八斗壱升　今在家村

内

三百九拾石壱斗壱升弐合　田方

五拾五石六斗九升八合　畑方

今井彦右衛門御代官所

一高弐百九石三斗壱升弐合　新村

内

百五拾弐石九斗四升四合　田方

五拾六石三斗六升八合　畑方

同人御代官所

一高百三拾六石九斗六升五合　野代村

内

百九石壱斗三升四合　田方

弐拾七石八斗三升壱合　畑方

同人御代官所

一高五百四拾九石壱斗弐升壱合　長承寺村

内

四百六拾九石四斗八升壱合　田方

七拾九石六斗四升　畑方

同人御代官所

一高六百四拾八石七斗弐合　冨木村

内

五百三拾七石壱斗九升八合　田方

百拾壱石五斗四合　畑方

同人御代官所

一高四百九石壱斗三升壱合　夙村

内

三百八石弐斗弐升弐合　田方

百石九斗九合　畑方

一高五百九拾弐石四斗九升弐合　上村

内

五百四拾五石四升　田方

四拾七石四斗五升弐合　畑方

今井彦右衛門御代官所
一高六百五拾九石八斗七合　北王子村
　内　五百四拾石六斗弐升七合　田方
　　百拾八石四斗六升　畑方
同人
一高千四百弐拾石八升　踞尾村
　内　九百拾四石弐斗三升五合　田方
　　五百五石八斗四升五合　畑方
右之内
高三百八石八斗三升　今井彦右衛門御代官所
高千百拾壱石弐斗五升　堺十六ケ寺社領
此分け
御朱印
高弐百弐拾石　天神
内
高百拾石　南宗寺
内
高九拾石　向泉寺
内
高八拾石　大寺
内
高六拾石　禅通寺
内
高五拾石　悲田院
内
高四拾石　旭蓮寺
御朱印
高三拾石　海會寺
内
高弐拾九石五斗　大安寺
内
高弐拾七石　顕本寺
内
高弐拾石　極楽寺
内
高拾九石　金光寺
内

高拾八石　光明寺
内
高拾石三斗　四　条
内
高弐拾六石　経王寺
内
高壱石壱斗　本教寺
内
高弐百八拾石三斗五升　本願寺

今井彦右衛門御代官所
一高百五拾壱石三斗壱升　市　村
内
百五石三斗六升弐合　田　方
四拾五石九斗四升八合　畑　方

同人御代官所
一高弐百六拾九石八斗弐升五合　万代西村
内
弐百拾三石壱斗三升弐合　田　方
五拾六石六斗九升三合　畑　方

同人御代官所
一高弐百七拾六石九斗三升四合　万代赤畠村
内
弐百三拾四石壱斗一升四合　田　方
四拾弐石八斗弐升　畑　方

今井彦右衛門御代官所
一高五百六拾八石五斗四升八合　万代東村
内
五百拾八石八斗三合　田　方
五拾石四斗六升五合　畑　方

小出与平次領分
一高六百七拾三石　北　村
内
五百拾八石六斗　田　方
百五拾四石四斗　畑　方
一高弐石五斗九升　山年貢御蔵入　同　村

同人領分
一高五百五拾九石　深阪村
内
四百八拾七石七斗六升　田　方

七拾壱石弐斗四升　畑方
一高五斗四升　山年貢御蔵入　同村
同人領分
一高五百五拾五石三斗　辻村
内
四百八拾七石八斗　田方
六拾八石弐斗弐升　畑方
一高壱石八斗壱升　山年貢御蔵入　同村
同人領分
一高三百六拾弐石五斗　田薗村
内
弐百九拾五石　田方
六拾七石五斗　畑方
一高壱石七斗七升　山年貢御蔵入　同村
小出与平次領分
一高弐拾弐石四斗　岩室村
内
拾壱石三斗六升　田方
壱石四升　畑方

一高五斗五升　山年貢同断　同村
同人領分
一高三百弐拾四石八斗　上之村
内
弐百六拾五石六斗八升　田方
五拾九石壱斗弐升　畑方
一高六斗六升　山年貢同断　同村
同人領分
一高四百弐拾三石　高蔵寺
内
三百三拾壱石　田方
九拾弐石　畑方
一高壱石四斗五升　山年貢同断　同村
同人領分
一高四拾石　添尾村
内
三拾石五斗　田方
九石五斗　畑方
一高六斗六升　山年貢御蔵入　同村

大鳥郡
高合四万三千二百三拾石貳升四合
内
三万千四百八石三斗八升四合　田方
壱万千七百四拾三石四升　畑方
七拾八石六斗　山茶年貢
外ニ
銭四貫文但銀八拾目　ほうろく銭
（中略）
高都合拾五万九千六百貳拾八石五斗五升八合
内
拾貳万八千八百六拾七石五斗六升七合田方
貳万八千九百貳石八斗七合　畑方
千八百三拾貳石六斗七升四合　山茶柿炭麹年貢
貳拾五石五斗壱升　牛瀧山巻尾山松尾山屋敷方　御赦免外
外
銭四貫文　ほうろく銭
銀貳貫五百四匁　浦役
右之分ケ
高九万三千三百九拾三石七斗五升七合　御蔵入
内四百八拾四石九斗壱合　山茶年貢
内
高貳万三千百七拾四石貳斗五升四合　石河土佐守御代官
内六拾四石九斗四升三合　山茶年貢
高貳万九千三百貳拾壱石八斗五合　中坊長兵衛御代官
内四拾壱石六斗貳升三合　山年貢
高壱万三百八拾七石九斗三升九合　彦坂平九郎御代官
内百九石三斗九升八合　山年貢
高壱万貳百九拾三石四斗七升五合　松村吉左衛門御代官
内九拾石六斗貳合　山年貢
高八千貳石貳斗壱升八合　中村杢右衛門御代官
内百貳拾八石四斗四升貳合　山麹年貢
高五千七百三拾六石四斗七升三合　豊島十左衛門御代官

内四拾九石八斗九升三合　山年貢

高六千四百七拾七石五斗九升三合

今井彦右衛門御代官

高六万石　岡部美濃守領分

内壱千三百四拾七石七斗七升三合　山茶炭柿浦役年貢

高弐千九百六拾石　小出与平次領分

高千百三拾三石三升六合　片桐石見守領分

高千五石五合　小堀遠江守領分

高千百拾壱石弐斗五升　堺寺社領

高弐拾五石五斗壱升　牛瀧山巻尾山松尾山屋敷御赦免

都合拾五万九千六百弐拾八石五斗五升八合

銀弐貫五百四匁　浦役麹役舟役□役年貢　御蔵入

内

五拾四匁　中坊長兵衛御代官所

六百八拾四匁　彦坂平九郎御代官所

七百九拾六匁　松村吉左衛門御代官所

九百七拾目　中村杢右衛門御代官所

内五拾目ハ年々高下有

銭四貫匁　石河土佐守御代官所

此銀八拾目　ほうろく売子銭

以　上

慶安四年

卯三月　日

第五章　近世「竹内街道」私考

第一節　はじめに

竹内街道は古代国家の官道として設けられ、多くの伝承とロマンを語る道として、古代史ファンの関心をあつめた道である。堺から南河内を横断して、南大和との国境を竹内峠で越えることから、江戸時代にこの名でよばれたとされる。一般的には、古代の丹比《たじひ》道の後身といわれ、両者は基本路線としてほぼ共通するが、具体的な通路や構成には若干の差があるという。江戸時代の竹内街道は、堺市街を起点として大仙古墳の北で西高野街道と分れ、金岡から一直線に真東にすすみ、野遠からさらに、野・樫山・野々上で曲折しながら羽曳野丘陵を越え、墓山古墳の北側から古市の在郷町に入り、西琳寺の旧寺域の西側を南下し、東進して石川を渡り、駒ケ谷・飛鳥を経て、二上山の南側の竹内峠を越え、長尾神社付近で、大和の東西の古道である横大路に接続するという。なお、野々上から石川までは、野々上から南東に進み、芦ケ池の北端の堤防を越え、前の山古墳の周濠の肩部を通り、西琳寺の南端を曲折しながら石川に至ったという一説も存在する。(1)

しかし、江戸時代の前期から右のようなコースで定着していたであろうか。河内国の「正保国絵図」をみると、前述の竹内街道のコースよりも、南側にある東西横断する道（のちの富田林街道）を、「竹内海道、境江出ル」(堺)としており、具体的には、堺市街からやや東南に向い西村に出て、余部《あまべ》・阿弥の村を通り、平尾村に達し、東進して羽曳野丘陵を越え、石川谷の喜志村につき、石川を渡り、さらに東へと太子・春日・山田の諸村を経て、竹内峠に達する道を

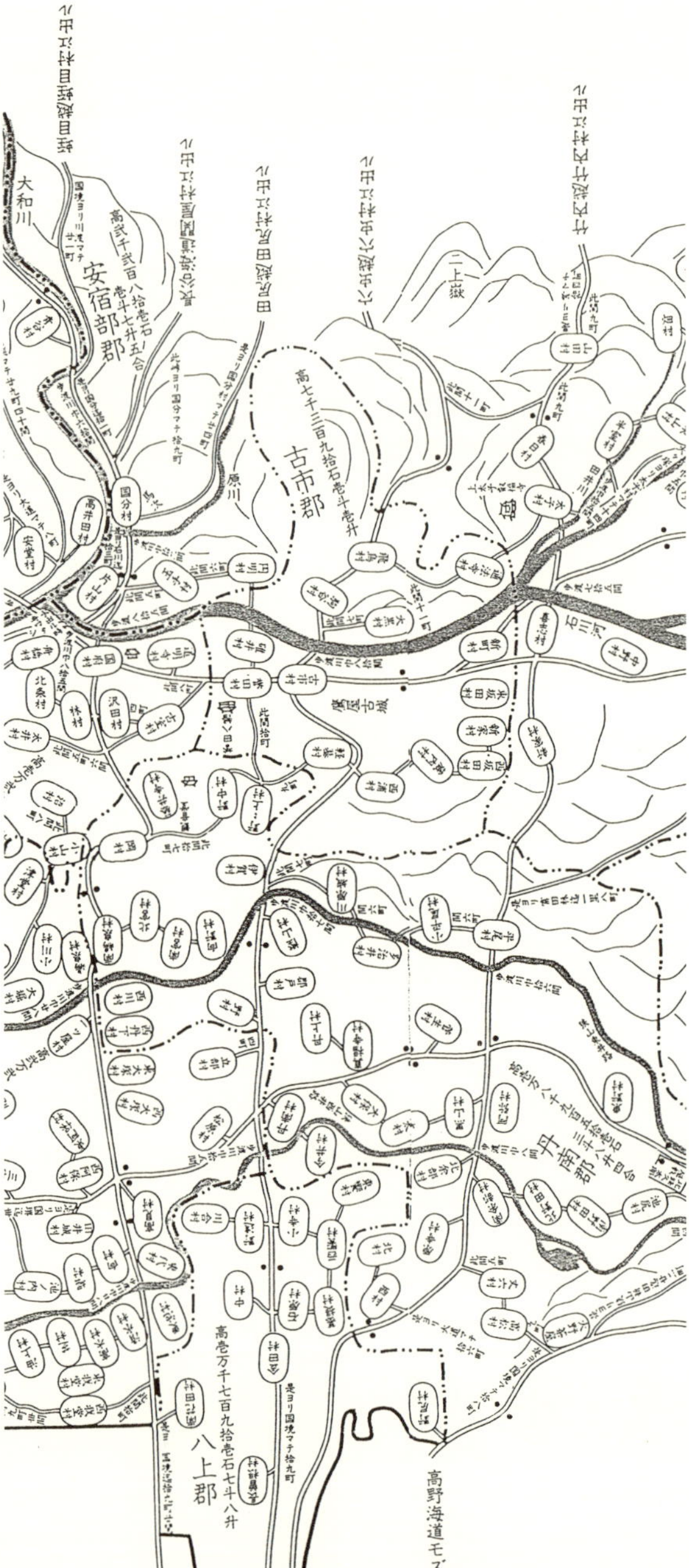

図1　河内国正保国絵図読取図（部分）
（『藤井寺市史』第十巻史料編八の（上）より）

あげている。平尾で富田林への分岐の道を記し、支道として細く描いているのが、目につく。そしてより北側の最初にあげた竹内街道のコースは、「穴虫海道、境江出ル」として、穴虫街道と記され、石川を渡って飛鳥村に達し、穴虫峠に至っている。途中の飛鳥村から春日村への道を分岐し、支線として細く描いているのである。別に、さらに北側に東西に横断するいわゆる長尾街道は、古代の大津道の後身とされるが、「亀瀬海道、境江出ル」とあるように、亀瀬街道と記される。これは、堺市街の田出井山古墳の北側から、真直に東進し、岡村から道明寺の東で石川を渡り、国分村から亀瀬に至る道として描かれている。なお、以上の三本の街道には、いずれも一里山の記載が描かれ、堺から南河内・大和への重要な本道であったことを示すものである。

以上の叙述については、すでに、大阪府教育委員会の『歴史の道』調査報告書第三冊『長尾街道・竹内街道』のなかで、棚橋利光氏が述べておられるところである[2]。ここでは、氏の調査に導かれながら、さらに、このことを深化させ考察を進めたい。

第二節　河内正保国絵図と竹内街道

河内の「正保国絵図」は、山城淀藩主永井信濃守尚政と、代官豊嶋十左衛門勝直及び彦坂平九郎吉成との三人の共同受持の形態で、その作製がすすめられ、幕府へ調進されたものである[3]。すでに、先学が述べておられるように、正保の国絵図の作製のときは、国絵図作製基準がこまかく記され、統一化がはかられたのである。交通関係——ことに道路——につき強い関心が集まり、関係の条項に記されている。煩をいとわず、あげてみよう。

　一本道はふとく、わき道はほそく、朱ニていたすべき事

一本道、冬牛馬往還不成所、絵図へ書付候事

一名有山坂、絵図ニ書付候事
一壱里山と郷との間、道法、絵図ニ書付候事
一船渡、歩渡、わたりのひろさ、絵図ニ書付候事
一山中難所道法、絵図ニ書付候事
一国境道法、壱里山、他国之壱里山へ何程と書付候事
一道法、六寸壱里ニいたし、絵図ニ一里山ヲ書付、一里山無之所は三拾六町ニ間ヲ相定、絵図ニ一里山書付候事

等々の条項である。そこでは、大道・小道の区別表示、道筋の記号、一里山と他郷との距離、道筋の難所等の情況、六寸一里縮尺による規格統一等、交通道路関係のことに記載の統一がはかられたのである。先学による指摘の通り、有時に際しての軍事的動員にそなえての意味が深くこめられており、ひいては正保国絵図の特色の一つとして説明されている。(4) したがって、道路関係の記載に虚偽があったと思われない。

その後の河内一国関係の国絵図について、街道の記載がどうなっているか、眺めてみよう。寛文十二年の「河内国大絵図」(5) は、正保の河内国絵図を写したといわれており、のちの竹内街道は穴虫峠を越える穴虫街道として、描かれている。のちの富田林街道は、竹内峠を越える竹内街道として記載されている。つぎに、大分県竹田市図書館所蔵であった「摂河両国大絵図」は、摂・河の河川堤防の修築・普請を対象として、描かれたもので、少なくとも一七世紀前半をくだらぬ大絵図と考えられる。この大絵図には主要な両国の街道がいずれも朱線で記入されている。堺から南河内を横断して、大和へ向う道筋を記載しており、竹内越・穴虫越と亀瀬越のほか、後者の中間の間道に竜田越をあげているなど、正保国絵図に記した道路交通体系が、そのままで変更のないことが知られる。さらに、元禄九年以降の作成と考えられる「和泉国分間絵図」は、堺市美木多上の和田泰次家の所蔵にかかるが、同年二月堺奉行廃止にともない和泉国が大坂町奉行の支配のもとに置かれ、大坂町奉行の指示により、作成された。河内国と直接関係はない

が、堺市街から南河内を横断して大和方面につながる三つの道筋を明示している。「大和道但穴虫越・竹之内越筋」「和州奈良道亀瀬越筋」と記され、正保国絵図の三つの道筋をそのまま描くが、名称が「大和道」「和州奈良道」等と名付けている点が注目される。のちの、一般に、大和街道・和州奈良街道と明示する名称が、すでに記されている。以上で、いずれにせよ、近世前期の道路交通の道筋が、一七世紀後の終わり頃まで、何らの大きな変更がなくつづけられてきたことを物語る。

ところが、一八世紀後半になると、変化が現われてきた。棚橋氏の研究によれば、近世中期の地誌『河内志』には、竹内街道は、「竹内嶺《とうげ》から、山田・古市両村を通り、住吉郡黒土まで（住吉郡は八上郡の誤り）」と記されており、宝暦三年の「摂州住吉・東生・西成三郡絵図」には「大官道竹之内路、大和路」とかかれ、現在の道筋に定着しつつあるという[6]。さらに、宝暦四年の森　謹斉の手になる「河内国大絵図」には、「竹内ニ至ル大官道竹ノ内越」として、現在の竹内街道を官道らしく太い線ではっきりと記し、平尾村から喜志越えの道筋は細く支線として描かれている。羽曳野市の吉村堯家所蔵の「狭山池掛り村々絵図」は、天保八年に大坂代官所池田岩之丞に差し出された絵図である。これには竹内街道は長尾街道とともに、太く幹線道路として現在の道筋を描いている。東端に「和州竹之内峠迄二里程、古市郡軽墓村へ移」とあり、西端に「堺江移」「従長曾根村出郷字黒土村、堺大小路迄凡二十五丁余」と書かれている。他方、かつての竹内街道として本線として描かれていた富田林街道は、竹内街道の支線として細い線で記され、平尾村で石川郡喜志村と富田林村へ通ずる道筋を分けている。近世後半期には、ほぼ、現在の竹内街道の道筋に定着する情況が読みとられる。明治初年には竹内街道がすっかり現在の道筋となったことは、たとえば、松原市域の「一村限取調帳」などの史料からも明らかであろう。しかし、各地の村絵図には、「大和街道」「大和道」等の呼称が一般的であった。

明治十五年の「丹南郡地誌草稿」は、日置荘西村の日置善作が編纂し、大阪府の編輯規準に従い郡誌の草稿としたものである。(7)それには、管内の道路につき西高野・竹内・奈良（長尾）・石川（富田林）の四街道をあげている。西高野街道はさておき、他の三つの街道につき、郡誌の記事をみよう。

竹内街道、古市郡軽墓村ヨリ起リ、本郡野々上村、伊賀村、向野村、樫山村、野村ヲ経テ丹北郡立部村ニ入、八上郡野遠村ヲ貫キ本郡今井村ノ北ヲ過リ、再ヒ八上郡ニ赴ク、郡内里程廿五町廿間潤八尺、

奈良街道、丹北郡小山村ヨリ起リ、本郡岡村、南島泉村、西川村、丹下村ヲ経テ丹北郡ニ入、郡内里程廿二町十九間、潤弐間

石川街道、泉州堺ヨリ石川郡竹内峠等ヘ通スル要路ナリ、堺ヨリ起リ八上郡ノ西部ヲ過リ本郡ニ来リ、西村、原寺村、余部村、阿弥村ヲ経平尾村ニ至ッテ両派トナル、一ハ石川郡富田林ニ達シ、一ハ竹ノ内嶺ニ通ス。郡内里（八上郡堺ヨリ平尾村ニ至ル）程五十二町壱間、潤八尺

以上の記載から、奈良街道（長尾街道）、竹内街道はそれぞれ、近世後期からの定着のひきつづきとして記せられている。しかし、富田林街道という呼称はなく、もとの竹内街道は石川街道となっており、堺から羽曳野丘陵を越え、石川谷に通ずる街道として記入されている。平尾村で二つに分れ、富田林村と喜志村を経て竹内峠に通ずる道として、正保国絵図に記載の竹内街道にあたる道筋が、地域の人びとにも意識として残っていることを示している。近世後半期ごろから、この石川街道は平尾村から喜志村へ、さらに竹内峠を経て大和国に入り、伊勢につながる伊勢参拝の道として、和泉や南河内の人びとにより、盛んに利用されることになる。

第三節　近世後期の竹内街道

石川谷の古市・喜志・富田林三カ村の経済的推移を概観し、街道の変更等と関係させ考察してみたい。

古市村は、中世西琳寺の門前であり、畠山氏の居城高屋城の町として早くから開け、文禄検地帳にも、鍛冶屋五人の存在をはじめ、紺屋・大工・畳屋・素麺屋などの職人・商人の存在がみられるという。一七世紀後半の発展で、在郷町にふさわしい様相がみられるに至ったのである。古市村は東高野街道と大和街道との交叉点の村落で、人馬の往来で賑ったとされる。ここには旅館旅籠屋があり、扇屋が著名であった。また、村には街道稼ぎとして、牛馬を飼う農家が農仕事の余暇に牛・馬で運送業等に従事し、大坂三郷・八尾・柏原・平野・堺との間を往復しており、交通往来の頻繁な様相を呈していた。

河川交通の中心は剣先船であった。大和川・石川を中心に稼業し、正保三年で古船といわれた二一一艘があり、元禄五年「河内国絵図」には古市村が八艘の船籍を有していた。すでに、延宝三年には、上記のほかに新船といわれる一〇〇艘が新たに認められた。それらの船は大和川と石川を、大坂三郷と河内の喜志・富田林の方面と、大和国との境界たる亀瀬との間を往来し、年貢米の輸送に当るほか、大坂からは肥料（干鰯・油粕）や木材や諸色等、在地からは河内・大和産出の青物類や竹木等を運搬していたという。古市村にこうした剣先船の運送船問屋が二軒あり、古市村の対岸には荷揚地があって、船問屋の納屋や土蔵が軒を並べ建っていて、河内・大和の諸物産と大坂三郷の製品との出入りがたえず行われ、活況を呈した。そのほか、古市村では両替商「銀屋」があり、旅人や商人相手に、三貨の両替、手形を取扱い、為替の決済等の業務を行った。銀屋の腰板には石川を上下した剣先船の船板を利用しているのも、大変に興味深い(8)。

喜志村も、石川の剣先船の終点であり、紀州や高野参詣の往還筋たる東高野街道と、堺からの大和街道との交叉点で、古市村と同じような立地点であった。喜志村は、幕末では、村高一八二六・六石の大村で、村が、川面《かわづら》・平《ひら》・宮・桜井・大深《おおぶけ》・木戸山の六カ村のカイトに分れる。その内、石川筋に面する村は川面村であり、村高二二〇石余、安政四年現在で家別七〇軒、内三〇軒は高持、四〇軒は無高であり、「御田地小ｷ村柄」であって(9)、喜志村のほかのカイトとは様相を異にしていた。

　船問屋も二軒あり、幕末では、次郎兵衛・九郎兵衛の名前が見える。「岸浜」といわれる剣先船の着岸場所は、諸商人が入り込んで、互いに商内や稼をやることは、古市村と同様であった。対岸へは川面の渡があり、太子村・春日村へも通ずる交通上の要地でもあった。年貢米の輸送以外に、古市村の渡しと同様に諸物産が、これらの問屋で荷揚げされ、住民は農閑期の副業として、荷物積卸の労役に従事するものが多かったとされている(10)。貝原益軒の「南遊紀行」に、「岸（喜志）という所、大が塚より半里西にあり、其所に石河川有、小舟多くして、大坂へ行く人をのする。大坂まで舟路六里あり、この川は大和川に入て京橋へ出るや、川ばたに民屋はなし、岸村は舟着より西四五町にあり」と見え、近世前期の川面の状況を記し、石川沿いに聚落が所在するのでなく、少し離れていると述べている。古市村にあったような旅宿の存在は不明であり、銀屋のような両替屋はなかったらしく、在郷町としての賑いは、近世後半期では、やや少なかったと考えてよい。

　石川谷の在郷町として、近世を通じもっとも経済的発展がみられるのは、いうまでもなく、富田林村である。すでに説かれているように、戦国末期ごろから興正寺別院たる御坊を中心に発達した寺内町であった。近世に入り、寺内町よりもむしろ在郷町としての性格をつよめ、寛永期に入り「単なる寺内町でなく新しい商品経済の抬頭によって、富田林が脱皮し展開し始める」と、脇田修氏により説かれているように(11)、寛永二十一年「富田林村萬改帳」の分析を通じて、近世在郷町としての発展を示し始めていると考察される。同史料によると、村高九三石余のうち畑方が二二石余。紺屋役銀一〇〇匁、家数二八九、うち一四三が役家、一二が紺屋役引家、九八が貸家などで、ほかに蔵・柴屋小屋が八八、人数は合計一二二二人とある。家数のうち商家が全体の七六をしめ、ほか、薬屋八・鍛冶屋六・紺屋五のほかに、樽屋・車屋・唐傘屋が二軒ずつ、火鉢屋・油屋・晒屋・機屋・筆屋・瓦屋・餅屋などが一軒ずつを数え、住民の三分の一以上が商人・職人であった。さらに、貞享三年の「宗門改帳」によると、かじ屋九軒・大工二軒・樽屋五軒・米屋四軒・木綿屋三軒や、小間物屋・まんじゅう屋・かうじ屋・酒屋・瓦屋・さらし屋各一軒のほか、塩・みそ屋・魚屋・とうふ屋・茶・あめ屋・くすり屋・かみゆい等各種の商人・職人をあげており、ほかに商人五〇ほどを数えるという。戸口も貞享三年では竈数四二〇、人口一六六九人となっている。一七世紀後半の社会経済的発展の一端を物語るものであろう。

当村は、元禄期以降もその発展の度をゆるめず、酒造業・絞油業の進展や木綿問屋の活躍などがみられる。木綿商人は江戸初期から活躍し、宝永期ごろ、三軒の問屋があり仲買の人数も定められた。近世後期には、喜志屋藤兵衛・仲村屋徳次郎・黒山屋三郎兵衛などの木綿問屋があり、慶応三年には、八尾などの各組からの勧誘があり、木綿問屋株仲間の株立争議をおこしている。[12] 絞油屋についても、文政八年では当村に居住する人力絞油屋五人に、当村の菜種作り高一一四石余のうち、その大部分が売払われている。[13] 酒造業は当地を代表する産業で、「河内名所図会」にも紹介され、良質の水でその名声が早くから歌われていた。貞享には一軒であったが、元禄の株改めで七軒に増大する。まだ零細規模を出ず、享保年間以降発展をとげた。江戸へも廻送されたが、むしろ、河内及び周辺への地売りが多く、河内国在地の最大の酒造地となったが、酒造規模の拡大はみられなかった。[14]

以上の記述の一端からもみられる通り、富田林は在郷町として、近世を通じ社会経済的発展を継続させ、石川谷の中心としてその存在を示したのである。なお、富田林村は石川の河川交通や、東高野街道による紀州高野山と大坂方面との運輸交通のほかに、前述した地域経済の発展で堺方面との往来が盛んになったと思われる。竹内街道越えといわれた街道の要衝たる丹南郡平尾村から、本道たる新家・喜志方面への大和道と、支線として分れた富田林方面への道筋のうち、後者の方が人や荷物の往来が盛んとなり、むしろ本道として、富田林方面への重要な連絡道筋として機能するに至ったと、考察できる。

第四節　む す び

前述した一般的な情勢推移の内で、平尾村から喜志村を経て、太子・春日の諸村から竹内峠へと通ずる道筋は、和泉や南河内方面から大和への捷路として、さらに、伊勢参りする「信仰の道」として、次第に、機能するようになった。堺市の北野田村の近辺に、伊勢道とよばれる小字がある。それは、和泉方面から伊勢へ詣でる街道筋になっていて、この道を伊勢道とよび、いつの頃か、この街道付近の聚落名ともなり、現在に至っている(15)。和泉方面から福町を経て、北野田村から東野村、菅生村から平尾村に入り、村内で、堺方面から来た道筋たる竹内峠越街道と交叉し、喜志方面へと通じている。さらに、大和から伊勢へとつながるものである。宝暦八年七月の「平尾村々絵図扣」によると、この両方の道筋が村の聚落の内で交叉し、それぞれその行先きで「堺道——石川富田林道」と「泉州ヨリ伊勢道——喜志村領大和道」と記されている。天保十四年七月の「平尾村絵図」にも、「さかい道——石川郡富田林道」と、「泉州道——和州道」と、同様に描かれ村内で交叉している。現地の状況を書いた調査報告によると、和泉からの大和道を東進すると、南方に分岐する道があり、その分岐点の東南角に小さな地蔵堂が存在する。そのすぐ東に、文政十三年九月の記年銘ある大神宮への燈籠一対があり、道の近傍には「左いせ」と刻んだしかも上部が欠けている小さな道標がたてられているという。この一対の燈籠は、伊勢大神宮への献灯と考えられ、この両者の存在からこの道は、お伊勢参りの旅人の往来する道であり、富田林への分岐点で道に迷わぬよう道標が立てられていたと、現状を述べている(16)。

ここで、ふたたび「竹内街道」に戻って考察したい。穴虫越街道といわれたのちの竹内街道が、その名の示す通り、竹内峠への本道として定着してくるのは、古市村の経済的な発展が、然らしめたのでないかと考えたい。既述した通り、古市村は喜志村の川面よりも、在郷町としての賑わいを呈し、旅宿や金融業者のほか、川向の地の繁栄があり、遊廓も存在していたという。また、古市村から石川を渡り、駒カ谷村から飛鳥村にかけては、杜本神社・飛鳥戸神社をはじめとした神社や、五輪塔・宝篋印塔・供養塔などの石造記念物も比較的に多く、人びとの往来等もはげしくなる内で、はじめは支線であった道筋が本道となったと考察できる。ここに、古市村を通る街道筋が、竹内峠への本道として、大坂・堺から多くの旅行者により利用され、竹内街道として定着したと思われるのである。

注

（1）たとえば『大阪府の地名1』（日本歴史地名大系28　一九八六年　平凡社）五〇ページ。
（2）『長尾街道・竹内街道』（歴史の道調査報告書　第三集　一九八八年　大阪府教育委員会）五～六ページ。
（3）川村博忠『国絵図』一九九〇年、吉川弘文館　七六ページ。
（4）『前掲書』一一六～八ページ。
（5）大阪府柏原市　三田章家所蔵。
（6）注（2）に同じ。
（7）高尾一彦編『日置荘町誌』一九五四年　五〇三～五〇七ページ。
（8）『羽曳野市史』第五巻　一九八三年　九八七～九〇ページ。
（9）富田林市喜志　山本憲治家文書「嘉永4～安政4　目安諸願書控」。
（10）南河内郡東部教育会編『郷土史の研究』（一九二六年　南河内郡東部教育会）一二九～一三〇ページ。
（11）この箇所は、脇田修『近世封建社会の経済構造』（一九六三年　御茶の水書房）の第五章国内市場の形成によるところが多い。
（12）福山　昭「明治元年河内木綿株設立一件」（『富田林市史研究紀要』第三号　一九七三年）。
（13）京都大学文学部博物館「杉山家文書」。
（14）福山　昭「近世河内酒造業の展開――石川郡富田林村を中心として――」（『富田林市史研究紀要』第五号　一九七六年）。

(15) 『登美丘町史』一九五四年　八三ページ。
(16) 島田　暁「美原町の川と道」(『美原の歴史』第二号　一九七六年)。本文脱稿後の実地踏査で、一対の大神宮燈籠のうち、一つは文政十三年九月の銘文あり、他方は明和八年五月の銘文があって、ともに伊勢大神宮へのおかげ燈籠であることが判明した。

あとがき

本書に収録した諸論稿の初出は、つぎの通りである。

第一部　諸領主による上方領政治支配

第一章　近世後期大和芝村藩の大庄屋支配と触書—宇陀周辺預領を中心に—
（『畿内周辺の地域史像』花園大学文学部史学科編　一九八七年一一月）

第二章　清水徳川家の農村統治—寛政期の泉州領を中心として—
（『宝証の地域史』村川行弘先生頌寿記念論集　二〇〇一年九月）

第三章　近世後期常陸笠間藩牧野氏の上方領統治
（『花園史学』一一号　一九九〇年一一月）

第四章　常陸下館藩石川氏と河州飛地領—幕末期を中心として—
新稿

第五章　近世後期畿内遠国奉行の一側面—堺奉行の事例を中心に—
（『花園史学』一〇号　一九八九年一一月）

第二部　幕府撰国絵図・国郷帳の基礎的研究

第一章　天保国郷帳・国絵図の調進と在地村落—御三卿上方領を中心として—
（『花園史学』一七号　一九九六年一一月）

第二章　河内国天保国郷帳・国絵図の調進—村方史料を中心として—
（『地方史研究』二八一号　一九九九年一〇月）

第三章　「和泉一國之圖」についての基礎的考察
新稿

第四章　「和泉国正保村高帳」についての若干の史料
（『花園史学』九号　一九八八年一一月）

（『日本歴史』五四四号　一九九三年九月）

諸論稿は本書に掲載するに当り、訂正・削除・加筆等をおこなった。拙稿に対しては著者の関係する諸学会や諸研究会の、諸先学や同学の各位から、多方面にわたっていろいろとご教導をいただいた。そうしたご高教には、必ずしも充分にお答えできるだけの内容とはなっていない。校正の筆をとるたびに何時もながらの遅筆と不備が目立ち、恥じ入るばかりである。執筆・成稿後の残された今後の研究上の課題等について、すべての論稿にわたり記すことができないが、主要なものにつき述べておこう。

第一部の第一章では芝村藩の預地支配のなかで、中間的な支配者層たる年預につき、年預廃止の経緯にはふれ説明したが、年預そのものにつき、充分に分析ができていない。さらに、年預の果す機能と役割について、触書をめぐる諸問題をとりあげ考察するに当り、触書の発行主体、内容、宛先と廻達方法まで分析の対象とすべきであったが、前三者につき述べたに止まり、結局、芝村藩・南都奉行所・京都町奉行所の三者による広域支配の重なりを示しただけであった。少くとも片岡家や松尾家の統括している組村内の村落につき、具体的に史料を示し、その実際まで筆をのばし論ずる必要があったと考えている。第一部第二章は御三卿清水徳川家の泉州領を対象とし、寛政期の改革政治を分析した小稿である。清水徳川家は後継者がなく寛政七年一時廃絶したが、文政六年復活、新しい時代を迎える。その時、取締役庄屋が取締惣代となり強化され、社倉見廻役という重い任務を与えられるが、本文では幕領へ移行のとき、増稼の廃止や備窮倉の取壊しを強調し、強化される社倉への仕法等につき、言及が足りないかと思われる。清水徳川家の寛政改革のなかで、今後の同家の政治的推移を見渡し、各政策につき、廃絶と継続との両方面から具体的に論ずべきであったと考えている。つづいての第一部第三・四章につきあわせてふれておこう。ともに関東譜代藩の上方領飛地支配を検討した研究である。両藩を含めて共通した問題意識は、上方西国飛地領が幕府の役職就任に伴う、在坂・在京賄料として位置づけられると言う視点であった。その結果は近世後期の藩財政の破綻から、未曾有の危機的状況に追いこまれた両藩が、本国の財政的危機を救うため飛地領からの収入に依存し、京・坂の豪商等からの借財に期待すると言った経済的観点から、飛地領のもつ機能を分析した。しかし、藩により上方領の領有期間に長短があり、笠間藩牧野氏のように一時期を限り支配した場合と、下館藩石川氏のように近世前期から始まり、ずっと幕末まで長期間存続した場合とでは、上方飛地領のもつ意味合いが異なってくると思われる。それぞれの藩で、どんな機能を本国領との関係でもったか、或いは全藩的な藩政の展開との関連を論ずることが、重要である。一般的に見て藩の飛地領は、本国領を含めて藩全体の貢租収入等を、一地域の凶作による収入減から、全体として平準化すると言った機能をもっているとされる。畿内・西国筋の場合は先進的な京・坂中心のすぐれた文化や技術を吸収できる利便があり、朝廷や公家社会との交渉につき何かと便宜が多い等々が指摘できる。譜代藩石川氏の場合等は、近世前期からの河内飛地領への統治につき、さらにほり下げた研究が要請されると思う。

第二部の諸論稿は、第一・第二・第三章の三つをとりあげよう。第一・二章はいずれも主題の方面につき差し当りまとまった領主関係の史料が未発見であるため、村方史料を使用し、村方と国郷帳・国絵図の調進という視角に立って、余りふれられていない領主と村落との関係を中心に記述した。将来、岸和田藩関係のまとまった史料が発見できれば、岸和田藩は絵図元大名であるため、当然、和泉国内に所領をもつ他藩の領主等の場合も視座に入れ、分析・研究がなされるものと思う。岸和田藩の場合は、さらに、大庄屋クラスの史料調査が進行して、関連する新史料の発見が期待される。その結果は研究が比較的に進行している領国関係の外様雄藩の事例と対比して、研究の未開拓な非領国地域の事例として、特色ある事実が明らかになり、歴史像が豊かになると考えられる。しかし河内国の場合は、元禄・天保年間の事例は、幕府勘定所の直轄事業として実施しただけに、領主関係の史料の新発見は、大変、困難である。今後は河内国全域にわたって関係史料をたずねて歩き、たとえ零細であっても、拾いあげていくと言った地味な着実な努力が必要であろう。摂河泉の非領国地域と言っても、国により事情が相違すると思われる。第三章については、史料紹介的な内容をもった論稿であり、これだけでは、調査研究をさらに進展さすことは、困難であろう。まず、この絵図と関連ある文献史料を発見すべく努力する必要がある。論稿中に掲載したのは、近江小室藩小堀氏一万二〇〇〇石余の和泉飛地領村落の庄屋文書であった。同時に、絵図そのものの研究として、現存する和泉国正保国絵図（写・扣・下書を含めて）との対比検討が要求され、例えば国立公文書館内閣文庫所蔵の、中川忠英本といわれる国絵図との、図像上の諸点に限られるが、精細な対比検討が是非必要と考えた。

つぎに関係文献史料、古文書、古絵図等の探訪・調査についてである。府下の自治体史編纂室や史料所蔵機関、地域の古文書所蔵家の各位には、上記の史料等の閲覧調査はいうまでもなく、格別のご高配を賜わり、古絵図の掲載方についても許可をいただいた。論稿の内容の関係上、古絵図類等の写真撮影等で、非常にご厄介をおかけした大阪歴史博物館や神戸市立博物館の担当学芸員等の各位に対して、厚く感謝の意を表したい。なお、関係研究文献の探究・閲覧に際して、花園大学情報センター（図書館）や関西大学総合図書館等にもお世話になった。それぞれの各位のご芳名は、いちいちあげえなかったが、多くの皆々様のご好意に心から御礼申し上げたい。

最後となったが、学術専門研究書の刊行がきわめて、困難な社会情勢にある今日に於て、格別のご高配・ご援助を下され、小著の発刊をすすめていただいた和泉書院社長廣橋研三氏に対し、心から厚く御礼申し上げる次第である。図版・表・写真などの多い複雑な構成に対して、また、索引の作成方についても、ご苦労をかけた同社出版部の皆様方に対して、感謝の念で一杯である。

なお、私事にはわたることであるが、戦中・戦後と激動の二〇世紀を生き抜き、さまざまの思い出を残している私にとって、新世紀の最初の西暦二〇〇一年は、また、記念すべき傘寿の年でもあった。この年に企画して、余り間をおかず続いて発刊できたことは、たとい小著の内容が乏しくても、私にとり、生きてきた証しを示すものとして、感概、ひとしお深いものがある。自祝の意をこめて喜びとしたい。

二〇〇二年八月

著者記す

索　　引

う

え

お

か

き

す

せ

そ

た

ち

つ

て

む

め

も

や

ゆ

よ

り

■著者紹介

福島雅藏（ふくしま　まさぞう）

一九二二年大阪府に生れる。

京都大学文学部史学科卒業、花園大学名誉教授。

日本近世史専攻。

主要な編著書

『幕藩制の地域支配と在地構造』（一九八七年、柏書房）、『近代的学校の誕生』（一九九一年、創元社）（いずれも単著）、『畿内周辺の地域史像―大和宇陀地方―』（一九八七年、花園大学文学部史学科、共編著）

大阪府下の自治体史の編纂・執筆に参画、共編著多数。

日本史研究叢刊　14

近世畿内政治支配の諸相

二〇〇三年三月三一日初版第一刷発行

（検印省略）

著　者　福島雅藏

発行者　廣橋研三

印刷所　亜細亜印刷

製本所　渋谷文泉閣

発行所　有限会社　和泉書院

大阪市天王寺区上汐五―三―八

〒五四三―〇〇〇二

電話　〇六―六七七一―一四六七

振替　〇〇九七〇―八―一五〇四三

ISBN4-7576-0186-7　C3321

日本史研究叢刊

日本史研究叢刊	日本中世の説話と仏教	追塩千尋 著	11	九〇〇〇円
日本史研究叢刊	戦国・織豊期城郭論 丹波国八上城遺跡群に関する総合研究	八上城研究会 編	12	九五〇〇円
日本史研究叢刊	中世音楽史論叢	福島和夫 編	13	八〇〇〇円
	近世畿内政治支配の諸相	福島雅藏 著	14	八〇〇〇円
日本史史料叢刊	政基公旅引付 本文篇 研究抄録篇 索引篇	中世公家日記研究会 編	1	一〇〇〇〇円
日本史史料叢刊	政基公旅引付 影印篇	中世公家日記研究会 編	2	八〇〇〇円
	大乗院寺社雑事記研究論集	大乗院寺社雑事記研究会 編	1	七五〇〇円
	大乗院寺社雑事記研究論集	大乗院寺社雑事記研究会 編	2	七五〇〇円
和泉選書	歴史の中の和泉 古代から近世へ 日根野と泉佐野の歴史1	小山靖憲 平雅行 編	95	二四二七円
和泉選書	荘園に生きる人々 『政基公旅引付』の世界 日根野と泉佐野の歴史2	小山靖憲 平雅行 編	96	二四二七円

（価格は税別）